新编21世纪公共管理系列教材
学科基础课与方法课系列

公共管理研究方法

何兰萍　张俊艳　主编

Research Methods in Public Management

中国人民大学出版社
·北京·

内容简介

天津大学何兰萍、张俊艳主编的《公共管理研究方法》是一部主要为公共管理学科相关专业学生编写的研究方法教材，对公共管理领域中常用的研究方法进行了系统的梳理和介绍，较为全面地展示了定性研究和定量研究的方法与技术。本书介绍了社会研究的特点、过程及社会研究方法体系，探讨了公共管理学科研究方法的规范化问题，明晰了规范研究、实证研究、定量研究、定性研究（质的研究、质化研究、质性研究）等不同概念，并简要分析了公共管理学科中的定性研究和定量研究范式之争、定量研究是否被滥用等问题。在此基础上，本书系统阐述了选题、文献综述、理论建构、研究设计、抽样与测量等社会研究的基础性内容，分别介绍了量化资料和定性资料的收集方法与整理过程，描述性统计分析、推断性统计分析、回归分析等基本量化分析方法，比较研究、案例研究、扎根理论等定性资料分析的常用方法，以及政策实验分析、基于互联网的文献研究、定性比较分析等前沿研究方法和超越定性与定量研究的新方法。最后，本书还简要介绍了学术论文的一般结构及学术道德规范、论文编写规范等学术写作的相关内容。

本书适合作为公共管理学科及相关专业教材，同时也是党政机关、事业单位工作人员系统学习公共管理领域常用研究方法、撰写调研报告的理想参考书。

作者简介

何兰萍 天津大学管理与经济学部公共管理学院副教授。主要研究领域为社会治理、社区韧性、公益慈善等，长期承担社会研究方法、公共管理研究方法等课程的教学任务。出版《公共管理研究方法》《公共服务供给与居民获得感：社会治理精细化的视角》《天津市社会治理科学化评价研究》等教材和专著多部，发表中英文学术论文数十篇。主持国家社会科学基金项目、教育部人文社会科学研究项目等多个国家级、省部级研究课题。多项成果获得天津市社会科学优秀成果奖、天津市行政管理科研成果奖等奖项。

张俊艳 天津大学管理与经济学部公共管理学院教授，天津大学国家知识产权战略实施研究基地常务副主任。主要研究方向为系统评价与优化、技术创新与创业、知识产权管理等，主讲运筹学、社会研究方法等课程。主持国家自然科学基金项目、教育部人文社会科学研究项目等多个国家级、省部级研究课题，发表学术论文数十篇。多项成果获得天津市社会科学优秀成果奖等奖项。

出版说明

现代意义上的公共行政与公共管理研究和教育始于20世纪初。时至今日，随着公共管理职业化的发展，公共行政与公共管理的研究和教育事业在主要发达国家方兴未艾。自20世纪80年代起，为了适应政府改革与公共管理人才培养的需要，我国的公共行政与公共管理研究和教育在经历了发展的挫折之后，开始了恢复和重建的工作。经过多年的发展，特别是公共管理一级学科的设置和我国公共管理硕士（MPA）教育的启动以及高校公共管理类本科专业的大量开设，公共管理已成为当代中国社会科学和管理科学领域的一个充满生机活力、具有远大发展前景的学科。

为了满足广大高校公共管理类专业的教学需要，在历届教育部高等学校公共管理类学科专业教学指导委员会的指导和支持下，中国人民大学出版社自1999年起，陆续出版了“21世纪公共行政系列教材”“21世纪公共管理系列教材”“21世纪公共事业管理系列教材”“公共管理系列教材”“公共管理核心课程系列教材”“21世纪劳动与社会保障系列教材”“21世纪土地资源管理系列教材”“21世纪城市规划与管理系列教材”等多个本科系列教材。这些教材被国内高校公共管理类专业广泛选用，并得到了公共管理学界的支持和认可，数十种教材被评为“十五”“十一五”“十二五”“十三五”国家级规划教材，普通高等教育精品教材，以及各省市精品教材，为我国公共管理学科发展和人才培养做出了积极的贡献。

我国高等教育改革的进一步深化，以及新技术和新媒体的不断发展，对高校教材提出了更高的要求。为了回应这种要求，我们在广泛调研的基础上，拟对上述系列教材进行整合和提升，推出“新编21世纪公共管理系列教材”，以满足国内高校公共管理一级学科下设的行政管理、公共事业管理、劳动与社会保障、土地资源管理、城市管理、海关管理、交通管理、海事管理、公共关系学等本科专业的教学需要。

“新编21世纪公共管理系列教材”将秉承中国人民大学出版社“出教材学术精品，育人文社科英才”的宗旨，从本科教育的特点出发，从公共管理教育的特点出发，为广大高校公共管理类专业师生提供一套高质量的本科教材。在教材编写和内容安排上，“新编 21 世纪公共管理系列教材”强调基础知识、基本理论和基本技能，同时，也尽可能地体现创新性和前沿性，反映相关领域理论与实践的最新发展情况。

“新编 21 世纪公共管理系列教材”由中国人民大学、中山大学、北京大学、清华大学、复旦大学、厦门大学、武汉大学、浙江大学、吉林大学、东北大学、北京师范大学、山东大学、四川大学、西北大学等数十所国内著名大学的知名学者领衔著述，我们期望通过这种强强联合、优势互补、资源共享的方式，为国内公共管理学界奉上一套体现系统性、权威性、通用性，并兼具创新性、前沿性、启发性的精品教材。

公共管理的实践是不断发展和变化的。随着公共管理实践的不断发展，公共管理学科研究的范围、主题和内容也在不断地发展和变化。我们将紧跟公共管理学科的发展，与所有作者一起，不断对本套教材进行修订和完善。望广大读者给我们反馈信息，对本套教材提出批评和建议，以使我们能够在所有读者和作者的帮助下，与中国公共管理学科共同成长。

中国人民大学出版社

前言

我国公共管理学科近年取得了很大发展。基于公共管理研究对科学化、规范化的要求，人们越来越重视研究方法的训练。很多高校和相关学术研究机构开展了关于研究方法的研讨，以及面向科研工作者和博士生、硕士生的方法培训。尽管如此，具有公共管理学科特色的、讲解研究方法的教材还是比较稀缺。

授人以鱼，不如授人以渔。研究方法的训练在客观上是必需的。但是研究方法是否可教？常言道，说起来容易做起来难。有时候我们也认为方法的教学很不容易，学生通过课程学习未必能够掌握相应的方法技巧。但从实际情况看，有关研究方法的教材也有一版再版的。再抽象的知识也可以通过简单明了的方式进行介绍。

基于教学的需要，我们决定编写一本适合公共管理学科相关专业学生阅读的研究方法教材，即摆在读者面前的这本《公共管理研究方法》。本教材具有两个方面的鲜明特色：一是紧密结合我国公共管理的实践背景，安排了大量的研究方法和技术运用的典型实例，突出对我国公共管理实践的关注；二是注重跟踪公共管理研究前沿，提炼研究方法的最新发展趋势，如跨学科研究方法的引入，新方法的运用，等等。我们强调，只有扎根中国大地，扎根人民群众的现实生活，才能对当前实践发展中存在的问题和矛盾有更加真切和直接的认识，从而回答时代课题，解读中国实践。因此，本教材强调研究方法的实用性，致力于帮助读者提升研究设计、资料收集和分析方面的能力，以更好地认识、理解和研究现实世界中的公共管理问题。

为帮助读者理解研究方法体系的多个环节，全书大体分为三个板块，分别是研究方法基础、定量研究、定性研究。其中定量研究和定性研究，分别从资料的收集处理、资料的分析方法等方面进行介绍，力图帮助读者将已知的方法和技术串联起来，把握其中的逻辑性。

从实际研究的角度，当我们着手某项课题研究的时候，必须思考的一个重要问题就是：能获得数据吗？在社会研究中，一切皆是数据，但如果拿不到数据，也就寸步难行了。如何获得数据呢？是开展实地调查吗？如果不能去实地，是否可以通过问卷获得数据呢？或者运用宏观层面的统计数据，以及其他的一些数据库来直接开展研究呢？这个资料收集的过程往往在很大程度上决定了数据的性质是结构化的还是非结构化的。我们通常需要根据数据的不同特点，相应地采用不同的分析方法。例如，在做某项研究时，收集了政策文本、官媒报道，以及对相关部门的访谈资料，对这些资料的实际运用，主要是定性的研究方法，如可以采用案例研究（单案例或双案例等），也可以采用扎根理论研究，当然根据情况也可能采用文本挖掘的方式进行研究。

需要说明的是，我们也赞同不能根据定性资料和定量资料之间的差别来区分各种研究方法，某些实验和调查问题所依据的材料是定性资料，而非量化数据；案例研究也可以使用甚至可以只采用量化资料①。但为了叙述的方便，我们仍然根据习惯，将定量资料收集和定量分析方法放在一个板块，将定性资料收集和定性分析方法放在另一个板块。但这并不代表我们认为研究资料的性质完全决定了定性或者定量分析方法的采用。

此外，本教材在内容编排上考虑了研究方法的最新发展。在定量研究环节设置了专章介绍政策实验分析方法（第 7 章），在定性研究环节引入跨越定性与定量的定性比较分析（第 11 章）。这两章的内容属于尝试性的努力。

出于教学以及经验总结的需要，我们决定编写这样一本教材，文字力求简洁，希望帮助读者掌握公共管理研究方法的精髓、情境以及适用性。我们阅读过的经典教材通常都是很厚实的，且每次再版都补充新的内容。相比之下，本教材虽然覆盖了目前公共管理研究中常用的研究方法，但整体较为简练。一方面，我们深知对不断成熟和发展中的公共管理研究方法进行介绍，在很多方面超出了我们的学识和能力范围，因为我们自身仍然处于不断学习的过程之中；另一方面，考虑到实际使用的时候，各位老师通常都会参考多本教材，添加新鲜的资料和具体实例，而且目前也有很多在线渠道提供软件操作等具体指导，研究生以及青年学者已经掌握了一定的操作技能，因此本教材在实操环节较少涉及。

本教材由何兰萍、张俊艳拟定提纲之后，分头进行文字撰写，并一起完成统稿和定稿。最后一章即第 12 章的文字由傅利平完成。博士生王晟昱、李佳欣、王瑞臻等也参与了资料整理、文字校对、图表制作等工作。

本教材的出版得到天津大学研究生创新人才培养项目（YCX202129）的资助。在出版过程中，中国人民大学出版社朱海燕女士从多个方面提出了建议。在此衷心感谢她及其编辑团队的细致工作。

尽管本教材在编写过程中参考了其他学者的优秀教材，吸纳了研究方法领域的最新动态，但限于作者的水平，不足和缺陷在所难免，真诚地希望读者予以批评和指正。

编者

2023 年 3 月于天津

---

① 殷．案例研究：设计与方法：原书第 5 版．重庆：重庆大学出版社，2017：24.

目录

第1章
导　言

什么是社会研究？社会研究采用什么样的研究方法？导言中对此进行简略介绍，并结合公共管理研究的特点，以及我国公共管理学科发展现状，引入关于研究方法的不同观点和讨论。

重点问题

- 社会研究方法体系
- 公共管理研究方法的规范化
- 与研究方法相关的几个概念
- 社会科学领域研究方法的不同看法

1.1　社会研究与方法体系

1.1.1　社会研究的特点与过程

1. 社会研究的特点

关于什么是科学，存在着不同的认识，有多种不同的定义。一般来说，科学是从确定研究对象的性质和规律这一目的出发，通过观察、调查和实验而得到的系统的知识。科学研究，就是认真地提出问题，并以系统的方法寻找问题答案的过程。

科学的两大支柱是：逻辑和观察。科学对世界的理解必须言之成理，符合我们的观察。围绕逻辑和观察，科学研究有三大层面：理论、数据收集、数据分析。其中，理论处理的是科学的逻辑层面，数据收集处理的是观察的层面，数据分析是对逻辑预期与实际观察进行比较①。数据收集与数据分析，也就是一般所说的研究方法，告诉我们如何开展研究。

作为科学研究的一部分，社会研究是以经验的方式，对人的行为、态度、关系以及由此形成的各种社会现象、社会产物进行科学探究的活动。这一定义将社会科学与其他观察社会现象的方法区分开来。这一定义也反映出社会研究的基本特点，大体上可以归纳为以下几个方面：

（1）社会研究的对象是社会的，而非自然的。

从定义可以看出，社会研究的对象是作为社会主体的人、社会行为、社会现象等。也就是说，必须是与社会相关的。正因为如此，社会研究很难像自然科学那样，采用严格的实验方法对研究对象进行精准测量。

（2）社会研究更多地受到各种因素的影响。

社会性的研究对象意味着在开展研究的时候容易受到对象的干扰，也会干扰研究对象，从而影响资料获取以及结论判断的客观性。另外，社会研究对象本身受到多种因素的影响，一种现象背后的因果关系往往十分复杂，研究者感到难以把握，如内生性问题以及因素之间的交互影响等。相比于自然科学，社会研究在资料收集、分析的过程中更加受到伦理、道德、政治等的约束。

（3）社会研究是经验的，而非思辨的。

尽管存在很多困难，但社会研究力图排除干扰，通过收集大量的经验资料，运用科学的分析方法和技术，对研究对象进行“经验式”研究。客观的科学的社会研究，推动了人们对社会事物的关联性以及因果性的理解，助益人们寻找复杂问题背后的解决机制。社会科学研究的经验性，体现在它力求遵照科学研究的一般过程开展具体研究。

2. 社会研究的过程

一般来说，社会研究的过程可分为五个阶段：选择问题阶段，确定研究课题并将其系统化；研究设计阶段，即设计研究方案和准备研究工具；研究实施阶段，进行资料的收集；资料分析阶段，即对资料进行处理与分析；得出结论阶段，对结论进行解释与报告。

（1）选择问题阶段。

对于研究者来说，选择一个合适的研究问题并非一件十分简单的事情。从程序上看，选择研究问题是一项社会研究活动的起点，是整个研究工作的第一步。研究问题一旦确定，整个研究活动的目标和方向也就随之确定。有众多的因素决定着和制约着研究问题的选择。这些因素包括研究者的理论素养、生活阅历、观察角度、研究兴趣，也包括他所处的社会环境、他所具有的客观条件等等。研究问题的选择，在一定程度上决定着整个研究工作的开展以及研究成果可能达到的高度。因此，应当对选题阶段的工作给予高度的重视。

（2）研究设计阶段。

如果说选择研究问题的意义在于确定研究的目标和方向，那么研究设计阶段的全部工作就可以理解成为实现研究的目标而进行的道路选择和工具准备。它涉及研究的思路、策

---

① 巴比．社会研究方法：第13版．北京：清华大学出版社，2020：7.

略、方式、方法，以及具体技术工具等各个方面。从研究目的、研究的用途、研究方式、分析单位，直到具体的研究方案，就像实施一项工程之前必须进行工程设计一样，要保证一项社会研究工作的顺利进行，保证研究目标的圆满实现，也必须进行周密的研究设计。

（3）研究实施阶段。

这一阶段的主要任务，就是具体贯彻研究设计中所确定的思路和策略，按照研究设计中所确定的方式、方法和技术进行资料的收集工作。因而有的书中也将此阶段称为资料收集阶段。这一阶段的主要特点是：研究者往往要深入实地，接触被研究者；或者要设计出实验环境，实施实验刺激和测量；或者要收集大量的文献资料。这一阶段，所投入的人力最多，遇到的实际问题也最多，因此，需要很好地组织和管理。由于社会现象的复杂性，有时候之前做好的研究设计遇到了特定的困难，就需要根据实际情况对研究设计进行修正和调整。例如，因为突发公共卫生事件，实地调查工作无法实施，为了完成研究课题，需要改变数据收集方式，改为在线访问、视频会议等形式。

（4）资料分析阶段。

资料分析阶段在有的书中也称为研究阶段。这一阶段的主要任务是对研究所收集到的原始资料进行系统的审核、整理、归类、统计和分析。就像从地里收获的粮食，要经过很多道加工工序，才能最终成为香甜可口的食品一样，从现实社会中所得到的众多信息和资料，也要经过研究者的各种“加工”和“处理”，才能最终变成研究的结果和结论。这里既有对原始数据资料的清理、转换和录入计算机等工作，也有对原始文字资料、图片资料、音像资料等的整理、分类和加工工作；既有对数据资料进行的各种定量分析，也有对定性资料进行的综合、归纳和解读分析。

（5）得出结论阶段。

这一阶段的任务主要是阐明研究结论。通过撰写研究报告来评估研究质量，交流研究成果。研究报告是一种以文字和图表将整个研究工作所得到的结果系统地、集中地、规范地反映出来的形式，它是社会研究成果的集中体现。而撰写研究报告也可以说是对整个社会研究工作进行全面的总结。从研究的目的、方式，到资料的收集、分析方法，再到研究得出的结论、研究成果的质量，都要在研究报告中进行总结和反映。同时，还要将社会研究的成果以不同的形式应用到社会实践中去，真正发挥社会研究在认识社会现象、探索社会规律中的作用。

1.1.2 社会研究方法体系

社会研究是科学的一部分，它的目标是探索和理解我们生活于其中的社会世界。而从事这种活动所用的方法就是社会研究方法。社会研究方法是各门社会科学的重要组成部分。

如果说，政治学注重政府的价值观念和权力导致的利益分配，经济学注重合理利用资源要求产出的最大化，心理学注重人的感受和感知对外界的影响力，法学注重判例，历史学注重历史事实和结果，社会学注重对社会现象的了解，那么，公共管理注重的就是人与人、人与物、人与环境之间互动效益的协调。公共管理学科追求用公共政策和公共管理的方法，来解决人与人、人与社会、社会与社会甚至社会与环境之间的问题①。不同的现代学科，都在不同的程度上接受了科学的方法。它们的不同之处就像科学中的不同学科一样，是研究对象的不同，而不是方法的不同。公共管理研究，在方法上的突出特征是强调用跨学科研究途径来研究公共管理问题，提倡以问题为中心的研究方法。因此公共管理研究广泛采用了各种社会科学的研究方法。

事实上，“社会研究方法”通用于政治学、经济学、社会学、管理学、教育学等社会科学，当然也通用于公共管理研究。就社会研究方法体系来说，一般可以分为三个层次：方法论、研究方式、具体方法和技术②。

1. 方法论

方法论（methodology），就是人们认识世界、改造世界的根本方法。它指的是人们用什么样的方式、方法来观察事物和处理问题。社会科学研究中长期存在着两种对立的方法论倾向，一是实证主义方法论，它认为社会研究应向自然科学研究看齐，要通过具体客观的观察、经验概括得出结论；二是人文主义方法论，它认为社会研究要考虑人的特殊性，要发挥研究者在研究中的主动性。强调通过“人对人的理解”来研究社会现象。对这两种方法论，社会科学工作者都有一定的了解。

社会研究的方法论所探讨的主要问题包括：（1）社会现象的性质及其理解；（2）社会研究的哲学基础及其假定；（3）社会研究过程和结果的客观性问题；（4）社会研究者的价值与研究之间的关系；（5）社会研究中的不同范式及其应用；（6）不同研究方式的内在逻辑等③。因此，具体来说，方法论的背后涉及哲学基础、逻辑、范式、价值、客观性等。

当谈到研究方法的时候，我们常常会听到“范式”这个词。范式属于在方法论环节就需要做出的选择。范式是方法论的核心。库恩（Thomas Samuel Kuhn）提出，自然科学历史中许多重大的科学突破，都与范式的转换有关。范式通常很顽固，当范式的缺陷终究随着时间推移而变得越来越明显时，一个新的范式就会出现并取代旧的范式。但是在社会科学中，范式更替的模式与库恩所说的自然科学模式并不相同。自然科学家相信，一个范式取代另一个范式代表了从错误观念到正确观念的转变，但对于社会科学来说，范式只有是否受欢迎的区别，很少会被完全抛弃。范式没有对错之分，作为观察的方式，它们只有用处上的大小之分。每一种范式，都为关注人类社会生活提供了一种不同的方式。每一种都有独特的关于社会事实的假定④。例如，社会科学中的范式，除了实证主义范式，还有女性主义范式、结构功能主义范式等。不同的范式往往包含着特定的假定和哲学理念，以适用于不同的情境。

2. 研究方式

研究方式（research mode），指的是研究所采取的具体形式或研究的具体类型。方法论直接影响着研究方式的选择。尽管一些研究者不一定会意识到方法论的存在，但方法论却从一开始就指导着整个研究过程。

---

① 范柏乃，蓝志勇．公共管理研究方法．3 版．北京：科学出版社，2018：8.

② 也有将社会科学研究方法体系区分为研究范式、研究方法、具体技术这三个层次。

③ 风笑天．社会研究方法．5 版．北京：中国人民大学出版社，2018：8.

④ 巴比．社会研究方法：第 13 版．北京：清华大学出版社，2020：53.

一般认为，社会科学的研究方式主要有四种：调查研究、实验研究、实地研究、文献研究。在实证主义方法论的指导下，人们采用调查研究、实验研究、利用已有数据的量化研究等方式；在人文主义方法论的指导下，人们采用实地研究的方式。习惯上，人们把实证主义方法论指导的研究归类为定量研究方式，把人文主义方法论指导的研究归类为定性研究方式。

每一种研究方式都具备某些基本的元素，构成一项具体研究区别于其他研究的明显特征。同时，每一种研究方式都可以独立地走完具体研究的全部过程。例如，调查研究通常包括抽样、问卷、统计分析等，如果一项研究决定采用调查研究的方式，那么研究者就会从抽样开始，进行问卷设计、问卷发放和回收，并进行数据整理、信效度检验，最后进行必要的统计分析，得出相应的结论，走完全部的过程。

鉴于有些人将文献研究等同于文献浏览与整理，或者写文献综述，因此近年来对于文献研究是否构成独立的研究方法存在较大的分歧。有些学者主张在研究方法介绍环节，不要笼统地冠以文献研究，而是需要具体写出来如何利用文献开展相应的研究，如内容分析、文本分析等。

我们注意到，除了传统意义上的四种研究方式，还有一些研究方法也被归为研究方式的层次。例如，在风笑天老师的教材中，定性研究方式就包括了实地研究、个案研究、扎根理论、行动研究等。

从目前资料来看，行动研究的起源与教育学有关，通常指在自然、真实的教育环境中，教育实际工作者按照一定的操作程序，综合运用多种研究方法与技术，以解决教育实际问题为首要目标的一种研究模式。这种方法延伸到公共管理领域，就是一种既要采取行动，又要创造有关行动知识或理论的研究方法。行动研究是从实际工作需要中寻找课题，在实际工作过程中进行研究，由实际工作者与研究者共同参与，使研究成果为实际工作者所理解、掌握和应用，从而达到解决问题、改变社会行为的目的的研究方法。行动研究强调实践者站在研究者角度对自身社会行动进行反思和完善。这种方法在行政管理、社区发展、组织变革等研究中有一定的优势。它是一种理论与实践相结合，通过资料收集、合作探讨、自我反省、多方总结最后解决问题的方法，一种主题明确、思路清晰的解决问题的方法。

此外，近年来引起一定关注的口述史，也可以看作一种研究方式。口述史起源于历史学，研究设计一般包含访谈法、资料整理、资料分析等环节。当我们研究特定制度发展的历史、某项政策的历史时，我们采访当事人、亲历者，获得鲜活的资料，然后对这些定性资料进行分析。这种方法在当代中国社会转型研究中有一定的优势，对于我们理解公共管理实践的纵向发展很有帮助。

可以看出，定量研究方式以其规范性获得人们的青睐，而在定性研究方式内部，则发展出各种风格、各有所长的新研究方式，显示出其积极回应社会需求、力求理解社会的决心。定性研究特别强调研究方式和方法对研究对象、研究主题、研究现象的适合性。根据不同的研究对象、不同的研究主题、不同的研究目标，形成不同的研究方式和研究方法。定性研究在了解、认识、理解各种复杂的社会现实的过程中发挥出独特的、无可替代的作用。

3. 具体方法和技术

具体方法和技术指的是在研究过程中，研究者所使用的各种资料收集方法、资料分析方法，以及各种特定的操作程序和技术。

研究方式直接影响着研究具体方法和技术的选择。例如，如果采用调查研究的方式，我们一般采用问卷法，辅以结构性观察来收集资料，在研究过程中相应地需要运用抽样技术、问卷设计技术、统计分析技术等。如果采用实地研究的方式，我们一般采用参与观察、深度访谈等方法收集资料，在研究过程中相应地需要有观察和访谈的技术，以及对定性资料进行分析的技术等，如编码、三角验证等。当然，实地研究的成果展示方式，可以以案例研究或者扎根理论的方式来呈现。如果采用实验研究的方式，往往需要问卷设计技术、实验控制技术，以及数据分析技术等。如果采用不与对象直接接触的文献研究方式，则需要研究者十分熟悉定性或者定量资料分析技术，包括内容分析技术、文献计量技术等。

随着研究技术手段的发展，各学科交叉融合，公共管理研究开始采用越来越多新的技术手段，在传统的问卷法、访谈法基础上，开始大量运用计算机技术来帮助进行资料收集和资料分析，如运用爬虫技术获取资料，运用文本分析、社会网络分析等方法进行数据分析。计量经济学模型得到较多运用，机器学习的方法也被引入公共管理研究。

就具体的方法而言，当人们将自然科学研究的工具运用到社会科学领域时，这些工具就成为社会科学的方法；用在经济学领域，就是经济学的研究方法。同理，用在公共管理领域，就是公共管理的研究方法。只要是科学的方法，就会注重观察、假设、论证，遵从真理和事实，总结和提炼理论，也就是将假想和猜测变为经过验证和提炼的知识系统。而研究范式，是界定学科领域、范畴、研究问题的一种有指导意义的学术观。它在本领域学者们长期的研究过程中形成，在学科的研究和发展方面起到凝聚焦点、彰显特点、突出贡献点的作用，是方法的方法①。所以，在具体的研究中，真正将不同的研究区分开来的是研究范式。

1.2 我国公共管理学科发展及研究方法的规范化

1.2.1 公共管理研究及学科特点

在实践层面上，公共管理是公共行政理论与实践发展的产物，是政府公共部门、非营利部门等社会公共组织为建立与维持公共秩序、实现和保护公共利益的目的，运用政治的、法律的、经济的和管理的理论与方法，依法制定与执行公共政策、管理公共事务、提供公共服务的活动。

作为一门新兴的社会科学，公共管理学科的出现给公共行政注入了新的活力，使公共行政获得了实现其目标的新手段，从而极大地推动了公共行政的自我发展。

不过整体上看，目前“公共管理”在西方国家还没有形成一种独立的范式。它是

---

① 蓝志勇．也谈公共管理研究方法．中国行政管理，2014（1）．

“公共行政”中重视公共组织或非营利组织实施公共管理的技术和方法、重视公共项目与绩效的管理、重视公共政策执行的理论派别和分支学科。公共管理也是20世纪80年代中后期，在当代社会科学和管理科学的整体化趋势以及公共部门管理实践，尤其是新公共管理运动的推动下，以公共部门管理问题的解决为核心、融合多种学科相关知识和方法所形成的一个知识框架①。欧文·E. 休斯（Owen E. Hughes）认为，公共行政、公共政策、公共管理都是对公共部门的研究，是三种不同的范式或途径。

一般而言，任何一门学科都是以客观世界的某一类事物、现象或过程作为自己的研究对象。它要探讨这类事物或现象及过程的本质联系或规律性，从而形成学科的概念、范畴、定理、原理和方法体系。公共管理是人类社会客观存在的一种实践活动及过程，可以说它本身构成了公共管理的研究对象。为此，公共管理要研究作为公共管理主体的公共组织，特别是政府组织的结构、功能、运行机制及环境的关系；研究公共管理活动的过程及环节（如组织、决策、沟通、协调、监控、评估）；研究公共管理的方法与艺术，以促进政府及其他公共组织更有效地提供公共物品；研究公共管理的价值实现机制，以促进公共利益的最大化。

大体上，我们可以认为，作为独立学科的公共管理是一门研究公共管理活动或公共管理实践的学科，即综合地运用各种学科知识和方法研究公共管理组织和公共管理过程及其规律性的学科，其基本目标或宗旨是阐述如何促使公共组织（尤其是政府）有效地提供公共物品，更好地促进公共利益的实现。

公共管理学科特征主要包括以下几个方面②：

在研究对象和范围上，公共管理把研究对象和范围从单纯的政府行政机构扩大到其他政府机关（立法机关和司法机关）和非政府组织甚至私人组织的公共方面，而不像传统公共行政学主要局限于政府行政机关特别是官僚机构的研究。

在学科理论基础上，公共管理更具跨学科、综合性的特点。它充分吸收了当代各学科的理论和方法，特别是更多依赖于经济学的理论和方法，并与工商管理学相融合。这与传统公共行政学主要建立在政治学基础上，尤其是将官僚制理论和政治-行政二分法作为其理论基础相比，具有更广泛的学科知识框架。一些综合性大学的公共管理学院依托于经济学、政治学，一些工科大学则依托于公共政策、管理学等，从而形成不同特色的公共管理研究。

在学科研究焦点上，公共管理学将研究焦点由传统公共行政学的“内部取向”转变为“外部取向”，由重视机构、过程和程序的研究转到重视项目、结果与绩效的研究。这使得战略管理、绩效评估、公共管理伦理这样一些在传统公共行政学中没有的或不被重视的主题成为公共管理学的核心主题。

在学科内容体系上，公共管理在研究过程中也纳入了大量的公共行政学没有涉及的理论主题，如公共物品、公共选择、集体行动的逻辑、委托-代理、产权、交易成本、交换范式、制度安排与创新、政府失败、学习型组织、管理网络、成本核算、信息管理系统。

在研究方法上，公共管理既重视实证研究，又重视规范研究。这与传统公共行政学

---

① 蔡立辉，王乐夫．公共管理学．3版．北京：中国人民大学出版社，2022：6.

② 蔡立辉．论公共管理的特征与方法．武汉大学学报（哲学社会科学版），2002（4）.

过多地局限于规范研究，囿于普遍适用的“行政原则”探讨有着明显的不同。公共管理研究，既关心“实然”，也关心“应然”；既对现实进行分析、解释，也讨论公共管理的未来走向，价值指引。

最后，公共管理研究具有明显的现实性特征。无论在国外还是国内，公共管理研究的诞生都与公共管理实践有着紧密的关联。我国公共管理研究更是与改革开放以来的行政管理、政府管理、社会管理、社会治理、公共治理的实践活动息息相关。公共管理研究，体现了对中国当下现实的密切关注，体现了聚焦“中国之治”、讲好中国故事的现实取向。

1.2.2 我国公共管理学科的发展

在我国，公共管理既是一种理论形态，一种管理公共事务的活动，更是一门独立的学科。中国公共管理学科的兴起与发展，与改革开放 40 多年的社会实践紧密相关。20 世纪 80 年代初，我国开始恢复与重建中断几十年的政治学及行政学或行政管理学（后来的公共管理）的教学与研究工作。

1997 年国务院学位委员会、教育部颁布的学科、专业目录，明确规定了公共管理学科，而且公共管理学科是属于管理学门类的一个一级学科。在这个一级学科之内，设立行政管理、社会保障、教育经济与管理、社会医学与卫生事业管理、土地资源管理五个二级学科。2012 年专业目录修订增加了公共政策二级学科。2012 年之后，国务院学位委员会和教育部关于学科专业设置的基本精神是淡化二级学科、突出研究方向，并提倡跨学科交叉学科设置。目前国内高校公共管理的学科专业和研究方向，以及公共管理硕士（MPA）专业方向的设置各有不同，采用公共管理及相近名称设置的学院和研究院应有尽有，公共管理学科师资队伍的学科背景也是多种多样，学科发展呈现出相当分散且有些杂乱的态势①。基于我国的学科管理呈现出“强化一级学科、淡化二级专业”的大趋势，作为源于不同学科门类的二级专业所组成的新的公共管理一级学科，既面临严峻的身份认同挑战，也存有发展的机遇②。

经过反复调研和论证，第七届国务院学位委员会公共管理学科评议组最终提出了未来我国公共管理学科发展的“2＋*X*”模式。其中，“2”指的是行政管理、公共政策，“*X*”是根据自身的学科优势来设立。

公共管理学科的覆盖面在《公共管理学报》投稿须知中可以得到反映：刊载公共管理领域的论文，主要研究范围包括政府管理、公共政策分析、公共部门管理、公共卫生管理、社会保障等。

2020 年，为响应国家重大战略需求和现实关切，培养应急管理领域的高层次研究与实践人才，国务院学位办发布《关于推动部分学位授予单位加强应急管理学科建设的通知》（学位办〔2020〕4 号），决定推进部分学位授予单位自主设置应急管理二级学科，开展相关学科建设和人才培养试点工作。国务院学位办授权 20 所高校在公共管理一级学

① 陈振明．公共管理的实践变化与学科转型．公共管理评论，2019，1（3）.

② 童星．公共管理学科的共享价值、疆域边界与发展趋势．学海，2019（1）.

科下自主设置“应急管理”二级学科的硕士点和博士点。应急管理是一门融合公共管理、政治学、公共政策、信息系统与信息管理、法学、社会学、环境科学、新闻传播、企业管理、社会心理学、大数据科学等多学科知识的新兴学科，具有显著的多学科交叉特征。该学科针对风险治理、灾害管理、危机管理等领域开展研究、教学和社会服务。应急管理二级学科的设立，凸显了公共管理学科的综合交叉性。

2021 年 12 月，在第五届中国公共管理学科建设与发展高峰（院长）论坛上，国务院学位委员会公共管理学科评议组成员对公共管理一级学科下属二级学科发展重点及未来发展建设议题进行了充分探讨。2023 年，公共管理学科评议组发布《关于通报公共管理学一级学科下属二级学科指导性目录及学科简介（2023 年）的通知》，列出了 11 个二级学科名单，分别是：行政管理、公共政策、卫生政策与管理、教育政策与管理、社会保障、土地资源管理、应急管理、社会组织管理、数字公共治理、城乡公共治理、全球治理。其中，作为二级学科的应急管理，回应“高风险社会”的现实，以公共管理学科理论与方法为基础，融合管理学、政治学、社会学、经济学、法学、心理学、传播学等多学科知识，综合应用计算机科学、人工智能、数据科学、虚拟仿真等方法与技术进行研究。作为二级学科的数字公共治理，以公共管理理论为基础，结合具体公共领域特征与运行规律，研究综合应用数据科学、算法技术和智能手段提升国家治理效能的原理、模式与方法。可见，我国公共管理学科的发展较快，覆盖面较宽、特色鲜明，已经成长为一门独立的、影响力日益增强的学科。作为当代中国哲学社会科学中发展最快的学科领域之一，可以说其地位也逐步从边缘走向中心。

回顾历史，我国公共管理学科的诞生与发展是顺应时代，急国家之所需，与国家治理和全球治理同频共振的。目前我国正处于从全面建成小康社会向全面建设社会主义现代化国家迈进的历史交汇期，习近平新时代中国特色社会主义思想是这个时期我国公共管理研究的指导理论①。

公共管理学科的发展特点是速度快、规模大、影响广泛。但是在反思规模和质量两方面，客观上存在着不相称的情况。过去的行政管理学科与中国传统计划经济体制所塑造的天然大政府、高度集权的行政管理体制相适应，而新时代我们逐渐认识到改变集权政府包揽公共事务管理格局的重要性，把政府“不该管”“管不好”的事情交给其他“管得好”的主体负责，公共管理学科的发展恰逢其时。但与此同时，从科学研究来看，公共管理学科作为一个外来学科，早期更多的是以借鉴为主，现在要求我们在借鉴的基础上进一步创新。未来公共管理学科如何走得更好、更稳，关键在于在规模发展到一定程度时要思考质量如何与规模相称②。

1.2.3 研究方法的规范化

工欲善其事，必先利其器。没有好的工具，就难以做出好的工作来，在当今的科学

---

① 蔡立辉，王乐夫．公共管理学．3 版．北京：中国人民大学出版社，2022：6.

② 参见丁煌在天津市行政管理学会 2021 年年会暨天津高等院校公共管理高端论坛上的报告《当前我国公共管理学科发展应处理的几种关系》。

时代尤其如此。公共管理学科发展的质量，与研究方法的规范化紧密相关。

公共行政学研究自 20 世纪 80 年代中期恢复以来，到 21 世纪初的时候，已经取得了很大的发展。但是在这个阶段，我国公共管理研究所采用的方法较为简单、落后，被称为“尚属于手工作坊式的初级阶段”①。随着公共管理一级学科的正式形成，公共管理学术共同体逐渐形成。学术交流活动推广了公共管理的研究方法，促进了公共管理研究的规范发展。2002 年，第一届中美公共管理国际学术研讨会召开；2005 年，第一届海峡两岸暨港澳地区公共管理学术研讨会召开；2010 年，由夏书章先生倡议的华人公共管理学者研讨会召开，吸引了来自世界各地的华人学者参与。然而在整体上，研究方法仍然缺乏规范性。相当多的研究并没有遵循实证研究、诠释研究和批判研究各自的研究方法，因而在研究质量上存在严重的问题，未能促进知识的增长。许多似乎是实证研究取向的研究其实并没有运用现代社会科学研究方法。许多研究根本没有一个明确的研究问题，没有文献评估，没有深入地研究因果机制，没有构建出具有说服力的理论，更没有进行理论检验或者理论观点，没有经验事实支持。这种状况使得我国公共管理研究“陷入了一种缺乏反思的自说自话的境地”②。

有学者对 1982—2012 年我国公共管理研究方法的发展经历进行了归纳：1982—1995 年是我国公共管理学的恢复重建阶段，这一时期公共管理研究主要以介绍国外公共管理的理论为主，因此主要研究方法是演绎研究和理论研究。1996—2005 年，这一阶段从事公共管理研究的学者开始反思我国公共管理研究，并对我国公共管理研究中存在的问题进行了描述性的分析，一些定量的研究方法开始运用到公共管理研究中，因此这一阶段被命名为发展阶段。2006—2012 年，公共管理研究重点开始转向对我国公共管理学研究进行量化评估，研究方法向多元化发展，因此这一阶段可命名为调整与逐步完善阶段。学者对截至 2012 年我国公共管理领域内的学术论文进行抽样分析后发现，逻辑演绎法和定性分析仍然是大多数研究所采用的方法，定量研究方法不仅采用的数量很少而且水平不高③。

2013 年以后，我国公共管理领域对研究方法规范性的要求不断提高，重视程度不断提升，体现在：学位培养方案中对研究方法课的重视程度在增加。很多高校、科研机构、学术团体举办了学术研讨、研究方法高级研修班、暑期工作坊等，微信公众号发表了很多关于研究方法的专门文章。无论是量化研究还是质性研究，都开辟了专门的途径来进行方法培训。在论文投稿、学位论文答辩和后期评估过程中，研究方法的科学性、规范性成为同行评议关注的重要对象。

例如，《管理世界》在投稿须知中明确要求：文章应对已有文献进行学理性梳理，并明确说明其对本学科的学术贡献。不鼓励简单以中国数据重复国外已有研究的文章。欢迎任何形式的研究方法，包括定性与定量研究方法，但所有的研究方法都须遵循严谨的学术规范。《公共管理学报》在投稿须知中指出在研究方法上要注重以事实为基础的实证研究，强调文章在中国场景的适用性和应用价值。

总之，各方面因素都在推动研究者对研究方法规范性的重视程度。在公共管理领域，

---

① 张梦中，霍哲．“公共行政学研究方法论”专栏总序．中国行政管理，2001（8）．

② 马骏．中国公共行政学研究的反思：面对问题的勇气．中山大学学报（社会科学版），2006（3）．

③ 范柏乃，楼晓靖．我国公共管理研究方法的统计分析及演进路径研究．公共管理学报，2013（2）．

大量理论严谨、方法扎实的成果不断涌现，其中很多贡献来自在博士期间经过系统方法训练的青年学者。

人们经过总结发现，在论文评审或者后期评估中存在问题的论文，往往在研究方法方面存在这样或那样的问题：研究方法单一或不恰当，数据不够真实有效，样本选取的科学性不足，等等。研究方法不够严谨或者方法失当，将严重影响论文的质量和发表。

在研究方法规范性方面，学界越来越接受这样的观点，那就是研究方法服从于研究的需要。方法不是越新越好，更不是越复杂越好。对于有些研究情景和研究问题而言，最合适的方式或许是定量研究，与此同时另一些研究情境和研究问题则只适合采用定性研究的方式进行探讨。至于在实际研究中该运用哪种方式，这不仅取决于研究者的个人兴趣，还取决于他所要解决的问题以及面临着什么性质的研究对象。所以，没有最好的方法，只有最合适的方法。

对2013—2022年《公共管理学报》发表的研究性论文进行整理发现，所涉及的研究方法大致分为描述性分析、因子分析、聚类分析、相关分析、回归分析、结构方程、面板数据分析、算法、仿真、文献计量、定量内容分析、社会网络分析、案例分析、扎根理论、定性比较分析、规范研究和民族志分析，其中定性研究309篇，定量研究201篇。各研究方法数量统计见图1-1①。

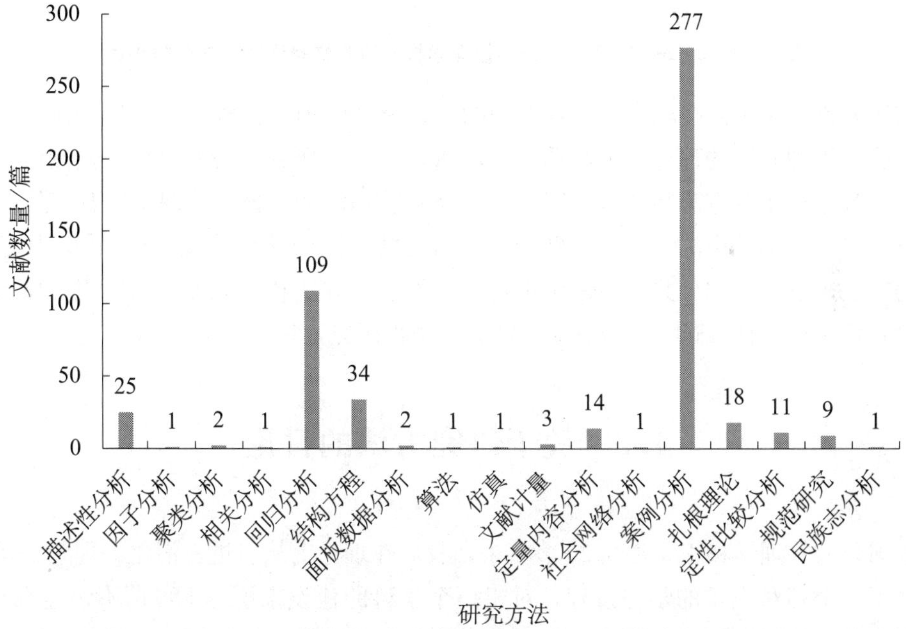

图1-1 2013—2022年《公共管理学报》发表论文所用的研究方法统计

将2013—2022年《公共管理学报》的定性研究与定量研究方法以年为单位进行分类统计，见图1-2。可以看出，定量研究方法呈现上升又下降的趋势，从2018年起出现较为明显的回归到定性研究方法的趋势。细读各篇文献，进一步发现，不同文章对定量方

① 剔除投稿须知、研究述评和研究评价等，发文总量为510篇。这里统计的研究方法是数据分析而非数据采集方法。对研究方法的界定，以文章中明确提出的方法进行统计整理。

法的应用也经历了从简单的描述统计到结构方程等方法的综合运用过程。同时，定性研究不再集中于案例分析方法，而是逐渐涌现出扎根理论、定性比较分析等定性研究方法。从整体来看，无论是定量方法还是定性方法，文章的研究范式以及理论深度都在向更高水平发展。不同文章在进一步规范研究范式的同时，也开始逐渐思考中国场景下的公共管理研究，在合理的分析框架与科学的研究设计的基础上，开展探索式研究，极大地丰富了现有研究体系，对中国公共管理学科的大发展具有跨越式的推动意义。

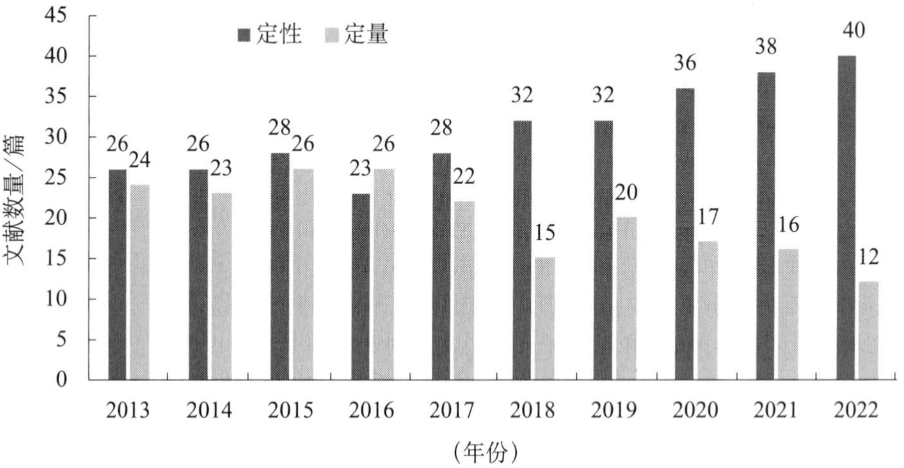

图 1－2　2013—2022 年《公共管理学报》所刊文献研究方法分类统计

在研究方法与国际接轨方面，陈振明指出，公共管理学科要建成世界一流，需要跟踪国际公共管理研究的理论和方法前沿，注重运用行为研究、实验研究、预测研究、模拟仿真、数据挖掘等方法和技术，探讨中国公共管理实践、公共管理系统及其体制机制和运行方式，建构“中国特色与世界一流”的公共管理的学科及理论体系①。从近年来学科的发展来看，我国公共管理领域正在大力推进新方法和前沿方法的运用，如运用实验法对政策进行评估，运用大数据对公共服务进行研究，等等。

1.3　关于研究方法的讨论

中国公共管理学科正式建立 20 多年来，我们在理论上从引进、消化、理解、运用已经走完了一个相对完整的学习过程，对于一个学科的建设来说，不可谓不快速②。正因为需要及时回答国家和社会管理实践中出现的各种新现象、新问题，而研究方法的不规范不科学，将引起人们对结论的接受度，所以，提升研究方法的规范性可以说已经成为一种共识。与此同时，关于研究方法的讨论和不同意见也一直存在。其中比较突出的方面体现在要不要定量研究，以及定性研究如何做等等。简而言之，体现在人们对定性研

① 陈振明．中国公共管理学 40 年：创建一个中国特色世界一流的公共管理学科．国家行政学院学报，2018 (4).

② “中国案例，中国方案”专题编者按．公共管理学报，2021 (4).

究和定量研究的不同理解上。

1.3.1 几个概念的区分

1. 规范研究、实证研究、定量研究

规范研究（normative research）是关于目标、结果、决策、制度的合意性的研究，它解决“应该怎样”（what should be）的问题，旨在对“好”“坏”做出价值判断。与之对应的是实证研究，主要用来追问什么情况（what is the case），为什么，怎么样。

规范研究的出发点和基础是一定的价值标准、行为准则，它从理论上对被研究的对象进行纯粹的逻辑思辨和数学演绎，对现象和问题做出合理与否的判断。通常要给出“应该怎样”“怎样才合理”的解说。概言之，规范研究是一种以价值问题为核心关注点、以解读和诠释文本为主要表现形式、通过严谨的逻辑构造来回答某个学科的基本问题乃至人生与世界的“大问题”的研究路径①。一些学者认为只要不用量化数据就是在做规范研究，而不知规范研究也有其独特的操作方式和质量标准②。规范研究既不是观点研究，也不是文字游戏，而拥有一套属于自身的写作逻辑，主要表现为段落之间、章节之间都存在逻辑的勾连③。

实证研究是与规范研究相对应的方法，它是基于观察和实验取得的大量事实、数据，经过严格的经验检验，对社会现象进行分析，其目的是揭示各种社会现象的本质联系。相比规范研究方法，实证研究方法主要进行定量分析，依据数据说话，对社会问题的研究更精确、更科学。

实证研究被越来越多的社会科学家所接受，无论是公众、政府还是学术界，都欢迎高质量的实证研究。目前社会科学领域中主流化的方法就是实证研究。对国家自然科学基金（NSFC）中的公共管理学项目进行分析后发现，近 20 年间实证研究的比例显著增加。这显示在我国公共管理研究方法中，实证研究成了主流④。

定量研究与实证研究（empirical research）紧密关联。不过，基于社会科学的实证研究取法于自然科学建立的研究传统，因此很长时间以来，学界对实证研究有一种相对狭隘的理解，认为实证研究就是定量研究。一些定量研究的论文，在标题上会特别写明是关于某某的实证研究。很多人把定量研究与实证研究等同，把定性研究与规范研究等同。实际上，实证研究是相对于规范研究的一个概念，但并不等同于定性或定量。因为定性研究本身也可以根据实证研究的范式进行研究设计，如科学设计的案例研究就属于实证研究的范畴。这一点在学术界得到很多人的认同。

2. 与定性研究相关的几个概念

目前，我国学术界尚没有对“定性研究”的明确定义，通常把所有非定量的研究都

---

① 颜昌武，牛美丽．公共行政学中的规范研究．公共行政评论，2009（1）．

② 马骏，任剑涛．公共行政学规范理论译丛．北京：中央编译出版社，2008：序言．

③ 黄欣卓，李大宇．中国场景公共管理案例研究的方法论与写作实践：“如何构建中国场景的案例研究”青年研讨会会议综述．公共管理学报，2022（1）．

④ 徐国冲．我国公共管理研究正在走向科学化：基于 309 项国家自然科学基金项目的分析．求实，2021（6）．

归入“定性研究”的范畴，如哲学思辨、个人见解、政策宣传和解释，甚至包括在定量研究中对问题的界定，以及之后对有关数据的理论分析。因此，“定性研究”是一个比较宽泛的概念[①]。正因为如此，这一类的定性研究并不与英文文献中的 qualitative research 相对应。基于这一背景，一些学者在翻译和介绍国外 qualitative research 及其方法时，想到在“定性研究”之外改用其他的概念来进行指代。

目前，与定性研究这个概念相关的有另外三个概念：质的研究、质化研究、质性研究。风笑天通过中国知网进行检索，发现国内社会科学领域在 20 世纪末以前（更确切地说是在 1997 年以前）所使用的都是“定性研究”的概念。而质的研究、质化研究、质性研究这三个中文概念原来主要出现在中国的台湾、香港和澳门以及新加坡等地区和国家的文献中，直到 20 世纪末 21 世纪初，这三个概念才开始陆续出现在中国大陆学术界，并形成了四个概念并存的局面。无论是在具体定义上，还是在它们所指称的英文概念上，这三个新的概念与定性研究的概念完全相同，它们并不是与定性研究所不同的另一种新的研究。换句话说，这四种中文概念所指称的都是同一件事，没有区别[②]。陈向明认为“定性研究”与“质的研究”都强调对意义的理解和解释，但“质的研究”更加强调研究的过程性、情境性和具体性，而“定性研究”比较倾向研究的结论性、抽象性、概括性[③]。

考虑到国内社会科学界的习惯，本书依旧使用“定性研究”这一名称。正如《定性研究：方法论基础》的译者前言所指出的，使用“定性研究”这个概念，其目的就是直接说明定性研究究竟是怎样的一种方法，就是纠正目前存在的对定性研究方法认识上的偏误，就是明确地告诉读者，定性研究也是一种类似于定量研究那样的，有特定的哲学基础、特定的视角和策略、特定的操作方法和技术的具体研究范式，而不是像许多人长期以来所认为的那样，只是一种“非定量”意义上的泛泛而论或纯粹的主观思考[④]。

1.3.2 关于研究方法的不同看法

在公共管理学科发展的过程中，一直都存在关于研究方法的不同看法。其中的核心体现就是定性研究和定量研究的范式之争。

1. 赞成哪种范式

一部分学者基于人文研究传统，强调体验、理解，反对定量研究；另一部分学者比较轻视定性研究。这当然都是非理性的偏见。

定性研究和定量研究各有所长，也各有所短。定性研究论文，内容往往很丰富，这是优点但同时也可能成为缺点，最容易遭到的批评就是“非科学的”和缺乏信度。定量研究的长处显而易见，精确、普遍和可重复。但定量研究的缺点是存在“垃圾进，垃圾出”

---

① 陈向明．定性研究方法评介．教育研究与实验，1996（3）．

② 风笑天．社会研究方法．5 版．北京：中国人民大学出版社，2018：308．

③ 参见陈向明在微信公众号“质化研究”中的文章《质的研究与定性研究之区别》。

④ 邓津，林肯．定性研究：方法论基础．重庆：重庆大学出版社，2007：2．

的可能风险而且容易显得肤浅，以及干瘪无味，往往把丰富的现实进行了过分的简化①。

由 KKV（King，G. & Keohane，R. & Verba，S.）带动的方法论大辩论，特别是其中的“定量与定性之争”在我国学界也引发了相应的回应。在定性研究者看来，社会是极其复杂的，而传统的调查研究方式有时候为了概括和建立模型的需要，往往简化了很多东西，尤其是对某些抽象概念的测量，实际上是过度裁剪和简化现实，牺牲了很多重要的细节。在对研究对象比较熟悉和有较多体验的读者看来，简单的定量研究对概念的测量是无效的，因为这样的研究所忽略的东西比他们所揭示的东西还要多。从人文主义方法论出发，社会现象的复杂性和多样性暴露出以实验研究、调查研究为代表的定量研究方式在面对和处理复杂多样的社会现实方面所存在的各种局限性，催生了各种各样、相对适应这种复杂多样的社会现象的定性研究方式②。

“定量与定性之争”最核心的问题在于“寻找因果解释”到底是试图寻找“causes of effects ”，还是试图甄别“effects of causes”。没有任何捷径可以超越两者之争，只有懂得多种技巧并理解它们各自的长处和短处，才能够在面对实际的研究问题时，灵活运用不同的方法组合，比较好地解决研究问题③。因此，当人们对研究方法进行批评的时候，其实应该针对的是方法使用不当，缺乏理论依据、缺乏合适数据、缺乏合适的方法和必要的变量，证明强度不够，等等，而不是讨论数量的方法和思维辨析的方法孰强孰弱④。

任何研究都是从定性到定量：定性研究发现问题、界定问题向度、提出有关问题的各个向度之间关系的研究假设，定量研究则进行随机化的测量。怎样设计问题，研究假设怎么提，都取决于定性研究。量化分析的数据是在定性研究的基础上收集的。所以，定量研究的基础是定性研究，统计分析的质量，归根结底取决于定性研究的水平⑤。虽然有些研究者承认本人的研究需要借鉴他人定性研究的成果，以定性研究为出发点，但对定性研究得出的结果比较轻视，这就有些奇怪了。

在定量研究和定性研究的范式之争的过程中，将定性方法和定量方法结合起来的混合研究（mixed methods）应运而生，也逐渐为我国学界所了解。塔沙克里（Abbas Tashakkori）根据研究类型、测量维度、分析维度，把混合研究分为六种类型⑥。目前比较典型的做法是在研究设计中既收集定量的数据，也收集定性的数据，在问卷调查的基础上结合访谈法（如访谈社区工作人员、志愿者、居民以及领域专家等），对定量分析的结果再进行解释和说明。还有一种做法是对研究中所涉及的不同问题分别采用定性研究和定量研究的方法，最终结合起来回答中心问题或总问题。在开展研究项目尤其是重点重大科研项目的过程中，设计者往往采用多种研究方法分别解决不同环节的问题，将定性和定量结合起来，这时的混合研究相当于定性研究和定量研究相互接棒。

2. 定量研究被滥用了吗

另一种关于研究方法的讨论就是“公共管理学科的定量研究被滥用”。我国公共管理

---

① 李连江．戏说统计：文科生的量化方法．北京：中国政法大学出版社，2017：64－65.

② 风笑天．社会研究方法．5版．北京：中国人民大学出版社，2018：319.

③ 唐世平．超越定性与定量之争．公共行政评论，2015（4）.

④ 蓝志勇．也谈公共管理研究方法．中国行政管理，2014（1）.

⑤ 同①59.

⑥ 塔沙克里．混合方法论：定性和定量方法的结合．重庆：重庆大学出版社，2010：54.

研究在起步阶段的时候，定量研究很少，质量也的确不高。近年来定量研究的比例则明显增大。有学者认为定量研究在公共管理学科的研究中得到了越来越广泛的应用，但随之而来的问题是定量研究被滥用的现象也层出不穷，使得公共管理学科的实证研究在发展上偏离了实证研究本质。对《公共管理学报》的定量研究文章进行总结，发现存在的问题主要有三大类：第一类是研究选题的平庸，主要表现为用复杂方法验证常识、研究所得结论域大于问题域；第二类是研究方法的平庸，主要表现为代理变量不匹配、R^2 过小或被抹去、轻率设定因果关系和控制变量、数据来源缺乏信度、样本选取不符合科学抽样原理；第三类是研究预设的平庸，即假设过于理想化，脱离现实①。

从学科发展来看，社会科学的很多领域都经历了实证研究从无到有、从弱到强的过程，企业管理、经济学、政治学、社会学无不如此。实证研究对公共管理学科的发展同样极为重要。从我国目前的情况来看，公共管理学科还处在发展的早期，实证研究还不够，更不用说出现过度实证化的倾向了。如果说定量研究方法被滥用，那一部分是由于对定量研究方法在社会科学研究中应用的认识有误区，另一部分是因为中国公共管理学对定量研究方法的教学和训练还不够，离公共管理学研究的现实需要还有差距②。

定量化是公共管理研究的发展趋势，也是增强公共管理研究规范性、科学性的重要途径。对定量研究的质量评价需要从以下几个方面进行：第一，研究数据是否真实有效，一般通过信度、效度进行检验。第二，研究模型构造是否科学合理。研究模型的构造必须基于一定的经验事实或科学理论，合乎逻辑，并具有清晰的变量结构。第三，研究方法运用是否规范准确，即所选择的研究方法必须符合特定取样方法、控制方法、资料收集方法、统计分析方法的组合所规定的适用范围③。客观来看，定量研究方法已经成为国际公共管理学的支配性的研究方法。大力发展定量研究方法对中国公共管理学的科学化、规范化和国际化具有重大意义，也有助于用国际社会听得懂、规范化的语言来构建中国理论和讲述中国故事。

我们认为，“质的研究”与“量的研究”各有优点和弱点，两者不是相互排斥的，而是互补的。高质量的实证研究可以是定量的，也可以是定性的。无论是《公共管理学报》还是《中国行政管理》，近年发表的论文在研究方法方面都是多元的。其中，深入一线，运用鲜活的案例来讲“中国故事”的研究尤其受到欢迎。利用政务服务平台数据以及对互联网公开数据的挖掘，也越来越成为社会治理、公共服务、政策分析等课题采用的方法。米佳宁认为，社会科学实证研究的三个出路：一是人类学的研究方向，通过个体的体验以洞察世界的复杂性；二是大数据的研究方向，大数据的发展为公共管理提供了全新的研究范式；三是伦理学的研究方向，鉴于社会领域的复杂性，必须进行伦理的考虑④。值得注意的是，交叉融合的视角和跨学科的研究方法，正在打破学科的界限，成

① 刘润泽，巩宜萱．回顾与反思：定量研究在公共管理学科的滥用．公共管理学报，2020（1）.

② 于文轩，樊博．公共管理学科的定量研究被滥用了吗?：与刘润泽、巩宜萱一文商榷．公共管理学报，2020（1）.

③ 张鸣，范柏乃．公共管理定量研究的基本路径与质量评价．行政与法，2015（11）.

④ 黄欣卓，李大宇．中国场景公共管理案例研究的方法论与写作实践：“如何构建中国场景的案例研究”青年研讨会会议综述．公共管理学报，2022，19（1）.

为社会科学研究发展的新趋势。公共管理研究尤其如此。

本章小结

1. 社会研究方法体系，一般认为包含三个层次：方法论、研究方式、具体方法和技术。

2. 实证主义和人文主义，定量研究和定性研究，彼此之间没有孰优孰劣，更没有三六九等之分。它们在公共管理研究中各自发挥着重要的作用。

3. 社会研究的过程包括五个阶段：(1) 选择问题阶段；(2) 研究设计阶段；(3) 研究实施阶段；(4) 资料分析阶段；(5) 得出结论阶段。

关键术语

公共管理　方法论　研究方式　定量研究　定性研究　实证研究　规范化

复习思考题

1. 社会研究方法体系由哪几部分构成？方法论、研究方式、具体方法和技术之间存在怎样的关系？

2. 定量研究和定性研究存在哪些主要的差别？如何理解二者之间没有优劣之分？

3. 找几本国内外公共管理领域的权威期刊，对公共管理研究方法的运用和发展进行总结。

第2章

选题与文献综述

从本章开始，我们按照研究工作的实际流程来对研究的各环节进行完整的介绍。一项具体的研究，总是从研究问题开始的。我们从研究兴趣出发，逐渐找到一个有待研究的课题，然后试着去回答它，直到我们解开谜团，最后以论文或研究报告的文字形式，复盘从问题提出到得出研究结论，在这整个过程中，选题，是所有工作的出发点。文献综述，紧随其后。

重点问题

- 什么是研究问题
- 研究问题的来源
- 选题的标准
- 研究问题的明确化
- 文献综述的作用
- 文献综述的步骤
- 基于知识图谱的文献综述

2.1 选题

我们常说，文好题一半。爱因斯坦也说过，提出一个问题往往比解决一个问题更重要，“因为解决一个问题也许仅是一个数学上的或试验上的技能而已，而提出新的问题，新的可能性，从新的角度去看待旧的问题，都需要有创造性的想象力，而且标志着科学的真正进步”①。对于高校和科研院所来说，在围绕重大科学问题和关键核心技术进行攻

① 爱因斯坦，英费尔德．物理学的进化．长沙：湖南教育出版社，1999：66.

关的同时，更需要培养出一批能够提出真问题、提出大科学问题的战略科学家和创新引领性人才①。对于社会科学者来说，提出好的研究问题同样十分重要。正在发生的管理实践对我们提出了无数亟待研究的课题，但从中找到一个有意义、有价值、自己感兴趣，并且看上去还有趣的研究问题，对于每个研究者来说，都是无比欣慰的事情。

2.1.1 研究问题及来源

1. 什么是研究问题

选题，指的是对研究问题的选择。这里需要区分两个不同的词——研究问题（research question or research problem）、研究主题（research topic or research subject）。

研究问题，指的是一项研究所要回答的具体问题，它是一个可以通过研究来进行回答的问题。注意，研究问题不等同于日常生活中说的话题。举个例子，大城市的交通拥堵是一种社会现象，也是人们认为需要解决的问题。当我们研究这种现象的时候，研究问题不能简单地表述为“交通问题”，而是需要对这个现象进行进一步具体和明确的表述。正是在这个意义上，研究性论文的标题不能停留在日常用语上的“某某问题研究”这样笼统的表述上。

研究主题，指的是研究所涉及的某一类现象或问题领域，往往比较宽泛。例如，某学生的研究方向是社会治理，论文选题的时候被问道“你的研究问题是什么”，如果回答“基层社会治理”那就太空泛了，因为基层社会治理显然是一个领域的范畴。一个研究主题中往往包含不同的研究问题，一篇论文只解决一个研究问题。对某个主题感兴趣的研究者，可以从主题内部选择自己认为最合适的研究问题。

选题的过程，往往是从宽泛到具体的过程，尤其是对初次进入某个研究领域的人来说，对事物的了解还比较粗糙，还处于“研究主题”的阶段。随着调查研究的开展，以及集中阅读文献，能够逐渐将话题聚焦，从某个主题中提出自己感兴趣的某个问题，从而完成选题。

研究问题的选择能体现研究的水平。这是因为，在选择和确定研究问题的过程中，既需要用到研究者所掌握的专业理论知识、研究方法知识，又体现了研究者的研究视野、洞察力、判断力，以及研究者在日常生活和实践中对该问题的理解和认识水平。一个具体的研究问题从选择到最终确立，正是以上几方面因素共同作用的结果。研究者在任何一个方面的欠缺或不足，都会在所选择和确立的问题上留下“痕迹”，直接影响到所选问题的水平和质量。

这里举一个关于“闹大”现象的研究。不少人注意到了这一特定现象，但如何从中提取研究问题呢？韩志明认为引发“闹大”的原因值得研究，他2010年发表的《行动的选择与制度的逻辑：对“闹大”现象的理论分析》，探讨了公民、政府及官员的理性选择共同构成了“闹大”的生产逻辑。在此基础上，他陆续发表了系列成果，从不同方面对“闹大”进行解读：在公民与政府关系的框架下，从利益表达、资源动员和议程设置三个

---

① 李言荣．提出真问题比热衷“填补空白”更重要．中国科学报，2022-03-16（1）．

方面对“闹大”的功能性作用进行了深入的描述性分析；从公民抗争行动与治理体系的碎片化的角度，对“闹大”现象进行描述与解释；立足于社会矛盾纠纷的解决过程，探讨公民主体的信息支付与党和政府的权威性行动之间的复杂关系；研究群众“闹大”和领导批示的信息功能及其运行过程，探讨公共治理的信息机制及其效率；对2003—2019年发生的40个“闹大”案例进行定性比较研究，为公民“闹大”的行动逻辑提供新的因果解释机制，也为理解形形色色的“闹大”现象提供新的理论工具①。以上研究，都是对“闹大”现象的分析。随着研究的深入，从原因到功能，从过程到条件，从生产逻辑到行动逻辑，作者逐一进行了探讨，研究问题的关注点越来越细致，内涵越来越丰富，观察的视角在转换，分析框架也在转变。可见，针对同一个现象，可以提炼出不同的研究问题，体现研究者的理论视野和学术素养。当然，我们对研究对象的认识，有一个不断深入的过程，需要不断积累，由表及里，才能提出让人眼前一亮的研究问题。

延伸阅读

选题中的注意事项

学术研究中的研究问题，不是一般而言的问题，而是“科学问题”，即科学前沿或学科发展面临的问题。(1) 它不是哪一个人、哪一部分人不明白的问题，而是所有人都不明白的问题，即科学上还没搞清楚的问题。(2) 它是比较成熟的问题，即其客观条件和主观条件都已经比较充分的问题。(3) 它是真问题而非假问题。真问题要有一个正确的前提，而假问题之所以假正是因其建立在错误的前提基础之上。当我们说选题要“汇聚到点上”时，这个“点”应该达到一句话就可以说清楚，让人听后不仅能够明白无误，而且要意识到“对，这个问题是该解决了”!

为什么有的人易犯选题过大和浮泛的毛病呢？最常见的原因有二：(1) 没有充分认识到任何一般都存在于个别之中。寻找一般，往往需要着眼于个别，从个别入手，尤其是在全局中具有关键意义的个别。而通过关键性的个别寻找一般，乃是选题要“汇聚到点上”的真谛。(2) 缺乏“问题意识”。在论文写作中，作者具有问题意识是非常重要的。正如胡适的一幅题词所说，“做学问要在不疑处有疑，待人要在有疑处不疑”。问题意识的实质就是善于在经验事实和现有理论之间敏锐地发现和捕捉矛盾。

资料来源：马来平．人文社科研究生学位论文的选题与创新：以科技哲学专业为例．学位与研究生教育，2014 (2)：12-17.

2. 研究问题的来源

关于研究问题的来源，我们先要判断一下，研究问题不应该从哪里来。

---

① 韩志明．行动的选择与制度的逻辑：对“闹大”现象的理论分析．中国行政管理，2010 (5)；韩志明．利益表达、资源动员与议程设置：对于“闹大”现象的描述性分析．公共管理学报，2012 (2)；韩志明．公民抗争行动与治理体系的碎片化：对于闹大现象的描述与解释．人文杂志，2012 (3)；韩志明．信息支付与权威性行动：理解“闹决”现象的二维框架．公共管理学报，2015 (2)；韩志明．问题解决的信息机制及其效率：以群众闹大与领导批示为中心的分析．中国行政管理，2019 (4)；韩志明，李春生．什么样的“闹大”成功了：基于40个案例的定性比较分析．甘肃行政学院学报，2020 (1).

提出研究问题，是不是就是想一个问题来研究？速成的学术研究总是预设问题来研究，也就是所谓的“想一个问题来研究”，而不是从实践中、文献中去发现问题来研究。若是“想一个问题来研究”，则这样的研究很有可能是对假问题的研究，不可能对“问题”有清楚的了解，这样的研究结果一定是肤浅的，甚至是没有价值的①。

那么，研究问题应该从哪里来？

有时候我们很羡慕别的课题组所做的研究，觉得他们的课题很吸引人，或者羡慕有人在重要期刊上发表了一个特别好的研究文章，而这个文章所讨论的话题正是我们最近观察到，还未来得及细挖的。研究工作者深知，研究问题要抓得准、抓得好，自身需要具备一定的观察和提炼能力。

（1）对现实实践的观察。

社会科学提出的研究问题，从根本上要与当下的社会生活相关联。我国改革开放以来，社会快速发展，城镇化、工业化、老龄化，“多化”叠加。就公共管理领域来说，从社会管理到社会治理，从行政主导到共建共治共享，虽然治理水平不断提升，但也存在很多亟待改进的地方。研究者需要从生活实践中认真观察，发现问题。如果各种现象都是“司空见惯”，那就很难有发现问题的眼光。

这就需要研究者对现实保持敏感，善于观察、勤于思考。广泛地接触社会，融入社会实践，才能帮助我们提炼出研究问题。很多高校鼓励老师去相关部门挂职锻炼，鼓励产学研合作，支持博士生开题之后去基层开展调研，等等，都是发现和提炼研究问题的重要途径。参加地方政府的委托课题，往往也是与实际部门接触与合作的机会，这个过程可以引导我们对公共管理的具体领域进行思考。在日常生活中，我们要关注新闻报道，熟悉国家大政方针，尤其是关注与本领域密切相关的各种政策办法的出台、修订、讨论等。另外，响应党员到社区报到的号召，还能够获得参与社区治理的机会。总之，融入社会生活，拉近与社会实践的距离，能大大提高观察思考的能力。

不同的学科，对同一个社会现象进行观察，可提炼出不同的研究问题。例如，社会学关注人们的生活方式、社会行为等，公共管理关注行政管理、公共政策、政社合作方式以及基层治理的效能等。对于人口老龄化这一现象，社会学关注“老龄化社会与传统孝文化研究”，公共管理关注“人口老龄化背景下养老服务体系建设、制度保障与发展路径”②。

（2）对相关文献的分析。

美国科学哲学家图尔敏（S. Toulmin）将科学问题定义为“解释的理想与目前能力的差距”，并给出了一个公式“科学问题＝解释的理想－目前的能力”③。更一般来讲，就是寻找当前研究的不足或局限，弥补理论的空白。

研究者可以通过进入图书馆查阅资料的方式来获得灵感和想法。当然，要提出一个好的研究问题，不能完全从书本到书本。已有文献帮助我们了解特定领域前人的研究，

---

① 要研究问题，不能想一个问题来研究．社会科学，2021（10）.

② 参见国家社会科学基金项目2022年度课题指南。

③ TOULMIN S. Human understanding. Oxford：Princeton University Press，1972. 转引自：林定夷．问题与科学研究：问题学之探究．广州：中山大学出版社，2006：69.

认识该领域已有知识、观点、理论、方法以及观点之间的差异等。大量阅读已有的代表性文献，是做学术的第一步。如果已有研究成果是一棵大树的话，那么需要从树根开始，往树干方向走，尽量了解这棵树的树干和核心的分支，然后能够发现哪些分支值得研究，并且有前瞻性。切忌只看了几篇论文，就认为自己了解了相关领域的全貌。那就犯了盲人摸象的错了。此外，要带着批判的眼光去阅读文献，从貌似没有问题的观点背后，发现其中无法解释，或者不能自圆其说的地方，从而带着问号，沿着这个角度继续追问，看看自己的疑问是不是可以作为一个研究问题。这时，可以求助老师或其他有经验的学长，经过交流，来确认你提出的是不是一个似是而非的问题。

从已有文献中找到灵感，用各种经典著作中的论断来证明自己提出的是一个有价值的问题，类似“六经注我”。通常，这样提出的研究问题，还要经得住别人的追问：这个问题有现实意义吗？如果结合社会现实，能够得出肯定的回答，那么我们也就找到了继续的理由。

（3）个人的生活经历。

只有从实践中、文献中去发现问题来研究，这样的研究才具有针对性，其成果才会对现实和理论创新具有重要意义。与此同时，人们也经常说，兴趣是最好的老师。这在研究问题的选择上同样适用。每个人的经历不同，感受不同，对生活的理解不同，兴趣自然也不同。对于初学者来说，不妨结合自己的生活经历，确定自己感兴趣的话题。一旦遇到感兴趣的问题，也就容易找到研究的动力，因为自己也很想找到背后的答案。

来自农村地区、经过刻苦努力不断上进的同学，对城乡差异可能比较敏感；经历了土地征用、城中村变迁的同学，可能对城市化进程比较敏感；身边有人被跑路贷所害的同学，可能会关心信用制度；住在老旧小区，看见老人上楼难的同学，可能关心城市更新……从个人自身经历中寻找问题的方式，是一种比较简单实用的方法，也容易找到研究者最感兴趣、有切身体会的话题。当然，需要不断地对观察到的现象追问下去，对感性认识进行提炼，直到找到公共管理的研究问题。有经验的导师会在与学生的谈话中，引导他从自身经历中发问下去，逐渐提炼出有价值的研究问题。有时候，研究人员之间相互交流，谈起遇到的生活经历，也可能催生研究问题，所谓说者无心听者有意。

总之，研究问题的选定，需要综合考虑以上三个方面：国家的重大需求，学术前沿的发展，个人的研究积累和兴趣。

3. 研究问题的提出过程

在一篇研究性论文中，需要在第一部分也就是引言环节介绍问题的提出。在实际研究过程中，这个问题的提出往往并不简单，而是需要不断琢磨的。

新时代的社会发展提出了许多新的有待回答的课题。一般来说，公共管理研究的问题、选题的灵感，首先与对管理实践的观察有关。很多学者都强调，社会科学要多做问题导向的学术，而不是为了学术而学术。

根据选题的“螺旋循环”模型，学者可以从管理实践、学术文献两个方面对备选科学问题经过循环思考，再去确定目标科学问题。也就是说，我们的选题既可以从管理实践中观察到的某种现象提出来，也可以从现有文献的阅读、分析中提出来，但无论从哪里生发，都不是孤零零的，而是必须与对方进行呼应和循环。如果文献分析的结果对实践中提出的观察尚无好的思路，那就需要学者去进一步判断研究的必要性和可能性。我们选择的研究问题，既要回应管理实践，也要与已有研究进行对话。与时代呼应，与其他研究者呼应。

选题确定后，它与最后形成的论文标题其实是不同的。"论文选题"是确定要研究的方向、范围、对象。而"论文标题"则是在"论文选题"确定以后，用文字符号对"论文主题"即论文的中心论点给予概括，即所谓"点题"。它要求遣词用字确切、科学、规范，并具有简单明了、易于检索和新颖醒目等特点。好的"论文标题"能恰如其分地反映研究的方向、范围和深度。"论文选题"工作远比确定"论文标题"复杂。"论文标题"只是论文内容的外在形式，"论文选题"则是整个研究工作的第一个步骤，是整个研究工作的前提。一般来说，"论文选题"选定之后就不再更易，而"论文标题"则在研究工作结束以后还可以对用语及其表达进行反复斟酌，力求读上去令人耳目一新。

2.1.2 选题的标准

当我们被问到为什么要做某个研究选题的时候，我们实际上就需要回答，为什么这是一个好的选题。在这个方面，学者们的看法大体达成了共识。

1. 重要性

重要性，意味着这个问题是值得去做的，有理论意义和现实意义。重要性意味着需要回答，"为什么要做这个研究"，或者"它有什么样的意义"。选择一个重要的问题开展研究，是学术工作的出发点。

做好中国公共管理研究需要考虑三个关键词：公共、中国、大时代①。应当抓住社会转型的大时代机遇，围绕所有人共有的、关心的中国议题开展研究。例如，聚焦中国背景下的政府治理及其规律这一重要议题，《管理科学学报》提出了应围绕"中国特色政府治理实践的变迁模式及规律""政府-市场-社会协同的公共服务与资源配置规律""信息技术对国家治理体系和治理能力现代化的影响规律""中国特色的政策科学前沿理论与规律"这四个主要研究方向展开学术探索。

一般来说，通过文献检索和阅读，我们大体上能够判断在某个领域中，学者们正在讨论什么话题，关注点在哪里。查询近年来国家社会科学和自然科学基金的资助项目，也可以帮助我们进行选择。因为基金项目资助的范围，一般来说反映了管理实践的需求。综合起来，我们需要分析哪些是当前国家、社会、研究者共同关注的问题，哪些是悬而未决需要进一步研究的问题，或者虽然重要但是没有得到重视的问题。在以上思考的基础上，帮助我们找到当前重要的研究对象。

人们常把优秀的选题概括为"顶天立地"。"顶天"是从知识发展的角度来提出对研究工作的要求，指的是追踪科学前沿，对于知识发展有意义。如果能够挖掘中国情境底蕴来创造科学前沿，就更有价值了。"立地"主要是从"实践需求"的角度提出要求，指的是科学研究要从解决实践需求出发。正如国家自然科学基金项目申请书在立项依据环

① 何艳玲．好研究是当下公共管理研究的大问题：兼论"中国"作为方法论．中国行政管理，2020（4）．

节的要求：结合科学研究发展趋势来论述科学意义，或结合国民经济和社会发展中迫切需要解决的关键科技问题来论述其应用前景。因此，学术研究要立足实践，不能是无源之水。与此同时，好的研究选题，是“源于生活，高于生活”的。

如果我们已经有了选题，如何判断这个研究问题是否重要呢？简单地说，需要看别人和自己对该问题重要性的认识。自己认为重要，并且别人也认为重要，说明这个问题是比较热门的。如果别人都认为不重要只有自己认为重要，那就要想一想，是众人皆醉我独醒，还是自己弄错了方向。所以初入某个领域的研究者，最好把自己想到的选题，与有经验的师长进行交流，共同判断。这也是为什么学位论文需要有开题的步骤。

2. 创造性

创造性指的是创新性、独特性。做研究，不但要做有意义的研究，而且要做有创新性的研究，为人们认识世界和改造世界提供新的知识、观点、方法等，也就是站在前人的肩膀上推进知识的增长。它要回答的是：“这个研究会有新发现吗?”

一般来说，所谓创新，可以体现在提出新的（或修正完善已有的）学说、理论、观点，提出新的（或改进已有的）方法、视角，发现新的资料、史料、证据、数据等。也就是常说的理论创新、方法创新等。

纵观学术史，具有突破性创新的选题具有两个特点：发现隐含预设，或者抓住黑天鹅。如果我们能够发现现有理论研究背后假设的不足，也就是它的假设存在问题，那就可以说我们找到了突破性的选题，会推进理论的创新。例如，柠檬市场理论发现，市场的均衡前提假设是信息对称，但是柠檬市场是信息不对称的。因此，著名经济学家乔治·阿克尔罗夫（George A. Akerlof）以关于柠檬市场的论文获得了2001年的诺贝尔经济学奖，并与其他两位经济学家一起奠定了非对称信息学的基础。同样具有突破性的情况是，如果我们能够发现黑天鹅的存在，那么这个新的成就无疑是令人震惊的创新。

事实上，我们可能很难遇到具有突破性创新的机会和选题，但我们还是可以在前人的研究基础上继续往前，找到具有一定创新的研究点。就我国的管理实践来说，如果能用中国的数据和案例来检验西方理论的适用性，对理论做出一定的修正，或者基于中国情境提出西方现有理论难以解释的地方，并提出自己的解释，这些选题往往都是十分具有创新性的。

面对一个大家都认为重要的研究问题，正确找到切入点并做出具有创新性的研究，考验的是研究者的研究设计能力。所以，创造性通常是在人们对研究内容、研究方案的设计中体现出来。在做选题的时候，也就是开展研究之前，要对预期结果有一个方向性的判断，知道这个研究是在探讨哪些变量之间的关系或者因果关系，预期会在哪些方面做出不同的东西，会有什么不同的发现，从而在哪些方面体现创新性等。如果已经着手研究了，还不知道自己研究的是什么，那这事就很糟糕。如果能清晰地回答以上追问，这个研究问题就是一个比较好的问题。选题的时候，虽然还不能具体细致地得出研究结论，但至少从逻辑上可以判断出将会有不同的研究发现，体现了此项研究的增值性，科学的创新就体现出来了。当我们有足够的信心可以预期，根据自己的思路追寻下去，将会有与以往研究不同的发现，推动人们对某现象的认识，或者改变关于某问题的固有看法等，则我们可以确定，应该抓住这个选题。

值得注意的是“跨界”的重要性。随着社会实践的发展，社会问题的复杂化，很多学科的知识框架和研究视角都跟不上时代发展；而且在比较成熟的学科内部，核心研究领域大多早就被发掘，学术创新空间有限。打破本学科领域局限，积极同相关学科的学者们展开学术交流，在学科与学科的交界处寻找新的选题，与其他学科学者“跨界合作”，往往能够有新的发现。

3. 可行性

可行性指的是研究者是否具备和完成一项研究所需要的主客观条件。它要回答的是，“我可以做吗”“有条件做这个研究吗”。

通常，这要看研究者自身是否具备主观条件，也就是研究经验、研究能力、组织能力、操作技术等。研究者要显示自己有能力去做，已有工作基础和已掌握的各种技术手段都是扎实的。另外，还要考虑客观上的条件是否具备，如研究时间能否保证，研究经费是否到位，能否获得必不可少的特定的资料数据，实地调查能否成行，等等。研究生在选题的时候，还需要考虑导师课题组的研究方向，最好是在科研项目的支撑下，找到一个各方面都合适的题目。如果自己感兴趣的问题在当前尚不具备开展研究的主客观条件，那就只能等待条件成熟。说不定未来的某个时刻，能够有机会重新关注这个问题，并顺利开展研究。

研究生在做论文的时候，需要与导师多进行交流。因为导师对本领域很熟悉，基于经验的积累以及对前瞻性研究的预判，可以断定你提出的选题是否是一个新的领域，哪个题目值得做，哪个不值得做，哪些题目去做就能找到新东西，哪些题目做了也找不到新东西。

关于研究选题，前辈学者总结出来的经验是，不要盲目追踪热点，如果你有热点的相关基础，做研究时又刚好撞上热点，那就非常好。但如果是为了追逐热点而偏离了自己的基础研究方向，走到了不熟悉的领域，那就提不出正确的科学问题，或者可能提出来的都是些伪问题，你也不太熟悉相关的研究方法和理论基础，更没有相关资源，自然无法做出好的研究。所以博士生的论文选题需要考虑长期积累。

延伸阅读

选题的几点考虑

我们选题的时候一定要选一个我们关怀的东西。我说的是关怀，不是兴趣。如果学者做的东西不发自内心地关怀，日子就很难过。为什么？因为你一天到晚琢磨那些东西。如果你不发自内心地去关怀它，你的日子就很枯燥无味。如果你关怀它，兴趣可以持久，如果你不关怀它，兴趣是很短暂的。

选题还有一个很重要的考虑，就是不要凑热闹。一个学术问题成为显学了，成为很热闹的东西了，我们得离它远一点。我认为选题时最好比别人早半步。早太多不行，早太多谁也不理你。但是要早半步，等你的东西做完了，其他学者跟进的时候你已经可以转移阵地了。

选题还有一个考虑是可持续性，这对我们读博士的同学尤其重要。你读完博士学位进入学术界了，博士论文是你进入学术界的敲门砖，但是你还得有第二次进攻的能力，所以你的题目得有可持续性。

资料来源：李连江．戏说统计：文科生的量化方法．北京：中国政法大学出版社，2017：297-298.

2.1.3 研究问题的明确化

我们经常说，研究题目大小要适度，宜小不宜大。因为题目太大把握不住，难以深入细致，容易泛泛而论。当我们圈定了一个研究问题后，为了避免泛泛而论，必须对研究问题进行明确化。

研究生在提交开题报告的时候，经常被问道“你要研究什么”以及“你的研究问题是什么”，一些同学往往回答不上来，或者把拟撰写论文的题目重复一遍算作回答。这实际上显示出对研究问题的思考还不够深入具体。在项目申请的时候，我们也会被要求回答拟解决的科学问题，一般须用一句话清楚地表述出来。能够做到这一点，是建立在研究问题的明确化基础上的。

所谓研究问题的明确化，指的是通过对研究问题进行某种界定，给予明确的陈述，将头脑中比较含糊的想法变成清楚明确的研究问题。当我们对某个现象、某个话题产生兴趣时，往往只能提出比较笼统、比较模糊的问题领域，这个时候我们还没有提炼出研究问题。必须经过研究问题明确化的步骤，从研究主题中找到真正的研究问题，我们才能清楚地认识到自己真正想研究的是什么，与他人的研究有何不同，然后正式开始某项研究工作。

1. 缩小问题的内容范围

研究问题明确化常用的策略，是将宽泛的问题转化为比较窄的问题，将一般性问题转化为特定的问题，缩小问题的内容范围。例如，“社区治理”是很宽泛的领域，我们可以选择其中一个具体的方面进行研究，如对城市社区治理与数字转型进行研究。在这个过程中，能做到研究范围的缩小，本身是建立在对已有文献分析的基础上的，以及对现象的观察上的。

在将宽泛的问题转化为更具体的问题的过程中，文献回顾的过程承担了重要的作用。通过文献回顾，我们可以了解到已有研究的关注点，了解到围绕某个现象的研究通常与哪些概念联系在一起。如果我们也围绕某个概念进行研究的话，如何才能突出新意？哪些视角是尚未被关注的？如果某些新的重要概念被引进来，可能产生什么样的视角？把这些方面的思考综合起来，可以帮助我们对研究问题进行聚焦。

例如，近年来各地政府推行数字治理，加快数字化发展与建设智能化平台已经成为我国加强和创新社会治理的基本理念。从已有研究看，人们探讨了数字治理平台促进政社合作生产的现象与过程，但鲜有文献讨论数字治理平台如何提升政社共治有效性。因此，研究者提出了新的研究问题，那就是数字治理平台提升政社共治有效性的多元机制[①]。此项研究选择从机制入手，通过深入的案例研究来探讨政府发起的数字平台如何促进政社共治。在当前数字政府、数字社会的背景下，政府推动的数字平台，在具体运行过程中也促进了政社合作的公共服务的生产。这样的研究视角，加上建立在细致的案例研究基础上，既新颖也有说服力。

2. 清楚明确地陈述研究问题

研究者对研究问题认真思考之后，需要对研究问题进行清晰的阐述。如果我们不能清楚地对研究问题进行表述，那么也就意味着我们不知道研究问题的边界，无法划定本项研究的讨论范围以及相应的资料范围。

要清楚地陈述研究问题，让读者明白我们讨论的具体对象，必须确保研究问题所涉及的核心概念明确、清晰。如果出现概念混淆，或者概念有歧义，那么也就谈不上问题的明确化。一般来说，所涉及的概念不宜过多。只有在我们对观察到的现象进行提炼，研究对象已经明确无误，核心概念及变量都提炼出来之后，才能进行清晰的陈述。所以，问题陈述也是推动思维不断清晰的过程。

研究问题的陈述要尽可能地简单、清楚、客观，不带有价值判断或主观性，避免用价值判断性的语言；研究问题的陈述最好用变量的语言，也就是围绕研究中将要探讨的变量来组织语言。表述中所用的词语之间的逻辑关系要清晰，让读者一目了然哪些是自变量、哪些是因变量；陈述中最好能让读者明了是实证研究还是理论研究，如果是实证研究，陈述中指出实证检验的案例或样本会大有益处。

对问题的陈述一般用问句的形式，放在问题提出的结尾，或者在文献评述之后自然引出。不管放在哪里，都需要让读者有一种逻辑顺畅的感觉，认同作者提出的研究问题是有道理的，的确应该探讨这样一个课题，应该探讨某变量与某变量之间的关系，等等。

总之，研究问题通常可用一个或者一系列的问题的表述或论断（statement）来表达。研究问题要明确具体，不要宽泛，既要重点突出，又要有一定的灵活性，包容相关的问题。研究问题不能是一个概念本身，而应该是一个有关这个概念的问题，也就是要对这个问题寻求具体的答案，而不是笼统地讲一个概念。

爱因斯坦说，如果你不能简单说清楚，就是你没完全明白。一个研究者对于研究问题如果做不到简明、清楚地阐述，也就表明他对研究问题的理解还不是特别清晰。

2.2　文献综述

文献综述（literature review）也称为文献回顾、文献评论，指的是对到目前为止的、与某一研究问题相关的各种文献进行系统查阅和分析，以了解该领域研究状况的过程。文献综述也可以代表这个过程的结果，指的是我们对文献进行分析后的文字总结。这里

① 沈永东，毕荟蓉．数字治理平台提升政社共治有效性的多元机制：以“社会治理云”与“微嘉园”为研究对象．经济社会体制比较，2021（6）．

我们谈到的文献综述指的是前者。文献综述的撰写，将在第 12 章介绍。

2.2.1 文献综述的作用

文献综述是社会研究过程中的主要环节之一。熟悉某个研究领域的现状和主要研究成果，与我们对研究问题的选择、研究问题的明确化密切相关，同时也会关系其他研究过程。这是因为，按照思维逻辑的顺序，我们之所以提出一个明确的研究问题，是我们已经对现有研究进行了分析，确信我们提出的问题是别人没有回答或者没有很好地回答的。所以，研究问题的提出本身就离不开文献综述，或者说，研究问题的提出过程，就是在与文献综述进行对话的过程中完成的。综合起来看，文献综述的作用可以概括为以下三个方面：

1. 初步选题阶段：帮助研究者熟悉和了解本领域中已有的研究成果

在学位论文中有专门的环节介绍研究方法，有些学生首先列出的是文献综述，或者文献研究、文献分析。但其实这些并不能作为具体的研究方法，而是作为一项研究得以开展的基本前提。因为文献综述的作用主要是帮助我们熟悉某个领域的研究成果，包括从过去到现在的所有相关研究。以此为依托，我们才能对一个拟研究问题是否有价值做出判断，也才有理由有信心说，我们提出的研究问题是值得做的。没有文献综述的这个过程，我们就没有足够的底气抛出一个有待研究的问题，万一这个问题早就被人家研究过了呢？尤其是对于初入某个领域的研究者来说，文献综述是熟悉本领域的第一步，好比入门的基本功。

另外，在熟悉了本领域的相关研究之后，也就具备了一定的“业内”的眼光，能够在阅读和评阅他人成果的时候，给出比较科学、客观的评价。

2. 研究问题明确化阶段：帮助研究者提出与已有研究不同的思路和方法

我们时常说，学术研究要“继往开来”，不是“闭门造车”。我们要在前人研究的基础上做出新的东西，而不是随心所欲，想到哪儿写到哪儿。如果我们关心某个主题，可以去数据库中进行检索。通过对文献的梳理和分析，逐渐找到符合自己兴趣以及对现象观察的研究点。从已有成果的关键词分布，可以看出已有研究围绕这个方面分别从哪些角度进行了探讨，有待开发的研究点在哪里，已有研究思路以及观点是否有改进的地方，以及研究者本人关注的研究点是否已经被学者进行了认真的阐述，拟采用的研究方法是否可行。我们通常需要经过一个较长的时间，熟悉了本领域之后，才能对一个研究问题背后的具体指涉进行分析，从而提出明确的研究对象、研究思路等，对研究问题进行细化和具体化。这就必须以文献综述的过程为基础。

以中国知网为例，我们可以对某领域的文献进行查询，选择其中比较有代表性的文献，通过“已选文献分析”，可以直观地了解到文献关键词共现网络、文献作者、作者合作网络、机构分布等。这些信息可以让我们对文献有初步的了解。再通过对重点文献的进一步提炼，我们可以整体了解这些学者所做的研究，构建出关于研究问题的知识图谱，构思自己拟做的研究在这个图谱中的可能位置，以及本人可能的贡献，包括对学术的贡献，或对实际问题的回答是否具有新意。

在实际的论文写作中，文献综述环节所要达到的目的正是通过对已有研究的评析，引出本研究的研究思路和方法。文献综述，作为论文必不可少的部分，就是将我们对于某个问题的关注，从广阔的背景中逐渐收敛，引导到作者的思路上来。

3. 结果讨论阶段：为研究成果的解释提供背景资料

文献综述的另一个作用是它在客观上为我们提供了与研究问题相关的背景资料。这种背景资料既是研究者在选择研究问题时的参考框架，也在其他环节有重要的作用。一方面，当研究者得出研究结果之后，需要对此结果进行解释和讨论，这就需要与已有研究观点进行对话，从已有的背景材料里找到合适的对话对象；另一方面，如果出现了预期之外的结果，那就更需要利用已经准备好的背景资料对结果进行合理解释。由此可见，文献综述不仅在选题环节帮助我们明晰问题，确立思路，而且在研究结果出炉后的讨论和展望环节，还可以与我们的研究进行互动。它能够帮助我们明确某项研究的发现在相应的知识树上处于什么位置，以及独特的贡献等。

例如，一篇文章探讨了城市社区更新治理中共同生产的影响因素及路径机制。在讨论环节作者指出，已有研究证实了党建引领、治理资源、多主体力量对实现治理目标的积极作用，但是大多数是基于静态视角探究单一孤立状态下的关系，而本文则进一步在社区更新治理场景中共同生产的动态视角下，发现党建引领、治理资源、多主体力量的作用及其关系随时序、环境发生的动态变化①。作者在这个环节给出了三篇代表性论文作为参考文献，以便读者了解研究思路的进步和本文的价值。在此基础上作者对该文理论贡献的概括，当然也就更加可信和可接受。

2.2.2　文献综述的步骤

1. 文献选择

当我们确立了研究问题并有了比较明确的表述后，这个表述中通常包含了几个核心词汇，我们可以据此去寻找与这个研究问题相关的已有文献。收集文献时，要采取由近及远的方法，找最前沿的研究成果，因为这些成果常常包括了对已有成果的概述和参考资料，可以使人很快了解到某一研究问题的现状，并可以通过参考文献按图索骥进一步追踪。通常，我们会从以下途径去寻找文献。

一是查找与研究有关的期刊论文。因为论文最能直接反映最新的研究成果，而且下载方便。最常用的检索方式是，英文文献从 Web of Science 进入 SSCI 数据库进行检索，中文文献从中国知网、万方等进行检索。为了提高检索效率，我们一般会对检索范围进行限定。例如，进入知网首页的时候，在文献类型那里直接选择期刊，进入检索页后，再进一步限定核心期刊。通过检索结果，快速阅读，预判一下相关研究的整体情况。如果根据“主题”检索出来的文献很多，那么可以换成“篇名”来检索。根据文献的分布情况以及研究者关心的角度，可以增加检索词，或者更改检索条件来筛选。在确定检索

① 刘炳胜，张发栋，薛斌．由内而外的城市社区更新何以可能：以X社区更新治理为例．公共管理学报，2022 (1).

词时，要注意选取最能概括领域内容的核心概念，并利用布尔逻辑运算符进行组配，同时采用截词符、通配符、精确检索等技巧拓展或缩小检索范围。

在收集资料的过程中，我们可以先判断一下相关话题的起源，如果时间较早的话，则可以考虑缩小范围。一般会查找最近5～10年的成果。当然如果要搞清楚学术史的话，则需要追寻到源头。另外，如果拟研究的是一个特定的窄域问题，比如三江源资源保护，在检索的时候不能直接把这7个字作为主题词放进去（可能只有几十篇文献），而是需要根据对问题的定义，抽取出若干个相关的主题词进行检索，如生态资源＋西部。这时候研究者需要对研究话题直接覆盖以及交叉覆盖的范围有一定的了解。

二是除了期刊论文，与研究有关的专著通常能够为我们提供比较权威的理论。进入图书馆，可以查阅各种中英文图书。超星汇雅电子图书数据库等还可以提供在线阅读，也可以下载到本地。有些出版社也向会员提供免费的电子书阅读服务。当我们在阅读最新论文的时候，通过文后的参考文献可以进一步圈定相关的文献。能够被列入参考文献的专著，通常都是比较经典和权威的，代表了各个阶段标志性的成果。

三是参加国内外重要的学术会议，关注会议上发表的最新成果也是十分必要的。因为这些成果反映了最新的研究动态，会启发我们的思路。与学者建立学术联系，关注同行的研究，是获得研究信息的重要渠道。有时候在交流中别人提到的一个词语、在某个话题下谈到的某个观点，都能够出其不意地催发某种灵感。我们还可以根据学术会议特邀发言人的名单，判断有哪些课题组和哪些机构在做相关的研究，进而对其成果进行追踪。

2. 文献阅读

在快速阅读检索结果的基础上，需要特别关注以下几类文献。

一是经典文献。经典文献就是为本领域奠定基础的那些专著和论文等，它们代表了对领域发展起到关键作用的、最受关注的理论和观点，当然也是传播最广、影响力最大的观点。因此通常体现为高被引文献。导师在必读书目清单上列出的文献，本领域内同行们一直在讨论和关注的文章，基本上就属于这类了。初入某个领域的时候，一般需要首先对这些文献进行梳理。

二是领域专家文献。本领域中知名学者发表的文献，往往代表了主流和权威的观点。很多时候一个领域的发展，往往是某几个学派、为数不多的几个课题组所推动的。对这些专家的相关文章进行系统性的梳理，能够较为便捷地对本领域的发展脉络有更加深刻的了解。通过对他们发表的成果进行比较，还能够了解到不同学者观点之间的异同。类似“中国高被引学者”这样的榜单能辅助我们找到领域专家。

三是最新文献。近期在重要刊物上发表的相关成果，代表了本领域的最新动态和最高水平。一般来说，最新的研究都建立在前人基础上，吸收了已有研究成果，并且有了新的创新。在电子阅读的时代，关注重要期刊的网络发表状态，以及一些学术公众号推送的最新信息，能够帮助我们迅速了解本领域的最新成果。

四是每个领域每隔几年都会发表几篇综述类文章，选择那些在代表性期刊上发表的文献综述，尤其是发表在高水平国际期刊上的综述。这些文章往往是本领域的著名教授所撰写，高屋建瓴地对本领域的研究现状进行了总结概括，对各个方向的研究都进行了评价和展望，因此能够帮助我们在较短时间内把握研究的整体状况。

以上几类文献，是需要重点阅读的对象，尤其是高被引的论文、新发表的重要论文，一般建议打印出来阅读，可以做一些标注和简单的笔迹。我们要重点分析已有研究的思路、理论基础、研究方法、主要结论等，逐个进行归纳。优秀博士生学位论文在文献综述的专门章节，也会对相关领域进行提炼和概括，可以作为初学者的参考。但是这类文献综述是为特定研究目的服务的，对研究现状的概括和提炼有时候会局限我们的视野。

3. 文献提炼

阅读文献不是目的，通常我们也不是为了阅读而阅读。每年都有浩如烟海的成果发表，如果我们只是去读文献，那么一辈子都读不完。读文献的主要目的是发现已有研究的空白、有待研究的问题，确立本人可以切入的研究视角，等等。为此，需要对已有文献边读边整理，不断提炼。

首先，要对文献进行管理。EndNote是很好用的一款软件，SCI（汤姆森科技公司）的官方软件，可以快速生成标准的文件格式，还可以自动帮助我们编辑参考文献的格式。此外，Mendeley也是一款好用的文献管理软件，有一键抓取网页上的文本添加到个人图书馆的功能，安装插件后还可以编辑文本。不少人还推荐MindMaster，这是非常轻便的结构化笔记整理软件，可以一键生成思维导图，还可以在多个平台上进行实时同步，导出的格式也很多。

其次，对文献进行整理和做笔记是十分必要的，可以将文献中有价值的信息进行提炼，记录在笔记本上，方便日后快速翻阅。书写内容应重视可读性和价值性，可包含文献名称、研究问题、研究方法、研究结论、研究优缺点等。在此基础上，可进一步深入思考总结文献内容，将关键价值信息精简提炼至Excel中，每篇文章用几十个字进行归纳，形成类似索引/提纲式的笔记总结，便于快速复读文献的价值内容。

通过以上工作，经过对资料的认真阅读、分析整理，找到已有观点之间的关联，或者彼此冲突的地方。思考已有研究做了哪些工作，还有哪些工作有待完成。这个分析思考的过程，会花费不少时间，但是十分必要。这既是开展研究工作必不可少的环节，也为后续撰写文献回顾做了认真准备。

养成每日读几篇文献的习惯，坚持下来的话，每年可以收集整理几百篇到上千篇的文献。实际上经过几个月的积累，一般已经可以大致了解本领域的基本现状。经过几年的积累，会感觉文献越读越少，也就是我们所说的书越读越薄。然后可以进入一个新的阶段，也就是跟进本领域的新进展。这时候，我们重点关注领域内的权威期刊，对于新发论文的创新点和贡献，能够做到了然于胸。

文献检索和在此基础上的提炼，是我们精炼主题的好机会。通过深入了解已有研究，我们能够进一步确立研究的问题，真正进入研究场域，找到自己的位置。对此，马奇认为，最核心和真正重点的并不是搞清楚我们要研究什么，而是要搞清楚不要研究什么。我们应该问四个问题：你是不是对研究主题的核心观点有一个清楚的理解？你的文献检索是不是足够支撑这些核心观点？文献检索后，你的主题陈述发生了什么变化？回顾核心观点图和作者图谱，思考你选择的主题是不是太宽泛或太狭窄?[①]。这四个问题，很好地概括了在文献提炼的过程中，我们对研究问题的进一步思考，包括排除一些东西以及确定一些东西。

2.2.3 基于图谱的文献综述

在2003年美国国家科学院组织的以知识图谱为主题的研讨会上，学者提出了知识图谱的概念。2005年知识图谱被引入我国，目前已经被应用于多个学科领域。关于知识图谱的理解虽然存在一定的差异，但基本的共识是，知识图谱旨在通过可视化技术对科学知识的发展进程及结构关系进行描述，具有直观、定量、知识发现等诸多优点。

知识图谱的研究对象是科学知识，这些知识是由源于不同领域的科学文献样本数据源所表征的；知识图谱的分析对象包括与研究主题相关的所有学术载体形式，目前主要涉及期刊论文和专利等学术文献。知识图谱采取的方法主要是将引文分析、共词分析等文献计量学方法与多元统计分析、社会网络分析、信息可视化技术等数学方法和计算机方法相结合，将抽象科学信息转化为可视化的空间结构和图形，其目的是显示科学知识发展进程与结构关系，进行知识发现[②]。

需要注意的是，为了检索到相对完备和准确的样本信息，需要科学制订检索方式。首先要找对关键词。在进行文献检索的时候，关键词的准确表达是十分重要的，它关系到检索结果的样本呈现。缺乏经验的研究者，或者初入某个领域的研究者，因为输入的关键词不够准确，或者过于教条，得出的检索结果必然是不全面的，据此对样本的分析也就不能反映领域的真实情况了。例如，在 Web of Science 数据库中检索有关中国养老院的研究，如果以 nursing home（居家护理）为关键词的话，会发现根本就找不到相关研究，这是因为这个概念是美国语境下养老机构的一种，跟中国的养老机构还是有差异的[③]。很显然，检索的时候需要切换到中国语境。此外，检索的时候还要考虑关键词的周边词汇。例如，对“创业”研究进行检索，需要以 entrepreneurship（企业家精神）为关键词，也有必要结合周边相似的词 startup（新兴公司）、small enterprise（小企业）来对照检索。

其次，根据经典文献的前后引用进行追踪也是必要的，前后关联文献帮助我们圈定必要的范围。此外，也有必要根据领域专家、领域研究机构等进行检索，交叉确认。总之，通过多维度的检索、清理、筛选，确保遴选出与课题相关的所有必要文献，确定合适的图谱分析样本。

知识图谱能够通过对大样本学术信息的可视化呈现，揭示学科领域的发展进程及其结构关系，因此知识图谱的用途有很多，对于帮助我们从整体上梳理某个研究领域，从而实现文献综述的过程，辅助我们完成研究选题是很有价值的，尤其是在学位论文选题和开题的过程中。其主要功能体现在：

---

① 马奇，麦克伊沃．怎样做文献综述：六步走向成功．上海：上海教育出版社，2020：53.

② 焦晓静，王兰成．知识图谱的概念辨析与学科定位研究．图书情报工作，2015（15）.

③ 刘军强．写作是门手艺．桂林：广西师范大学出版社，2020：134.

一方面，通过对特定领域文献的关键词进行共现分析，形成可视化的共现图谱，清晰明了地识别该研究领域的研究主题；在此基础上对关键词知识网络进行聚类分析，能够清晰明了地识别某些关键词紧密关联在一起构成的研究热点。

另一方面，共被引文献是研究领域的知识基础，引用共被引文献的施引文献被认为是研究前沿。通过文献之间引用关系的分析，可以得到相关文献在内容或者研究主题上的共通之处，在某种程度上能体现被引用文献的科研价值以及其对其他学术活动的影响①。共引图谱分析还包括作者共被引、期刊共被引、研究机构共被引等。通过对作者进行共现或者共被引分析，可以识别出一个学科或者领域的核心作者群，以及他们之间的合作强度和互引关系。揭示核心作者群及其之间的互引关系，对于我们找到本领域主要的研究团队很有帮助。

此外，选择 Timezone（时间域）来对关键词的聚类结果进行分析，能得到关键词知识网络时间域图谱，发现该研究领域的阶段性发展与演进轨迹。所以，关键词图谱分析能够反映学科领域研究主题的演化过程，告诉我们这一领域从过去到现在的学术史和当前的学术发展，在此基础上进而预测这一领域研究的发展趋势。

在公共管理领域，基于知识图谱对文献进行可视化的综述，在此基础上判定未来研究趋势、确定本人研究方向，成为论文选题和毕业论文开题环节的一项重要工作。基于知识图谱的文献分析，目前常见的工具是 CiteSpace。这款软件是由美国德雷克塞尔大学（Drexel University）的华裔学者陈超美教授及其团队所研发的，依托于 Java 软件运行，用于研究文献的整体状况、趋势和变化，在文献可视化分析方面展现出强大的功能，受到很多学者的青睐。它常见的做法是对中国知网中的 CSSCI 文献和 Web of Science 数据库中的 SCI、SSCI 文献进行分析，分析内容主要有研究热点、学科分布、合作网络等。随着信息可视化的发展，知识图谱的绘制工具亦发展迅速，目前绘制知识图谱的工具已有不少，比如 Ucinet 可用于共现网络分析、聚类分析和多维尺度分析等。中国知网也能够实现对所选文献的可视化分析，如文献互引网络、关键词共现分析、作者合作网络等。

本章小结

1. 对现实实践的观察、对相关文献的分析、个人生活经历，是研究问题的主要来源。

2. 选择研究问题一般依据的标准有：重要性、创造性、可行性。

3. 研究问题明确化的方法，通常是缩小问题的内容范围，清楚明确地陈述研究的问题。

4. 文献综述的过程通常包括三项工作：查找相关文献、对文献进行选择、阅读重点文献和进行分析。

5. 文献综述与选题选择密切相关。在初步选题阶段，帮助研究者熟悉和了解本领域中已有的研究成果；在研究问题明确化阶段，帮助研究者提出与已有研究不同的思路和

① 翟倩，祝琳琳．基于文献计量的国内知识图谱研究综述．图书馆学研究，2016（18）．

方法；在结果讨论阶段，为研究成果的解释提供背景资料。

关键术语

研究问题　研究主题　重要性　创造性　可行性　研究问题的明确化　文献选择　文献综述

复习思考题

1. 什么是研究问题的明确化？为什么要对问题进行明确化的工作？
2. 从公共管理重要期刊中选取若干文献，根据选题标准对它们的选题进行评价。
3. 结合以往的研究经历，分析在选题方面的经验或有待改进的地方。
4. 结合本章内容，选择一个合适的课题作为本课程实践的例子。

第3章

理论与研究设计

我们在学习的过程中掌握了很多理论，这些理论对我们开展研究活动具有全方位的指导作用，体现在各个环节。

在实际研究过程中，当我们提出了一个值得研究的问题并进行文献综述之后，研究问题逐渐明确化，我们的思路越来越清晰，也确定了观察角度和切入点。接下来的步骤则是，从这个特定的角度，有哪些相关的理论对解释这个研究问题有帮助？或者说，相关领域中已有哪些理论可以作为研究基础？在实证研究中，我们通常选择那些对研究问题有独特解释力的理论，从这些理论出发，构建概念模型、研究假设，然后进行具体的研究设计，对思路进行具体化操作，这是我们熟悉的步骤。本章对理论和研究设计这两个重要的环节进行介绍。

重点问题

- 什么是理论以及理论的要素构成
- 如何理解“科学环”
- 理论的建构过程
- 理论的检验过程
- 什么是研究设计
- 研究设计的要素

3.1 理论

每门科学都拥有自己的理论。社会科学中很少有像自然科学那样有力的、放之四海而皆准的普遍理论，但是社会科学仍然力图从具体的事实和现象中发掘出系统的理论。经验研究的目的正是要从具体现象出发，寻找社会发展的规律，促进社会理论的形成。

前人为我们积累的理论，可以作为我们研究问题的出发点。一些理论虽然存在争议，但并不妨碍研究者沿着这些理论继续向前，并批判性地超越。

3.1.1 理论的构成

说到理论，往往让人产生抽象、枯燥的感觉。很多学生感觉理论就是枯燥的。现实是具体的，理论是抽象的，但恰是抽象的理论，浓缩了现实的丰富性。理论是用最少的词汇，对现实生活进行最精练的解释。米尔顿·弗里德曼（Milton Friedman）指出，一个理论去解释一个已知现象领域所需的最初知识越少，这个理论就越“简单”；如果某一个理论预测的结果越精确、能够预测的范围越广，并且能为未来的研究提出一些建议，那么该理论就越有“成就”①。

理论是人类对某一事物或事物的某一方面提出的一个系统看法。它包括一些特有的定义、抽象构建、关键词和通过假设、观察、论证而得出来的有关现象和因果关系的一系列互相关联的结论。我们在公共管理的研究中会接触和学习到很多专门理论，如合作治理理论、社会资本理论、公平理论、期望理论等。从理论的定义可以得知，理论由不同的要素构成，包含精确的概念、变量、命题与假设。

1. 概念

概念（concept）是对现象的一种抽象，它是一类事物的属性在人们主观上的反映。概念由定义构成。这种定义通常以语言的，有时也可以以数字的或者符号的形式来指明和限定概念所指称的现象。概念既可以用来表示社会世界中各种有形事物或现象，如书、房屋等；也可以用来表示社会世界中许多不能直接观察到的事物或现象，如歧视、社会地位等。我们在开展研究的过程中，需要面对各种表述，如果发现其中有概念不清的情况，则会十分头疼。研究者不得不先对涉及的概念进行辨析和界定。

概念是理论的基础，其重要性更加毋庸置疑。一个新理论的提出，往往是在若干概念之间建立了新的联系，从而让人耳目一新。在期望理论中，“激励力”就是一个核心的概念，它围绕“效价”和“期望值”这两个概念构建了关于激励力的解释。

2. 变量

所谓变量（variable），就是具有一个以上不同取值（不同的子范畴、不同的属性或不同的亚概念）的概念。我们称之为“变量”，是因为它的取值是变动的。而那些只有一个固定不变的取值的概念，则叫作常量。

概念有两种类型，一类概念仅仅指代某类现象，如“太阳”“月亮”等。另一类概念则往往包含若干个子范畴、属性或亚概念，如“性别”这个概念有男性和女性两个子范畴，也就是有男性和女性两个属性。“满意度”这个概念可以有好几个子属性，根据满意的程度可以分为三种或者五种等。

变量是某种特定的概念。为了便于分析和探讨现象之间的关系，公共管理和其他社

① FRIEDMAN M. The methodology of positive economics：essays in positive economics. Chicago：University of Chicago Press，1953：10.

会研究一样，一般采用变量的语言，即从变量之间的相互影响和相互关系来分析事物的原因和结果。根据变量取值性质的不同，变量可分为定类变量、定序变量、定距变量、定比变量。根据变量相互之间的关系，变量可分为自变量、因变量、中介变量。因为社会事物是相互关联的，同一个变量在不同情境中可能分别作为自变量和因变量出现。在一种情境中，它是自变量，在另一种情境中，它是因变量。

概念之间或者说变量之间的关系可以有不同的形式，包括相关关系（正相关、负相关）、因果关系、虚无关系。理论的任务是对概念之间的关系进行清晰的表述，从而形成命题。

3. 命题与假设

理论离不开概念，但概念本身还不能构成理论。理论由一组命题构成。命题就是关于一个概念的特征或多个概念间关系的陈述。例如，“工业化水平很好”是关于“工业化”这一概念的特征的陈述。而“工业化使得人际关系疏远”是关于“工业化”与“人际关系”概念之间关系的陈述。命题具有不同的类型，如公理、定律、假设、经验概括等。社会研究中有一些基本判断可以作为公理、定律，如那些已经成为共识的观点等。在实际研究中，可以结合这些公理和定律，推理出一些新的观点和看法，构成要研究的命题。

在社会研究中，研究者更多的是与假设而不是命题打交道。如同变量是概念的一种特殊形式一样，假设是命题的特殊形式。假设是一种有关变量间关系的尝试性陈述，或者说是一种可用经验事实检验的命题，它是对命题的操作化。假设是抽象的理论和经验的研究之间重要的结合部。在实证研究中，我们需要在对理论进行梳理之后提出相应的假设。可以用不同的形式来进行陈述，分别是：条件式、差异式、函数式。

条件式陈述形式是，“如果 A，则 B”。意味着，如果有现象 A，那么则会出现现象 B。差异式陈述形式是，“A 不同，B 也不同”。意味着，A 和 B 两种现象存在着根本的差异。函数式陈述形式是，“A 是 B 的函数：$A=f\ (B)$”。

用函数式表达的最著名理论就是爱因斯坦提出的质能方程 $E=mc^2$。其中 E 表示能量，m 代表质量，c 代表光速。在社会科学领域，也有一些理论使用函数式来表述。例如，期望理论认为，人们采取某项行动的动力或激励力取决于其对行动结果的价值评价和预期达成该结果可能性的估计。换言之，激励力的大小取决于该行动所能达成的目标并能导致某种结果的全部预期价值乘以他认为达成该目标并得到某种结果的期望概率。期望理论用字母符号的形式给出了一个简洁明了的公式：$M=\sum V\times E$，其中 M 表述激励力，V 代表效价，E 代表期望值。

所以，我们已经清楚了，理论是一组具有逻辑关系的假设或命题。好的理论中，不仅要有因素（起始点），还要有能够将这些因素串起来并且驱动这些因素相互作用的机制，否则无法解释、理解结果①。

在公共管理领域，尤其是在公共政策研究中，值得注意的是有各种理论模型。一般来说，以模型形式出现的理论，往往可为研究者提供直观上的分析框架。例如，约翰·

---

① 参见唐世平在微信公众号“政治经济学新时空”中的文章：《如何在实证研究中发现机制》。

金登（John W. Kingdon）认为政策议程制定是问题流、政策流、政治流这三大源流共同作用的结果，当这三股力量汇合到一起时，政策制定的机会之窗就会打开。他据此提出了多源流分析模型（multi-stream agenda-setting model）。

3.1.2 理论的建构与检验

1.“科学环”

美国社会学家华莱士（Walter L. Wallance）1971 年在其名著《社会学中的科学逻辑》（*The Logic of Science in Sociology*）中，提出并详细阐述了社会研究的逻辑过程，概括出的模型如图 3-1 所示。这一模型也被人们称作“科学环”而广泛运用。

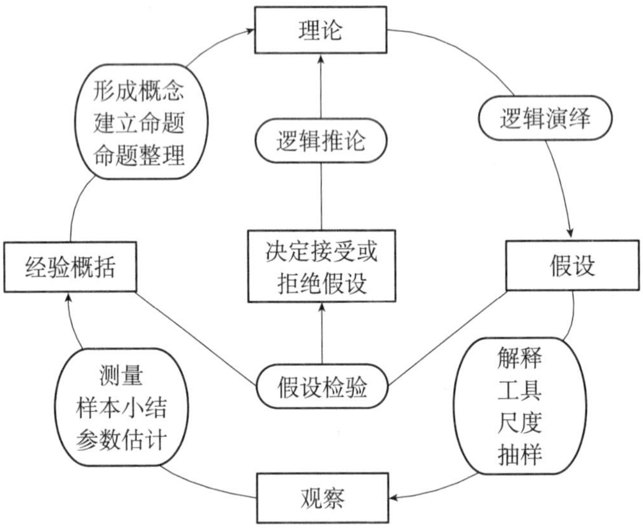

图 3-1 “科学环”——社会研究的逻辑模型

“科学环”告诉我们：科学是理论与研究之间不断相互作用的过程。在这一“科学环”中，研究者有两个入口：有时，研究者首先从观察事实、记录事实入手，通过描述和解释他们所观察到的事实，形成经验概括并上升为理论。然后在他们的理论基础上做出预测，即对未知事物做出假设，再通过观察新的事实以检验这种假设。有时，研究者首先从理论出发，由理论产生假设，再由假设导致观察，然后由观察形成经验概括，用这种概括支持、反对或建议修改理论，或提出新的理论。

华莱士提出的“科学环”，是针对社会科学的一般逻辑过程而言的，包含了社会科学的所有过程。在这个环中，我们的研究可以从任何地方开始，没有绝对起点和终点。有时候我们根据需要，从观察入手，归纳出某个理论，并对现象进行解释；或者从已有理论出发，对某个问题进行实践的观察，对理论进行检验。一个重大科研项目可以分为不同的课题，每个课题承担不同的任务，分别完成理论建构和理论检验等不同的环节，共同合作完成某个社会科学问题的完整研究。在实际情况下，具体的研究工作只是整个科学工作中的一部分，甚至只包含其中一个或几个阶段。据此，研究过程的逻辑可以简化为图 3-2。

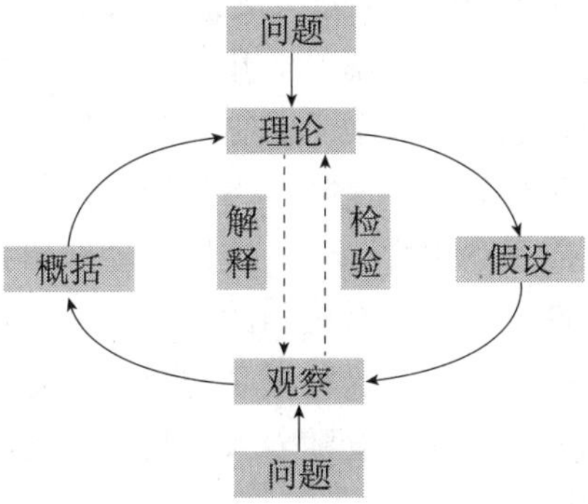

图 3-2 具体社会研究过程的逻辑

资料来源：风笑天．社会研究方法．5版．北京：中国人民大学出版社，2018：33.

2. 理论建构的过程

在图3-2中，从问题出发，在观察的基础上提出理论，这就是理论的建构，适用归纳逻辑。这个过程分为两个部分。

(1) 从观察到经验概括。

理论建构起始于对经验现象的观察。这种观察既可以是定量的，也可以是定性的。例如，采用调查研究的方法，收集大规模的资料，统计概括出样本的特征和规律，并以此推断总体结构和特征。这就是定量观察的一个例子。而其对观察结果的概括通常是以“调查结果表明，不同文化程度的人，其生育意愿不同；文化程度高的人，希望生育孩子的数量少”这样的形式来表述。同样，研究者也可以采用定性研究的方法，具体地、深入地、逐个地进行观察，并运用分类、综合等手段，抽取出现象的内涵，形成对各个具体现象的具体描述。例如，他可以采用实地研究的方法，深入某个村或镇，与当地居民交谈，详细记录他所得到的回答和访问对象的各种特征。通过对访问资料的综合、比较、归纳和分析，他也可以概括出人们所具有的生育意愿类型及与之相关的各种因素。无论哪种方式，研究者都要完成从具体的观察结果到对现象的经验概括这一提升过程。

所谓经验概括，指的是对现象反复出现的规律或特征的总结，或者是对变量之间反复出现的某种相互关系的一种说明。它是对一种由经验数据证实了的变量特征或者变量间关系的一般性阐述。它适用于所研究的整个一类变量，而不是其中的某一种具体情况。另外，经验概括所阐述的是整个一类变量的或然性，而非必然性。例如，“文化程度低的人，倾向于多生育子女”就是经验概括的一个例子，它是我们通过观察一个个具体的对象所得到的一种综合印象。它表明，在“文化程度”和“生育子女数目”这两个变量之间，存在着某种关系。但是，它并不能预测和说明某一个具体的个人所具有的文化程度与其所具有的子女数目的实际状况①。

(2) 从经验概括到理论。

从实际研究来看，理论建构的第一阶段目标（从观察到概括）相对比较容易达到。然而要真正建构起某种社会理论，还必须完成从经验概括到理论解释的飞跃。应该说，

① 风笑天，社会研究方法．5版．北京：中国人民大学出版社，2018：38.

这是较之于第一阶段归纳工作更为困难但意义更大的一步。

在我们将大量的、个别的、具体的现象上升为一般性的经验概括时，我们已舍弃了存在于每个特定个案身上的特殊性，而集中了它们身上所存在的共性特征。正是这种共性特征向我们展示了现象的某种规律。例如，当我们从几十个、上百个访问对象身上概括出“文化程度越高，越倾向于少生育孩子”这样的经验概括时，或者当我们通过一项大规模抽样调查，得出“女性比男性具有更强的宗教信仰”这样的经验概括时，我们对现象的认识已有了很大的提高。然而，这种提高的层次只是初步的和相对的。它仍然没有向我们揭示出为什么人们的生育意愿会随着人们的文化程度的不同而有所不同，为什么女性的宗教信仰会比男性强。

要进一步提高人们对现象的认识，需要对我们所观察的现象寻找一种似乎有理的解释。而当我们试图对某种事物或现象提出一种解释时，我们就是在发展理论。换句话说，理论正是在我们获得理解的努力中被创造出来的。我们思考“文化程度”与“生育意愿”相互关系的内涵，寻求和探索将“性别”变量与“宗教信仰”变量逻辑相连的概念框架——我们进一步从经验概括中抽象出某种具有内在逻辑结构的概念间关系，形成我们对这一现象及其背景的更为一般性的命题。这样，我们又一次地深入发掘了在第一阶段大量具体观察中所得到的资料的意义，初步建立了解释和说明这一现象的理论。

3. 理论的检验过程

在经验基础上建构理论，是“科学环”的一部分，但不是全部。科学研究并没有到此为止，因为这些理论需要进行检验。根据图 3-2，常见的思路是通过建立假设，寻求检验。理论的检验，也就是演绎的过程，运用的是演绎的逻辑。基本步骤包括以下方面：

（1）从理论出发，列出主要概念及概念之间的关系，通常给出一个理论模型；

（2）运用逻辑推演从理论推导出一组命题，这些命题是抽象的；

（3）运用经验推演，将命题转化为研究假设，对概念进行操作化，将抽象概念转化为可观测的变量和指标，如将“人口老龄化”操作化为“65 岁以上人口在总人口中的比例”；

（4）选择合适的方法收集资料，这个过程十分重要，决定了样本的代表性，数据资料的有效性等；

（5）整理和分析资料，看资料对研究假设的支持程度如何，以及假设和命题对待检验的理论的支持程度如何；

（6）对结果进行讨论，总结待检验的理论哪些方面通过了假设检验，哪些方面没有通过，又有哪些方面根据新发现需要进行修正，等等。以上步骤构成了通常意义上的实证研究的过程，是定量研究的一般思路。

值得注意的是，一个理论是不会轻易被完全推翻的，由它推演出的研究假设即使被否定，也常常促使理论做出修改或补充，只有当它在多次或多个假设检验中都受到怀疑时，才有可能陷入无法补救的境地。这是因为，研究假设的水平以及操作过程与结论的得出紧密有关。研究假设是由抽象概念通过经验推演得出的指标所构成的，指标只反映概念中的部分内容，因此指标之间的不相关并一定证明概念之间不存在联系。另外，研究者对样本的利用，调查实施的过程等，都只反映了在特定的条件下原有理论没有通过检验，并不代表在其他时间和条件下也不成立①。例如，重新设计，对数据进行更换，或者“调数据”，之前没有通过检验的变量之间的关系可能又通过了检验。

对于理论的检验，有时候难以按照上面的步骤进行，也可以考虑其他的思路。例如，是否可以采用关键个案来检验呢？也就是，采用最小可能关键个案来证实一个理论，或者最大可能关键个案来否证一个理论。这里的逻辑就是，要证实一个理论，不是找最有可能支持它的个案，而是找那些看起来最不可能支持该理论的个案。如果连这个最不可能支持该理论的个案都证实了该理论，那么这个理论就得到了强有力的支持。反之，要去否证一个理论，不是去找一个最不可能支持该理论的个案，而是去找一个最有可能支持该理论的个案。如果连最有可能支持某个理论的个案都否证了这个理论，那么，其他个案就更会否证它了。

定量研究范式对理论的检验，其结果通常是有限度地接受原始理论，对一些意外出现的情况需要作者进行合理解释。而关键个案出其不意的证实或否证，得出的结论则具有很强的力度。当然，关键个案可遇不可求。

3.1.3　理论与经验研究的关系

1. 理论对经验研究的作用

前文已经说明了在社会研究中，理论和经验研究的关联：在演绎模式中，研究被用来检验理论；在归纳模式中，理论是从研究资料的分析中发展出来的②。那么已有的理论，在我们的具体研究中承担着哪些功能呢？

根据第 1 章所提出的，社会科学研究过程大致有五个步骤。每个步骤、每个环节都需要理论的指导，如图 3－3 所示。根据研究的过程，理论（以及文献综述）的功能可以归纳为以下方面。

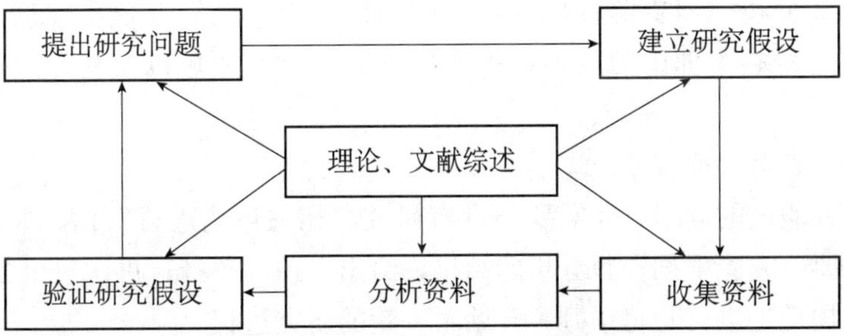

图 3－3　理论与社会科学研究步骤的关系

（1）为研究提供概念框架。

在选题阶段，我们需要结合已有理论，确定一个有价值的有待研究的问题，一些选题本身就来源于已有的理论。对于来源于现实的选题来说，在选题阶段，理论作为研究的基础、背景，为研究提供特定视野和概念框架。理论告诉研究者应该提出什么样的问

① 袁方，王汉生．社会研究方法教程．北京：北京大学出版社，1997：85.

② 巴比．社会研究方法：第 13 版．北京：清华大学出版社，2020：75.

题，以及为了回答这一问题应该去探讨什么。例如，“压力型体制”这个概念，生动地揭示了一项具体决策在执行过程中，是如何被层层放大要求，提高指标的。它在动员行政资源、提升行政效率的同时，诱发执行者行为失当，甚至为了实现上级要求而与行政对象产生冲突。在选题的时候，如果准备对基层政府运行进行研究，“压力型体制”这个本土概念框架可以引导我们有针对性地观察政治动员、目标制定等过程，提升我们对研究对象的认识。

（2）指导研究的方向。

在研究设计阶段，尤其是在建立研究假设的过程中，理论发挥着重要的作用。不同的理论为我们提供不同的探讨角度和分析视野。根据特定的理论，我们建立相应的命题和研究假设。这个步骤对整个研究的重要性不言而喻。如果专家评审论文的时候指出论文的理论性不够，或者测量指标缺乏依据，意味着论文还需要好好打磨，提升论文的理论基础。一般来说，在一篇论文的结构中，文献综述结束之后需要提出相应的理论基础、介绍研究者构建的理论模型。这决定了一项研究的科学性和理论视野。可见，理论在研究设计环节为我们确立了研究的形式和方向，也指出了实证观察可能有所发现的方向。与此同时，理论也指导我们搜集资料的过程。打个比方，理论可以引导研究者把手电筒照在比较有可能观察到社会生活模式的区域①。它告诉研究者现实中哪些事实是与研究有关的，可以去哪个方向收集特定的事实。

（3）描述和解释事物。

资料分析和假设验证是研究过程中的重要环节，对于社会科学的研究极为重要。对变量之间因果关系的判断和解释等，离不开理论框架的指引和相应的逻辑分析。经验研究的目的是对事物进行描述，并解释社会现象之间的关系。理论可以合理解释观察到的现象，并指出更多可能性。但数字和资料本身不会自我解释，我们必须依据某种理论，对数字所表达的现象做出合理的说明。如果缺乏理论，那我们只能对观察到的现象进行描述分析，而要解释现象背后的因果关系，则需要依靠理论。在资料分析和解释的过程中对相关理论的运用，体现出研究者对本领域以及相邻领域的理论掌握水平。

（4）预测未来事件或现象。

在检验研究假设的同时，还需要与现有研究、相关理论进行对话。如果假设未能通过检验，则需要研究者根据资料分析的结果，给出合理的解释，再次提出新的研究问题。与此同时，根据理论进行趋势预判，开始新一轮的研究过程。

从学术的角度看，一篇好的成果必然要有效地结合数据和理论，要真正做到这一点就需要体会理论在学术研究中的作用以及社会科学中理论的独特性。

2. 经验研究对理论的功能

经验研究在具体开展研究过程中接受理论的指导，并对理论进行检验。与此同时，经验研究也能推动理论的发展。社会学家默顿（Robert King Merton）对此进行了专门研究，提出经验研究“至少执行四个主要功能以帮助和决定理论的发展”。参考默顿的观

---

① 巴比．社会研究方法：第13版．北京：清华大学出版社，2020：51.

点，总结如下：

开创理论：通过经验研究归纳出理论，这是一种常规情况。常规之外的则是偶发机遇。在经验研究中，收获“不期而遇、异乎寻常而有关全局的资料”，这种发现往往成为某种理论的开创者。管理学上有一个著名的例子是霍桑实验，研究者原本想通过这个实验关注劳动条件与工人生产的产量之间的关系，认为工作环境与工作条件是影响生产效率的主要因素。然而研究结果却并不支持假设。与此同时，研究者却意外地有了新发现，那就是企业中存在着非正式的利益群体，工人除了考虑经济报酬外，还会考虑与周边人的关系，等等。据此，梅奥（Elton Mayo）提出了人际关系学说，为行为科学的产生奠定了基础。

重整理论：与不期而遇的偶发机遇模式发现相比，还有一种经验研究把注意力集中在那些到目前为止被忽视但却有着重要关系的事实上，正是这些被忽视的事实迫切要求扩展和改善原有的概念系统。因为原有理论无法包括新发现的概念和事实，这就需要对原有理论进行修正和重整。这也是经验研究能够做出重大创新的策略之一。例如，费孝通在《乡土中国》中讲，中国社会是乡土性的，人们被束缚在土地上，地方性的限制所导致的“熟悉”成为乡土社会的重要特征。“熟人社会”也因此成为人们描述中国乡村社会性质的经典理论模型。然而，21 世纪以来中国乡村社会性质已经发生了显著变迁。一些学者通过大量的实地研究，提出了转型中的乡村社会进入“半熟人社会”，对“熟人社会”的模型进行了修正。

扭转理论：经验研究中新的研究方法和研究技术的运用大大地拓展了研究者探索现实、建立理论和检验理论的能力，尤其是跨学科方法的引入、新研究手段的运用等，极大地推动了社会科学研究的视域和可能性。一些新的研究方法和技术会产生出以前人们无法得到或无法利用的新资料，而这些新资料又会促使研究者形成新的假设，从而产生新的理论关注点。这些新的研究方法的运用不断帮助研究者形成新的理论兴趣中心，不断为研究者打开建立新理论的窗口和途径。

廓清理论：经验研究促使概念的澄清。概念是理论建构的基石，而概念含义的准确清晰，则是进行理论建构的基础和前提。有时候，人们对某个理论之所以有不同的理解，往往与核心概念的所指、范围、界定等尚不明确有关。经验研究的价值在于能够澄清核心概念，明确概念内涵，减少分歧。

延伸阅读

新时代中国公共管理学科的特点与发展趋势

中国特色社会主义进入新时代，公共管理学科面临新的时代议题和发展挑战。一方面，政府治理实践亟须公共管理学科的发展，以理论创新回应并指导治理实践；另一方面，公共管理多学科交叉融合的特征愈加鲜明，研究方法越来越呈现多样化、集成化，以多学科交叉研究提升解释力、说服力、指导力势在必行。

面对时代挑战，中国公共管理学科的发展呈现两种基本趋势，一是面向未来的理论创新，持续推进理论知识创新和话语体系创新是中国公共管理学科发展的必由之路；二是面向现实的理论关怀，关注公共管理中的“大问题”，聚焦时代之需和治理之问，为构建人类命运共同体贡献中国智慧。

3.2 研究设计

从研究过程的角度看，当确立了研究问题，并对理论进行梳理和分析之后，就进入了具体的研究设计阶段。研究设计是否科学、合理和完善，直接关系研究的进程、研究结论的可靠性、科学性等。一个好的研究设计，对研究工作具有一定的保证作用，能够收到事半功倍的效果。严密、审慎地做好研究设计是十分必要的。事实上，不管哪种方式的学术创新，研究设计在其中的作用都是不言而喻的。

3.2.1 研究设计概述

研究设计是研究者为了探究研究问题的解答或解释，而对未来研究工作的具体步骤和进程所做的筹划或设想。那么，什么时候开始研究设计呢？

从已有经验看，当我们确定某个选题之后，并非马上就能够着手收集资料开展研究，这是因为还有很多事情有待解决。例如，我们要拟解决的关键问题是什么？是在探讨一个什么样的问题？我们是在对某项工作进行评估的基础上完成调查报告，还是对专门的特定现象进行分析和解释？另外，我们要收集哪些资料？什么样的资料？是从开源数据，还是实地调查获得资料？等等。这些环节不解决，我们就不可能动手进行诸如问卷、访谈等的具体环节。研究设计，需要对整个研究工作进行规划，制定出探索特定社会现象或事物的具体策略，确定研究的最佳途径，选择恰当的研究方法。

关于研究设计的主要组成部分，金等人认为包括四个环节：研究问题、理论、数据、数据的使用①。为了提高研究的质量，我们需要改进研究问题的质量，提高理论的质量，提高数据的质量，更好地利用现有数据。在这几个部分中，理论关联着研究中将要采用的理论基础、理论模型以及研究假设的提出，所以十分重要。

从科学研究的基本步骤，也即发现问题、提出假设、检验假设、阐明结果这个过程来看，研究设计必须回答四个关键性的问题：研究的问题是什么？为什么要研究这个问题？研究假设是什么？如何检验研究假设？对第二和第四个问题的回答是研究设计的关键环节②。不过，目前学者对研究设计包含的环节和要素其实并没有完全一致的看法，大体上可以认为，研究设计包括研究问题、研究目的、研究假设、取样方式、分析单元、研究方法和手段，以及选定时间框架等一系列内容，并为以上内容制定详细而具体的操作步骤。

---

① 金，基欧汉，维巴．社会科学中的研究设计．上海：格致出版社，2014：11-26.

② 范柏乃，蓝志勇．公共管理研究方法．3版．北京：科学出版社，2018：13.

我们在读文献的时候看到实证研究论文的常见框架是：（1）引言；（2）理论基础与研究假设；（3）研究设计（包括数据来源、变量设定、测量模型等）；（4）数据分析；（5）结论与讨论。这里的"研究设计"通常是在建构理论模型、提出研究假设之后进行介绍，包括数据获取和数据处理、如何开展调查、问卷发放和回收，以及采用什么具体研究方法等。研究设计的有些环节在论文写作中，已经合并到其他部分了，例如，在研究背景和问题提出环节，一般就直接明了地阐述本项研究的目的。所以研究目的的位置一般在问题提出或引言环节。至于研究假设，在提出理论模型之后一般就已经完成了这部分内容。余下的操作化过程，一般写到研究设计的文字中，主要是数据收集、数据利用、分析方法等等。不过从完整的研究过程来说，研究设计是在确立选题之后开展的工作，所以它所包含的范围要广一些，并不仅限于论文写作报告中。

延伸阅读

对现有学术做出贡献的几种研究设计

在现有社会科学文献框架内明确地定位出一个研究设计，以此确保研究者了解"当前研究的最前沿"，并尽可能减少与现有研究的重复。此外，它还能保障所做的研究对其他研究者来讲也是非常重要的，进而提高整个学术界的研究。可以通过很多方式对现有文献做出贡献。在这里我们列出如下几种可能的方式。

选择学者在文献中十分重视但是此前没有人做过系统研究的假设。如果能找到支持或证伪这一假设的证据，将是一项贡献。

选择一个虽然在文献中被公认但仍然值得怀疑的假说（或一个尚未充分确认的假说）。探讨这一假说是否错误或者找到其他替代的正确理论。

试图解决现有学术界关于某一问题的争论或为争论的一方提供进一步证据，也许可以证明该争论从一开始就没有事实根据。

对研究进行设计以阐明或评估文献中那些无可置疑的假说。

找到并确认一个在已有文献中被忽视的重要问题，然后进行系统性研究。

证明一个文献中为某些目的而设计的理论或证据可以用来解决另一个文献中存在的问题。

资料来源：金，基欧汉，维巴．社会科学中的研究设计．上海：格致出版社，2014：15.

3.2.2 研究设计的要素

第2章2.1以及本章3.1已经介绍了研究问题、理论、研究假设这几个环节。下面重点介绍之前篇幅中尚未涉及的几个要素。

1. 研究目的

我们在开始一项研究时，需要事先知道研究的目的。因为研究目的不同，所以在研究设计的要求、研究对象、研究方法选择等方面都会有所不同。通常，研究目的可以归为三种：探索性研究、描述性研究、解释性研究。

探索性研究是一种对所研究对象或问题进行初步了解，以获得初步印象和感性认识的，并为日后更为周密、深入的研究提供基础和方向的研究类型。使用这种类型的情况是：对某些研究问题，缺乏前人研究经验，对各变量之间的关系也不大清楚，又缺乏理论根据，这种情况下进行精细的研究，会出现顾此失彼或以偏概全的问题，以及浪费时间、经费与人力。从探索性研究目的出发，一般选取小样本或者案例，进行观察和访问等，在此基础上进行定性分析，给出自己的判断。

描述性研究又称叙述性研究，指为正确描述某些总体或某种现象的特征或全貌的研究，任务是收集资料、发现情况、提供信息和从杂乱的现象中描述出主要的规律和特征。管理领域的很多研究都适于描述性研究。属于这种研究类型的方式有多种，例如问卷调查、比较研究、相关研究和发展研究等。

解释性研究也称因果性研究。这种研究类型主要探索某种假设与条件因素之间的因果关系，即在认识到现象是什么以及其状况是怎样的基础上，进一步弄清楚或明白事物和现象为什么是这样。解释性研究是探寻现象背后的原因，揭示现象发生或变化的内在规律，回答为什么的科学研究类型。为了对事物进行解释，相应地需要开展调查研究、实验研究等，进行相关分析、因果分析等。

2. 研究性质

从社会科学的角度，一般可以将研究性质（也称为研究类型）区分为理论研究、应用研究。

理论研究是侧重于发展有关社会世界的基本知识，特别是侧重于建立或检验各种理论假设的经验研究。理论研究立足于研究领域的前沿和交叉学科的新生长点，其研究应具有前瞻性，以产生新观点、新学说、新理论等理论性成果为目标。

应用研究以解决该研究领域关键技术问题为主要任务，以创新方法或方案来解决该领域可持续发展中存在的问题。从本质上说，应用研究是侧重于认识现实社会并有针对性地提供特定政策的经验研究。以问题为导向的社会研究一般都属于应用研究的范畴，如社会问题研究、政策研究、评估研究等。

需要注意的是，这里所说的理论研究是一种经验研究，与那种以纯粹的思辨和逻辑推理为基础、以对抽象概念和命题的理性分析为主要特征的纯理论研究是不一样的。后者一般称为基础研究①。

在申请科研项目时，基础信息表中会有一项关于基础研究、应用研究、综合研究的选择。社会科学的研究课题，通常情况下既需要做出理论分析，对事物进行解释，还需要对未来走向进行研判，给出相关政策建议等，所以一般属于综合研究。

3. 研究方式

关于社会科学的研究方式，目前一般比较认同的有实验研究、调查研究、实地研究。对于文献研究是否作为一种独立的方式和方法，学界存有不同的意见。本书认为，不可否认有大量的研究是利用已有文献的，而且利用二手数据的定量研究在当前有较快的发

---

① 《国务院关于全面加强基础科学研究的若干意见》（国发〔2018〕4号）提出，要促进基础研究和应用研究融通创新发展，着力实现前瞻性基础研究、引领性原创成果重大突破，全面提升创新能力。自然科学中的基础研究主要指数学等。

展趋势。至于利用二手数据的定性研究，则通常可以（或作为某个环节）归到特定的定性研究方法中，如案例研究、扎根理论。

（1）实验研究。

实验是一种在高度控制的条件下，通过操纵某些因素来研究变量之间因果关系的方法。在实验过程中，研究者通过引入、控制或操纵某个变量，同时观察另一个变量所发生的变化，以此来探讨不同现象之间的因果联系。从方法论上看，实验是定量研究的一种特定类型，它比其他几种社会研究方式更直接地基于实证主义的背景和原理。尤其是在检验变量之间的因果关系方面，实验研究具有最强的力量。实验研究方式的本质特征在于对研究的控制。可以说没有控制就没有实验。实验需要控制场景、控制对象、控制操作程序、控制测量方法。简言之，实验是一种需要“人工制造”的研究方式，这和调查研究中仅仅对现实社会现象进行“自然的采集”的做法是大不相同的。实验组与对照组、自变量与因变量、前测与后测，是构成实验研究的三组基本元素。而各种政治的、伦理的、道德的和法律的限制，往往是实验研究难以广泛应用于社会领域的主要原因，重大事件的影响、实验对象的成熟、初试-复试的影响、实验对象的缺失等等，则是造成实验研究失效的内部因素。

（2）调查研究。

调查研究的方式指的是采用自填式问卷或结构式访问的方法，系统地、直接地从一个取自总体的样本那里收集量化资料，并通过对这些资料的统计分析来认识社会现象及其规律的社会研究方式。这是社会科学研究者在实际研究中采用最多的一种研究方式，它在整个社会研究方法体系中占有非常重要的地位。概括地说，研究内容的广泛性、资料获取的及时性、描述的全面性和概括性、实际应用的普遍性等等，是调查研究方式的主要特征。询问，是调查研究方式中主要的资料收集方法；而抽样、问卷、统计分析则是构成调查研究方式的三个基本元素，同时也是从事调查研究的三个关键环节。

（3）实地研究。

实地研究是一种定性的社会研究方式。它通常以参与观察、个案研究的形式进行。其基本特征是深入所研究对象的生活环境，作为其中的一员与他们共同生活一段相当长的时间，通过参与观察和询问，去感受、感悟研究对象的行为方式及在这些行为方式背后所蕴含的文化内容，以逐步达到对研究对象及其社会生活的理解。实地研究者往往力求从所研究的对象的角度，而不是从局外观察者的角度来认识和了解社会世界。实地研究者通常要经历一个“先融进去”“再跳出来”的角色转换过程。在研究之初，研究者要尽快“进入角色”，使自己的语言、行为举止和生活方式，都尽量“同化于”所研究的对象及其社区，以达到“移情理解”的目的。而当要对观察到的现象和行为进行判断、分析和解释时，研究者又要能随时“跳出角色”，恢复到研究者客观的、中立的立场上来，从局外人的角度，重新审视被观察对象的行为表现，发掘其所具有的客观含义，以达到“超脱理解”的目的。实地研究的目标更多地是建构理论，而不是检验理论。

（4）文献研究。

基于二手数据的文献研究是一种与其他几种方式在策略、思路、材料等方面都迥异的研究方式。这种方式的最大特征是不接触研究对象，它主要利用第二手资料进行研究，因而具有很明显的间接性、无干扰性和无反应性。根据研究的具体方法和所用文献类型的不同，可以将文献研究划分为内容分析、二次分析和现存统计资料分析三种。内容分析是一种对文献内容进行客观、系统和定量描述的研究技术。它在程序上与调查研究的方法相似。抽样和编码是内容分析方法中两个十分关键的环节。二次分析是直接利用其他研究者为了其他目的所收集的原始数据资料进行新的研究。这种方法省力省钱，但关键是能否找到合适的原始数据资料。现存统计资料分析是对各种官方统计资料进行的分析研究。与二次分析所不同的是，它所利用的不是其他研究者收集的原始数据，而是各种政府部门所公布的基本统计资料。

表 3－1 归纳了上述四种基本研究方式在资料收集方法、资料分析方法以及是否接触研究对象方面的不同特点。

表 3－1　基本研究方式的比较

研究方式	资料收集方法	资料分析方法	特点
实验研究	自填式问卷 结构式访问 结构式观察 量表测量	统计分析	接触对象
调查研究	统计报表 自填式问卷 结构式访问	统计分析	接触对象 或者不接触对象
实地研究	无结构观察 无结构访问 半结构访问	定性分析	接触对象
文献研究	官方统计资料 他人原始数据 各种形式的文本	统计分析为主	不接触对象

当确定一个研究问题，对其进行研究设计的时候，不同的研究者可以根据资料掌握情况以及研究条件等，采用不同的研究方式。例如，可以选择调查点进行实地研究，也可以在不前往实地的情况下，利用丰富的文本资料和二手数据库开展研究。对某项政策进行分析和评估，可以发放问卷进行调查研究，也可以进行政策实验分析。

4. 分析单位

分析单位是一项社会研究中的研究对象，或者说是研究者试图观察、描述和解释的对象，是指那些被分析、描述和解释的人和事物。任何研究都必须界定清楚明确的研究分析单位，然后才能根据分析单位进行资料收集等工作。分析单位是承上启下的环节：它是从研究目的、研究问题中派生出来的，也直接关系后续的资料收集、整理、分析。另外，也关系研究设计的其他细节，如研究的费用、调查的范围等。

公共管理研究的分析单位是多种多样的，一般来说有五种类型：个体、群体、组织、社区、社会产品。其中，对社会制度、公共政策的研究，分析单位就属于社会产品。分析单位如果是个体的话，问卷相对容易发放，如果是社区或者部门、行业的话，就需要考虑是否采用问卷以外的研究方式。分析单位越大，越宏观，研究需要的时间和经费预算也就越多。

分析单位可以将不同研究假设区别开来，如研究政府信任，可以体现在对干部（群体）的信任，也可以体现在对政府部门（组织）的信任；还可以体现在对不同层级干部或者不同层级政府部门的信任。所以如果进行问卷调查的话，就涉及不同的调查对象。

5. 时间维度

研究设计的时间维度指的是应考虑研究对象的时间特性。根据研究设计中的时间维度，横向研究和纵向研究是常见的两种基本类型。

横向研究（cross-sectional study）是在某一时点上，对某一事物或社会现象所进行的“横截面”的研究。最典型的横向研究是人口普查，它是在同一时点上对人口状况进行的横截面研究。我们经常通过发放问卷的方式了解人们对某个问题的看法，对相关因素进行分析，这样的研究也是横向研究。一般来说，横向研究主要是对某种现象的横截面进行了解，比较适用于探索性研究和描述性研究。当解释性研究采用横向研究方式的时候，需要考虑从逻辑上来说，横截面上采集的数据对于原因的解释可能是难以成立的。因为我们难以在数据采集点上同时获得产生这个原因的结果的数据。

纵向研究（longitudinal study）就是在比较长的时间内，在不同的时间点上收集资料，对个体或群体或组织的行为发展进行有系统的定期的研究。其代表形式有：利用历次全国人口普查的数据进行趋势研究，较常见于人口学、人口老龄化研究等；对某一特殊人群（特征组）在不同时间点的行为及其变化进行同期群研究，如对第一代独生子女每10年进行研究，每一次的样本组成并不相同；还有一种是，对同一组调查对象进行多次跟踪调查，建立面板数据进行追踪分析。例如，研究地方政府能力的发展与变化，可以从某个特定的时间点开始，每隔几年进行一次调查，持续考察，从而查明政府能力发生发展的路线和规律。目前不少实证研究运用CGSS、CHARLS等数据库连续跟踪的特点，通过面板数据对相应的问题进行纵向研究。

延伸阅读

定量研究中的变量设计

定量研究在构建回归分析模型的时候，必须参考作为对话对象的关键文献，看其他学者构建的模型。首先看他们采用哪些变量作为因变量，其次看他们采用哪些变量作为解释变量，最后看他们控制哪些变量。模型中的每个变量，背后都是文献综述。

做量化研究分析，有六个可以排序的选择。第一，发现了一个变量，应该作为因变量，但其他学者尚未用作因变量。第二，学界公认某个变量是重要的因变量，但自己发现了更有效更可靠地测量这个因变量的方法。第三，发现了一个变量，应该作为解释变量，但其他学者未用作解释变量。第四，学界公认某个变量是重要的解释变量，但自己发现了更有效更可靠地测量这个变量的方法。第五，发现了一个变量，应该作为控制变量，但其他学者未控制，因而得出不准确的结果。第六，学界公认某个变量是重要的控制变量，但自己发现了更有效更可靠地测量这个变量的方法。

多数定量研究是修正主义研究，修补纠偏多于独出心裁，这是定量研究的积累优势。“无一字无来历”，显得有根有据。

资料来源：见李连江发表于微信公众号“在学术界谋生存”上的文章《构建回归模型不妨“不见鬼子不挂弦”》。

3.2.3 研究计划书

在开展研究之初，通常有一个重要的过程，就是提交研究计划书（research proposal）。对于申请基金项目的研究者来说，研究计划书对应的是项目申请书。对于研究生来说，研究计划书大致对应于开题报告、选题报告。博士生在申请入学的时候，也会要求提交未来几年的研究计划。现在很多高校也为研究生提供一些校内资助，相应的，研究生也需要提交项目申请书。

好的研究计划是研究成功的一半。虽然研究计划书的各部分可能会因不同的项目类型（基金、博士论文、会议论文或专业项目）而有所区别，但它们依然有一些共同的要素，主要包括：研究目的和意义、文献回顾、研究对象、研究思路与研究方法（包括技术路线）、时间进度、经费、参考文献等。这些要素在不同的研究计划书中，出现的顺序可能会有细微的差别，也会归属到不同的板块。大体上来说，可以分为如下的板块。

1. 选题依据

一般来说，研究计划书首先需要说明选题依据，此部分包含现实背景、文献回顾、研究目的、研究意义。

对于公共管理的课题，通常结合社会实践发展、服务型政府建设等，找到一个亟须研究的现实课题，立足于社会发展和转型社会的战略需要，指出亟待回答的现实课题是什么。与此同时，通过文献回顾，有选择并批判性地对已有相关文献进行分析，说明与本课题相关的领域中已经取得的成果，指出有待进一步研究的地带、研究领域的争议和当前的研究趋势等。要写好这一部分，需要对已有相关文献有高度概括的能力，对已有研究进行客观评价，从而能够有理有据地推导出本课题的切入点。在以上基础上，通过对选题依据的阐述，简明扼要地说明拟开展研究的总体目标，展示本课题的研究目的。

通过以上要素的几个环节，我们可以进一步顺理成章地告诉人们，这个课题为什么是值得研究的，本课题相对于已有研究的独到学术价值和应用价值等，从理论意义和现实意义分别进行概括。

2. 研究问题

通过对选题依据的分析，我们大致圈定了研究范围和基本方向，但在此前提下，一项新的研究究竟聚焦在哪里，则需要研究者精心考虑之后给出回答。如果说选题依据回答的是“为什么要做这个课题”，那么研究问题这个环节就是相应地回答，“这个课题是要研究什么”。有的研究计划书以“拟解决的科学问题”的形式出现。在计划书中，需要对研究问题进行准确说明，用简短的句子进行清晰的表述。在这个表述中，包含了特定概念以及概念之间的关系，一般来说必须至少包括两个变量。这一陈述体现了研究者的关注点，因此是计划书中十分重要的环节。如果对研究问题表达不清，没有清晰的所指，甚至是模糊或存疑的，那么也就谈不上后面要做的具体设计了。当然，在具体设计过程中，研究问题的表述也是不断提炼、聚焦的。

3. 研究方案

此部分需要回答的是“这个课题怎么做”。在明确研究问题之后，计划书需要重点回答的是，我们将要研究哪些方面的内容？哪些具体对象？具体如何开展研究，以实现前文提出的研究目标？研究方案的设计是研究计划书中的核心部分，也是评审最关心的环节。

需要写清楚的几个方面包括：课题各部分的研究内容；如果有明确的研究假设，需要给出假设的简要说明；分析单位，也就是本课题的研究对象是某群体、某组织还是某种社会制度等；调查研究的抽样方案或者案例的选取；资料收集和分析的方法。一般来说，在研究计划书的阶段，对于变量的测量和操作化等还不是很明确，所以一般不会具体介绍。但是对于分析单位则需要有比较确定的思考。抽样方案、拟选取的案例等，也需要有一定的方向。通过这几个方面的阐述，能够展示一项研究的核心思想和研究特色。在具体写法上，常见的做法是以研究框架图的形式展示各部分研究内容的关系，并以技术路线图的形式展示各种研究方法。

有的研究计划书还包含研究的重点、难点、创新点等。对这些方面的表述，都是建立在预期研究内容的阐述基础上，从研究思路和方法中提炼出来的。有的研究计划书，将研究对象放在研究内容板块。

4. 研究计划和时间进度

在研究计划的环节，说明整个研究工作的时间分配，每个部分需要多长时间都要考虑清楚。通常，给出预计时间表，说明每一段时间内需要完成的特定任务。可以用甘特图的方式来展示。时间单位可以是月，也可以是季度、半年。

有的计划书还会要求提供可行性的说明。一般来说，需要说明前期已经有了一定的资料准备，有开展实地调查的经验，拟定的调研计划比较可行，负责人及主要成员有较好的前期基础，人员安排比较合理，等等，这些方面可以确保课题研究的顺利开展。

5. 其他

如果要申请研究经费，需要提供经费预算，注明经费的用途。按照国家有关规定以及基金和项目的经费管理办法，如实填写必要的经费开支计划。如资料费、调研费、差旅费、专家咨询费等。

在研究计划书的最后，需要给出重要的参考文献。通常要兼顾专著、期刊等不同类型。因为篇幅的原因，一定要选择最具代表性的，在文献回顾中必不可少的那些核心文献。注意使用在线参考文献格式生成器来快速即时地，以任何所需格式组织参考文献。边写计划书边生成参考文献，不要把这部分工作留到最后。

本章小结

1. 理论是以一种系统化的方式将经验世界中某些被挑选的方面概念化并组织起来的一组内在相关的命题。概念、变量、命题、假设是构成理论的基本要素。

2. 理论的功能主要有：为研究提供理论视野和概念框架，指导研究方向，描述和解释事物，预测事物，等等。

3. 研究设计是研究者为了探究研究问题的解答或解释而对未来研究工作的具体步骤和进程所做的筹划或设想。

4. 研究目的主要有三种，探索性研究、描述性研究、解释性研究。

5. 分析单位是多种多样的，既可以是个体，也可以是群体、组织、社区或者社会产品。

关键术语

理论　概念　变量　命题　假设　理论的功能　理论的建构　研究设计　研究目的　研究性质　分析单位　时间维度

复习思考题

1. 理论的构成要素包括哪些？它们之间的相互关系是怎样的？

2. 理论对研究的主要作用体现在哪些方面？找到一篇优秀论文，结合该范例讨论理论的作用。

3. 根据上一章你选定的研究问题，思考围绕这个问题已有的相关理论分别是什么。

4. 确定你选定的研究问题的分析单位，假定如果改变分析单位，将要如何调整研究方法。

5. 查找本年度国家社会科学基金公布的申报指南，选出其中一个进行完整的研究设计。

第4章
抽样与测量

抽样是在研究设计之后，开启资料收集的第一步。抽样是从总体中按照一定方式选取或抽取样本的过程和方法。抽样是否科学，是否适用，直接关系社会科学研究的成败。测量是根据一定的法则，将某种物体或现象所具有的属性或特征用数字或符号表示出来的过程。《孟子·梁惠王上》有云，“权，然后知轻重；度，然后知长短”。恰当的测量才能对抽象概念进行科学测度，从而使得社会科学研究中的知识可以观察、实验、调查并重复验证，保证社会研究的“科学性”。本章介绍抽样和测量，是对理论的解构，是践行研究设计的第一步，对后续的资料收集、资料分析等具有基础性的作用。

重点问题

- 抽样方案的设计
- 概率抽样的不同类型
- 非概率抽样的不同类型
- 抽样误差的产生及控制
- 测量的概念及层次
- 如何理解概念的操作化
- 如何理解测量的信度
- 如何理解测量的效度

4.1 抽样

大数据时代，总体数据的记录和呈现是否还需要抽样技术？答案是肯定的。如在某些特定条件下，检测总体中的每个个体实际上是不可能实现的，如测遍海洋中所有的鱼；

有些检测对于样本个体是具有破坏性的，如测试灯泡的寿命、汽车的碰撞试验等。加之抽样具有低成本、高效率、科学性的特点，所以尽管大数据快速发展，抽样和抽样调查依然是社会科学研究中不可或缺的资料收集方法。

4.1.1 抽样调查的历史与逻辑

抽样调查是科学研究方法中重要的技术之一，是指按照科学的原理和计算从所要研究现象的全部分析单位中按照随机原则，抽取部分单位进行调查，取得资料后，再根据样本的实际数据对总体的数量特征做出具有一定可靠程度的估计和判断的方法，抽样调查旨在以样本的资料来推断调查对象总体的相关统计数据①。

抽样调查的特点是样本按“随机原则”抽取，调查对象总体中所有单位都有同等被抽中的机会，样本对总体有充分的代表性，抽样误差可以事先经过计算而控制在一定范围内，并能采取一定的组织措施来控制误差。

1. 抽样调查的历史

作为一种现代统计调查方法，抽样调查已有一百多年的历史。抽样调查是从统计调查的实践中提出的，大致分为以下三个主要阶段。

（1）1890—1960年，抽样调查的发轫期。

挪威中央统计局主任安德斯·凯（Anders Kaier）是抽样调查的先驱，他在1897年发表了一份报告，首次提出了用代表性样本代替普查所有人口的做法。他提出的做法类似于配额抽样，是依据一些辅助信息有目的地选取一个“平衡”的样本，而该样本的各方面特征可以反映出普查的人群特征。由于安德斯·凯没有提出完善的推断理论和解决如何检验“代表性”的问题，因此他的观点引起了激烈争论。1934年，著名统计学家耶日·内曼（Jerzy Neyman）发表了关于概率抽样的论文，文章论证并提供了从样本推断总体的方法及基于大样本的置信区间估计，为概率抽样奠定了理论基础。学者们在这一理论的基础上不断探索，完善概率抽样步骤，并测试方法的有效性。20世纪40—60年代是抽样调查史上的“黄金时代”。当时的数据采集手段以访员面对面访问和邮寄问卷自填为主，应答率普遍在70%以上。这一阶段也见证了知名抽样调查专业机构和研究协会的诞生。如1941年，美国国家民意研究中心（National Opinion Research Center，NORC）在丹佛大学创办，后转到芝加哥大学，该中心承担了美国重要的抽样调查项目——综合社会调查（General Social Survey，GSS）。1947年，美国民意研究协会（American Association for Public Opinion Research，AAPOR）创办，并于次年出版发行了至今仍有重要影响力的专业杂志《公共舆论季刊》（*Public Opinion Quarterly*，又译《民意季刊》）。

（2）1960—1990年，抽样调查的发展期。

在这一时期，科学技术促进了抽样调查的突飞猛进。为了保证样本的代表性，抽样调查最重要的是建构一个定义明确、无遗漏、无重复的抽样框。对于家庭调查来说，抽

---

① 张彦，吴淑凤．社会调查研究方法．上海：上海财经大学出版社，2006：33.

样框就是一个完备的家庭列表。如果出现遗漏，则会有人或家庭没有机会被访问到（称为覆盖误差），这会严重影响到抽样调查的代表性。美国早期抽样调查的家庭列表主要有两种来源：一是地理区域（如行政单位、普查地区划分等）内的住户名单或住址列表；二是商业公司编辑的电话号码簿中的住宅电话号码。20 世纪 60 年代末，美国住宅电话得到了普及，一种建立在概率抽样理论上的电话号码随机抽样的方式诞生了，实现了电话号码的随机抽选。同时计算机技术也有了进步，并开始应用在电话访问上，称为计算机辅助电话访问（computer assisted telephone interviewing，CATI），类似的还有计算机辅助面访（computer assisted personal interviewing，CAPI），计算机辅助自我访问（computer assisted self interviewing，CASI），等等。

（3）1990 年至今，抽样调查的调整期。

随着时间的推移，调查者发现全球的抽样调查都不同程度地显示出应答率下降的趋势，直接原因是受访者拒绝接受访问的比例增加，而社会资本下降是造成这一现象的重要社会原因。技术进步加剧了抽样调查的困境，甚至导致了抽样调查的退步。移动电话普及后，一些家庭不再安装和使用住宅固定电话，造成原有的基于住宅电话的抽样框出现严重的覆盖误差。同时互联网技术的发展催生了网络问卷调查，这种调查属于最为传统的受访者自填调查模式，类似于早期邮寄问卷调查。但是，如何为这种非概率抽样的网络调查提供理论支持，以及非概率抽样调查的统计推断问题成为这一阶段的研究热点。

互联网、物联网、社交媒体的普及，开辟了数据采集的新阶段。任何电脑、移动设备或传感器上的操作都可以被机器自动记录、存储或传输，产生巨大数量的数据，被称为“大数据”。然而，大数据这个巨人对于社会科学研究来说也有自身的缺陷。一是大数据并非理想中的总体数据，总是有一些人会被有意无意地排除在这些设备或网络之外。大数据虽在规模上取胜，但同样不能推论总体。二是大数据是有机产生的，或称“有机数据”，数据量虽大，但信息含量低，噪声干扰多，数据处理不易，对于研究者来说属于“二手数据”。如果不清楚数据产生的机制，很容易得出错误的结论。三是大数据并非公共资源，大多掌握在商业公司或私营机构手中，在很大程度上成为谋利的私有财产，而无意于帮助理解社会。

总之，抽样调查在新的发展阶段遇到了很大的挑战：第一，应答率下降及调查成本上升；第二，非概率抽样调查再次回归；第三，大数据横空出世。因此，研究数据的采集进入了一个新的生态环境：抽样调查、非概率抽样调查和大数据三种数据采集手段在一个时期内会各据一方，三种数据采集手段可以互相校验，概率抽样调查仍是衡量非概率抽样调查或大数据质量的重要参照基准。三种数据采集手段融合使用，能够促进不同数据源的组合①。

延伸阅读

美国总统大选中的抽样

首次使用抽样调查法预测美国总统选举结果是在 1824 年，预测机构向部分选民发出

① 任莉颖．美国政治研究中的抽样调查方法．美国研究，2020（3）．

调查问卷征求问答。进入20世纪，《文学摘要》杂志在1920年、1924年、1928年和1932年的大选年中，成功预言了大选结果。当时人们普遍认为，只要发放和回收的问卷足够多，就能够获得相当准确的结果。在1936年的总统大选前，《文学摘要》雄心勃勃地发出了1 000万份问卷，回收了240万份左右，预测兰登将以高出15%的压倒多数票击败罗斯福。但遗憾的是，这次预测以惨败告终，选举结果是罗斯福得票率为62%，兰登只得到38%的选票。预测失败的主要原因是样本不具有代表性，在抽样中采用的抽样框是电话用户和汽车拥有者，而当时美国处于最严重的经济萧条时期，这一抽样框排除了穷人，导致样本没有反映全民的投票意愿。

与《文学摘要》抽样调查预测失败形成鲜明对照的是，一位名叫乔治·盖洛普(George Gallup)的年轻人认为，不择对象地发送问卷是不科学的，不能够保证预测的准确性。精心选择有代表性的少量人进行抽样调查，可以得到更为准确的预测结果。盖洛普在1935年成立了美国第一个民意测验研究所，在1936年美国总统大选的民意调查中，只用了5万份问卷，就成功预测了罗斯福总统的当选。盖洛普采用的配额抽样，在1940年和1944年的两次美国总统大选中，都成功预测了大选结果，但是1948年却出现了戏剧性的错误。盖洛普根据5万人次的调查，预测杜威将以领先6个百分点超过杜鲁门获得总统大选的胜利，但事实却是杜鲁门以50%的得票率领先于得票率45%的杜威。在这次预测中，概率抽样战胜了盖洛普的配额抽样。这一事件引起了美国社会科学研究委员会的重视，提出民意调查应采用更佳技术提高准确性的建议。这一建议结束了一段时期以来的配额抽样与概率抽样之争，概率抽样成为公认的最优调查方法。

伴随着大数据的兴起，有"数据巫师"之称的美国统计学家纳特·西尔弗（Nate Silver）在2008年美国大选时，准确预测了美国50个州中49个州的竞选结果，一举成名。2012年，他对各州投票结果的预测也全部正确。但是2016年，他预测希拉里·克林顿有八成可能击败唐纳德·特朗普，这次"数据巫师"也出错了。美国民意研究协会的解释是：部分选民在临近选举日时改变了之前的选举决定，或从之前的不确定变为转向特朗普；民意调查样本中拥有大学学历的选民被过度代表，而低学历的选民代表性不足；与2012年美国总统选举相比，投票的选民结构也发生了变化。部分证据显示，一些民调机构在利用模型预测选民投票的可能性上存在失误。

美国总统大选仍然在继续，而用于总统预测的概率抽样、非概率抽样、大数据分析也仍然在继续。只有科学识别出有代表性选民在选举前的真实意愿，才有可能做出准确的预测。

资料来源：任莉颖．美国政治研究中的抽样调查方法．美国研究，2020（3）：84-106.

我国对抽样技术的研究与推广始于20世纪三四十年代，北京大学的许宝禄教授在1938—1945年，发表了一系列有关抽样推断的论文，由他编著的讲义《抽样论》为指导大规模抽样调查提供了方法依据。1943—1944年，清华大学陈达教授主持了云南户籍示范人口普查，并用抽样方法抽取部分人口以核对普查结果。这是我国第一次抽样调查。1955年，国家统计局颁布了《1954年农民家计调查方案》，进行了新中国第一次在全国范围内按统一方案、统一计划进行的农民家计抽样调查。1956年，国家统计局制定了

《全国职工家计调查方案》，运用类型比例与等距抽样相结合的方式，对10个工业部门的国营和公私合营的6 000名职工进行了家计调查。1994年，为了适应社会主义市场经济的需要，经国务院审批，全国统计工作会议提出建立“以周期性普查为基础，以经常性抽样调查为主体”，同时辅之以重点调查、科学推算等方法综合运用的统计调查方法体系，正式提出确立抽样调查的主体地位。2004年11月的第四次全国群众安全感抽样调查，按照多阶段、分层、整群、概率比例抽样方法，在全国共抽取了997个县、市和市辖区的3 631个乡、镇、街道，共调查了102 309个家庭。我国曾先后进行全国使用语言文字情况调查、中国5岁以下儿童死亡率调查、国家卫生服务总调查、高血压流行病学调查、结核病流行病学调查、老年阿尔茨海默病调查、青少年肥胖症调查、粮食农药污染情况调查、耕地面积卫星遥感调查等专题抽样调查。抽样调查在准确、及时地监测和反映我国社会经济发展变化情况方面起到了重要的作用。

2. 抽样的术语

抽样调查能够实现多、快、好、省地通过样本对总体进行推断，其科学性较强，需要严格按照程序开展进行。因此，我们首先需要对与抽样调查相关的基本概念进行明确和界定。

(1) 抽样单位（sampling unit）。

在社会调查研究中，分析单位是我们进行信息收集和分析的基本单位。当确定采用抽样调查进行社会调查时，习惯把分析单位称为抽样单位。抽样单位是用以抽选调查单位进入样本的中介，是调查总体与调查单位之间的连接单位。抽样单位可以是个人、家庭、群体或组织，如学校、政府部门等。在多阶段抽样调查中，抽样单位还可以分级，即初级单位、次级单位、第三级单位等。

(2) 总体（population）。

总体是由符合研究目的的所有具有相同性质或特征的个体所组成的集合。它是抽样推断的目标所在，即我们想通过抽样来认识它的数量特征。例如，我们拟研究天津市所有家庭的人均收入，则天津市所有家庭为总体。调查总体是实践中可以构造并据以从中抽取样本的总体，它通常能对所包含的单位进行编号或按一定的标志进行排序。从理论上说，调查总体与目标总体应该完全一致，但在实践中两者往往存有差异。抽样推断的结论只适合于说明调查总体，我们研究的目的是认识目标总体的数量特征，因此在抽样之前应尽量使调查总体与目标总体保持一致。调查总体通常是有限总体，它所包含的调查单位个数称为总体容量或者总体规模（常用英文字母N表示）。

(3) 样本（sample）。

样本是总体的一部分，是从抽样总体中按一定方法和程序抽取的部分调查单位的集合。总体是我们要研究的对象，样本是我们要观察的对象。例如，我们从天津市家庭中抽取1 000个家庭户来进行“天津市家庭的人均收入”的情况调查，这1 000户家庭就构成一个样本。样本中的单位就是样本单位，1 000户家庭中的每一个家庭，都是样本单位。样本中含有的分析单位的数目，就是样本容量（常用英文字母n表示），也称样本大小，如例子中，1 000就是样本容量。

(4) 抽样框（sampling frame）。

抽样框是根据抽样单位所编制的名录，是抽样总体的具体表现。一个好的抽样框有两个基本标准：与总体保持一致，能够提供与调查目的有关的尽量多的、准确的、完整的辅助信息。例如，调查天津市家庭的人均收入，把天津市各家庭区别出来并做出一览表，每个家庭仅列入一次，这个一览表就是抽样框。样本是从这个一览表中抽取出来的。

（5）随机原则（random principle）。

随机原则就是样本的抽取排除了人的主观随意性或目的性，调查对象总体中的每个单位都按照一定的、事先已知的概率被抽选，也就是说总体中的任何一个单位都有机会被抽中。例如，某城市 2021 年拥有 100 000 个家庭户，样本容量是 1 000，则每个家庭户被抽中的概率为 1%，每个家庭户被抽中的机会都是 1%。随机原则，就是机会均等原则（或等概率原则）。遵循随机原则的抽样，叫作随机抽样或者概率抽样，否则叫作非随机抽样或者非概率抽样。

（6）总体参数（parameter）。

总体参数是反映总体数量特征的指标。在抽样中常用的总体参数有：总体均值、总体比例、总体方差等，如天津市家庭的人均收入、家庭人均收入超过 5 万元的家庭户比例等。

（7）样本统计值（statistic）。

反映样本数量特征的指标称为样本指标。常用的样本指标有：样本均值、样本比例、样本方差等，如抽取的 1 000 户天津市家庭的人均收入、1 000 户中家庭人均收入超过 5 万元的家庭户比例等。

（8）抽样误差（sampling error）。

抽样误差是由于抽样的非全面性和随机性所引起的偶然性误差，即因抽样估计值随样本而异所造成的误差。它的特点是随着样本容量的增大而趋向于 0，或者各估计值的平均数与总体指标之差为 0，是一致性误差。用样本统计量去推断总体参数时，误差总不可避免，科学的抽样设计的目的在于尽可能减少这种误差。

（9）置信水平（confidence level）。

置信水平指总体参数值落在样本统计值某一区间的概率，它用于反映样本统计量估计总体参数的可靠性（信度）。置信区间指在一定的置信水平下，样本统计量与总体参数偏差的最大允许范围。具体来说，用一个具有一定可靠程度的区间范围来估计总体指标 θ，在一定的概率保证下，找出两个数值 θ_1 和 θ_2，使 $Pr(\theta_1 \leqslant \theta \leqslant \theta_2) = 1-\alpha$，则 $[\theta_1, \theta_2]$ 就被称为置信区间或区间估计，θ_1 被称为置信区间的下限，θ_2 被称为置信区间的上限。

3. 抽样的逻辑

随机现象也是有规律可循的，关键是要大量观察。大数规律是随机现象出现的基本规律，它的一般意义是，尽管观察过程中每次取得的结果不同（因为具有随机性），但大量重复观察结果的平均数却几乎接近某个确定的数值。例如，钱币只是投掷一次，出现正面的机会是完全不好判断的；如果投掷十次，出现正面的机会也不好判断，但是如果投掷一百次、一千次，我们会发现正面的机会越来越接近 1/2。如此，我们就明白大数规律了。有了大数规律，我们就可以对社会规律进行研究，正如列宁所言，社会规律“只能表现为平均的、社会的、普遍的规律性，而不同方向的个别的偏离则相互抵消”①。

① 列宁．列宁全集：第 26 卷．2 版增订版．北京：人民出版社，2017：69.

抽样调查的重要意义就在于用样本统计量来推断总体参数。虽然用前者来推断后者误差总是在所难免。但有了大数规律，只要样本容量足够大，计算出来的样本统计量就和总体参数非常接近。这样一来，总体参数虽然一般是未知的，却可以用样本统计量来推断。这就是抽样调查的魅力所在。

4.1.2 抽样设计

抽样调查的本质是要保证样本对总体的近似，即样本在多大程度上可以代表总体，不同的抽样方法将导致样本对总体不同程度的代表性。因此，设计一个科学合理的抽样方案就显得十分必要。

1. 抽样设计的程序

作为整个抽样调查的基础，成功的抽样设计在很大程度上决定着调查结果。抽样设计的一般程序包括五个步骤。

(1) 界定总体。

根据研究目标要求，确定总体范围。例如，我们要研究某大学学生的创业倾向，可以界定总体范围为2021年某大学大一到大四的在校本科生。总体的界定越清楚越好，因为抽样从总体中抽，调查的结论也只能在总体范围内有效，如果总体不清楚，就无法搞好抽样，也无法评估样本的代表性。

(2) 指定抽样框。

这一步骤的任务是依据已经明确界定的总体范围，收集总体中全部抽样单位的名单，并通过对名单进行统一编号来建立起供随机抽样使用的抽样框。例如，编制2021年某大学大一到大四的在校本科生的花名册，这个花名册就是抽样框。

(3) 选择抽样方法。

根据研究目的、调查范围、经费多少、实际情况等决定具体采用哪种抽样方法。

(4) 决定样本大小。

决定所抽样本要包含多少个分析单位。

(5) 实际抽取样本。

实际抽取样本的工作就是基于上述几个步骤，严格按照所选定的抽样方法，从抽样框中抽取一个个分析单位，构成调查样本。如果总体庞大时，也可以把几种抽样方法结合起来。

2. 样本设计

样本设计是对抽样方式、方法和估计量选择所做的系统考虑，是对入样单位的产生方式和途径，样本容量的大小和对总体做出怎样的估计等问题所做的设计。

样本设计的内容主要包括两个方面，一是选样，即如何获取样本和获取什么样的样本；二是估计，即如何估计总体和对总体能做出什么样的估计。

样本设计的原则有四点：

(1) 保证实现抽样的目的。

(2) 保证实现抽样的随机性。

（3）保证实现抽样的最大效果。

抽样的最大效果可以从两个角度来表述：一是在费用既定的情况下，使估计精度达到最高；二是在估计精度既定的情况下，使抽样费用达到最小。

（4）保证实现抽样的可计量性。

这具有两层含义：一是样本资料能够量化，能够用于得到估计值；二是估计效果能够加以衡量，即估计量方差或抽样标准误差能够从样本资料中得到估计。

3. 样本大小

样本大小的确定主要受两个方面因素的影响：一是抽样估计量精度的要求。总体单位调查标志的变异程度、总体的大小、样本设计和所使用的估计量、回答率等都是影响样本量的因素。二是实际调查运作的限制。调查的经费、允许的调查时间、调查人员数量等都是影响样本量的因素。另外还有些限制因素在样本量的计算公式中还无法体现，但是在确定最终所需的样本量时必须加以考虑。

在实际工作中常采用两种不同的方式来确定：一是在总费用一定的条件下，使精度最高；二是在满足一定精度要求的条件下，使费用最小。

在简单随机抽样简单估计的情形下，根据样本均值 $\bar{y}$ 的方差公式：

$$V(\bar{y})=\frac{N-n}{nN}S^2$$

其中，N 为总体容量，n 为样本容量，S^2 为总体方差；

当给定估计量方差上限为 V 时，可求得样本量：

$$n=\frac{n_0}{1+\frac{n_0}{N}}，n_0=\frac{S^2}{V}$$

其中，S^2 为样本方差。

在无限总体或放回抽样情形下，n_0 即为所确定的样本量。

对于不放回简单随机抽样，若总体容量 N 很大，比如 $\frac{n_0}{N}\leqslant 0.05$，也可以以 n_0 确定近似样本量。

理论上已有上述公式可以精确地确定样本容量，在实际社会调查中，调查人员也可以根据表 4-1 所列的范围，结合经验和实际来确定。例如，在大学生创业倾向调查中，总体规模为 $N=34\ 678$，样本容量选择可以为 $n=346$。

表 4-1　根据经验确定样本容量的范围

总体规模	100 以下	100～1 000	1 000～5 000	5 000～10 000	10 000～100 000	100 000 以上
样本占总体比例	50%以上	50%～20%	30%～10%	15%～3%	5%～1%	1%以下

4.1.3　概率抽样

概率抽样是按照概率论和数理统计的原理，从研究总体中根据随机原则来抽取样本的一种取样方法。每一个抽样单位被选入样本的概率相同。概率抽样具有健全的统计理论基础，是一种客观而科学的抽样方法。由于其最严格，最有说服力，所以居于主导地位。概率抽样调查的基本组织形式分为单阶段抽样和多阶段抽样两大类。单阶段抽样是指只需一次抽样过程，多阶段抽样是指将总体分层，再逐层抽取样本的过程。具体地，概率抽样主要有以下几种：简单随机抽样、等距抽样、分层抽样、整群抽样、多阶段抽样和概率比例抽样。

1. 简单随机抽样

简单随机抽样（simple random sampling，SRS）也称纯随机抽样，对于大小为 N 的总体，抽取样本量为 n 的样本，若全部可能的样本被抽中的概率都相等，则称这样的抽样为简单随机抽样。这种抽样方式适合调查总体内单位不多的情况。根据抽样单位是否放回可分为放回简单随机抽样和不放回简单随机抽样。放回抽样是从总体中抽取一个单位，登记后又放回总体中去，然后再抽下一个单位。放回抽样可以保证每一个总体单位有相同被抽到的机会。不放回抽样由于被抽中的单位不放回，总体单位被抽到的机会逐渐增加。但不放回抽样操作起来比较方便，且在总体相对于样本规模较大时，其结果与放回抽样的结果差别很小，故平常用得很多。

简单随机样本的抽选，首先要将总体 N 个单位从 1 到 N 编号，每个单位对应一个号；然后从所编的号中抽号，如果抽到某个号，则对应的那个单位入样，直到抽够 n 个单位为止。简单随机样本的抽选，通常有抽签法、随机数法等。例如，要从 999 个人的总体中用简单随机抽样的方法选取 100 个人作为样本。首先，将总体中所有人编码，编码为 1 到 999；其次，从随机数表选取 100 个随机数，这 100 个随机数是 3 位数，可以从随机数表任意位置按照最左边、中间或者最右边（任意规则都可以）选取，然后依照纵列向上或者向下选择，直到选足了 100 个随机数。最后，回到编码名单中，用所选的随机数抽样，得到 100 人的样本。

简单随机抽样在抽样理论中占有重要的地位，其他抽样方法都是在它的基础上发展起来的。它是抽样中最容易掌握的技术，也是发展最成熟的技术，建立了最完备的理论。简单随机抽样也是比较其他抽样设计方法优劣的基础。简单随机抽样也有一些局限性。例如，当总体单位数 N 很大时，编制抽样框较困难；由于样本在总体中的地理分布范围较广，如果采取面访，则费时、费钱、费力，困难较大等。

2. 等距抽样

等距抽样，又称系统抽样（systematic sampling）。将总体各单位按某种顺序排列、编号，而后从随机选择的第一个单位开始，按照相等的间距抽取样本单位。系统抽样又称为“随机起始的抽样”，其随机程度没有简单随机抽样的随机程度那样高。但只要总体单位有某种自然顺序，系统抽样做起来就比较方便，特别适合用于像生产流水线上抽检产品质量这种情况。

等距抽样的步骤具体如下：

（1）计算抽样间距，公式为：

$$k(\text{抽样间距}) = \frac{N(\text{总体规模})}{n(\text{样本容量})}$$

（2）在第一个 k 单位中，随机抽取一个单位，设其编号为 B；

（3）自 B 开始，每隔 k 个单位抽取一个单位，即它们的编号分别为 B，B+k，B+$2k$，…，B+$(n-1)k$；

（4）将这 n 个单位合起来，就构成从该总体中所有抽取的样本。

等距抽样最大的缺点是在总体呈现的自然顺序具有某种规律性（如某种间隔顺序）时，如不了解或处理不当，有可能将产生较大的抽样误差，甚至导致样本对于总体完全不具有代表性。例如，在第二次世界大战期间，美国军方委托社会学家对军队士兵进行一项抽样调查。在进行抽样之前，研究者对军方提供的总体名单没有进行认真考察，他们在不知道该单位名册是按照十个士兵组成的一个班内的军队军衔级别进行排序的情况下，就确定将名单混在一起作为一个抽样框。在具体调查过程中，研究者按照等距抽样的规则计算出抽样间距为 10，于是在每 10 个士兵中选择出一个作为样本，这个抽样间距正好与班内的军衔级别重合，结果导致样本中的士兵全部是上士，中士和下士一个也没有。调查宣告失败。

等距抽样的优点是显而易见的，比较实用，与简单随机抽样相比，工作量较小，更容易操作，使用起来比较方便。

3. 分层抽样

分层抽样（stratified sampling）是指在抽样之前，先将总体 N 个单元划分成 L 个互不重复的子总体，每个子总体称为层，它们的大小分别为 N_1，N_2，…，N_L，这 L 个层构成整个总体（$N=\sum_{h=1}^{L}N_h$）。然后，在每个层中分别独立地进行抽样，这种抽样就是分层抽样，所得到的样本称为分层样本。如果每层都是简单随机抽样，则称这样的分层抽样为分层随机抽样，所得到的样本称为分层随机样本。

分层抽样可以提高参数估计的精度。分层抽样不仅能对总体参数进行估计，而且能对各层（子总体）参数进行估计。分层抽样便于依托行政管理机构进行组织和实施，同时还可以根据各层的不同特点采用不同的抽样方式。

分层的层内单元具有相同性质，通常按调查对象的不同类型进行划分。这时，分层抽样能够对每一类的目标量进行估计。层内单元的标志值要尽可能相近，层间单元的差异要尽可能大，从而达到提高抽样估计精度的目的。可既按类型又按层内单元标志值相近的原则进行多重分层，同时达到实现估计类值以及提高估计精度的目的。例如，要调查高校学生的创业倾向，可以以博士生、硕士生和本科生作为分层标准；要了解人们对素质教育的看法，可以以受教育水平作为分层标准。

4. 整群抽样

整群抽样（cluster sampling）又称集体抽样或群体抽样，是从总体中随机抽取一些小的群体，然后由所抽出的若干个小群体内的所有元素构成调查的样本的方法。整群抽样区别于其他抽样方法的最大特点在于它的抽样单位不是单个元素，而是成群的元素。

整群抽样可以简化抽样的过程，节省时间、人力和经费。其缺点就是样本的分布面不大、样本对总体的代表性相对较差。整群抽样与分层抽样可区别运用：当不同子群相互之间差别不大、而每个子群内部的异质性较大时，则适合采用整群抽样的方法；反之，当不同子群相互之间差别很大、而每个子群内部的差异不大时，则特别适合采用分层抽样的方法。

5. 多阶段抽样

如果总体过于庞大，在整群抽样的基础上，可以发展出一种多阶段抽样（multistage sampling），又称多级抽样或分段抽样，它是按总体中元素的层次关系，把抽样过程分成两个或两个以上的阶段进行。具体做法：先从总体中随机抽取若干个大群（组），然后再从这几个大群（组）内抽取几个小群（组），这样一层层抽下来，直至抽到最基本的抽样元素为止。例如，一个城市有 100 000 户居民，分属 200 个居委会，要从这总体中抽取 1 000 户居民构成样本。可以先从 200 个居委会中抽取 20 个居委会，然后每个居委会下再抽取 50 户居民。

多阶段抽样的优点是它不需要总体的全部名单，各阶段的抽样单位数一般较少，因而抽样比较容易进行；缺点是每阶段抽样时都会有一定的误差，故最后结果误差较大。抽样方案选择的考虑因素应该在类别和个体之间保持平衡：既要考虑各个抽样阶段中的子总体同质性程度和各层子总体的人数，也要考虑研究者所拥有的人力和经费。

6. 概率比例抽样

概率比例抽样是指概率与元素的规模大小成比例的抽样（sampling with probability proportional to size），以阶段性的不等概率换取最终的、总体的等概率。在第一个阶段中，大的群被抽中的概率大，而小的群被抽中的概率小；这样到了第二个阶段，被抽中的大的群中的元素被抽中的概率就小于被抽中的小的群中的元素了。正是这一大一小，平衡了由于群的规模不同带来的概率差异。

$$
\begin{aligned}
\begin{matrix}\text{每一个元素}\\\text{被抽中的概率}\end{matrix} &= \text{所抽取的群数}\times\frac{\text{群的规模}}{\text{总的规模}}\times\frac{\text{平均每个群中要抽的元素}}{\text{群的规模}}\\
&= \text{所抽取的群数}\times\text{平均每个群中要抽的元素}/\text{总的规模}\\
&= \text{样本规模}/\text{总的规模}
\end{aligned}
$$

例如，一个城市有 100 000 户居民，分属 200 个居委会，要从这总体中抽取 1 000 户居民构成样本。这 200 个居委会下辖的居民户不是均匀的，假定 A 居委会下有 100 户，B 居委会下有 10 户。在概率比例抽样中，A 居委会被选中的概率是 B 居委会的 10 倍，如果 A 居委会被选中的概率为 1/20，则 B 居委会被选中的概率为 1/200。接下来，我们规定从被选中的居委会中挑选 5 户，如果 A 居委会被选中，则 A 居委会的家庭户被选中的概率为 1/400；B 居委会的家庭户被选中的概率也为 1/400 。对于 A 居委会和 B 居委会的家庭户，其被选中的概率是相同的。

4.1.4 非概率抽样

非概率抽样不是按照概率原则，而是根据人们的主观经验或其他条件来抽取样本。样本的代表性成问题，误差无法估计。具体有以下几种形式。

1. 偶遇抽样

偶遇抽样（accidental or convenience sampling）又称方便抽样或自然抽样，指研究者根据现实情况，以自己方便的形式抽取偶然遇到的人作为调查对象，或者仅仅选择那些离得最近的、最容易找到的人作为调查对象。例如，访问过路行人的“街头拦人”。在新闻报道某个社会热点时，为了迅速了解公众对刚刚发生的这个重大事件的反应，电台、电视台和报社的记者常用“街头拦人”法快速收集人们的态度、看法、观点和意见。对于偶遇抽样，样本是随便产生的，而非随机产生的，所以它是不是总体的近似不好判断。

偶遇抽样与简单随机抽样的区别：偶遇抽样没有保证使总体中的每一个成员都具有同等的被抽中的概率。

2. 判断抽样

判断抽样（judgmental or purposive sampling）又称立意抽样。它是调查者根据研究的目标和自己主观的分析来选择和确定调查对象的方法。抽样的作用在于发现问题、提出假设，而不在于对总体做出概括。

在实际调查中，判断抽样多用于无法确定总体边界，或总体规模小、调查所涉及的范围较窄，或调查时间、人力等条件有限而难以进行大规模抽样的情况。

判断抽样的适用条件：

（1）研究者用它来选择特别能够提供信息的独特个案；

（2）研究者用它来根据研究目的或样本的特殊要求选择调查对象；

（3）研究者用它来选取难以接近、特殊总体中的成员。

例如，在高校中对具有企业家精神的教师进行研究，一些具有企业家精神的教师容易找到，但是不大可能找到所有具有企业家精神的教师。为了研究所有具有企业家精神的教师，就需要根据研究目标来搜集数据。

3. 配额抽样

配额抽样（quota sampling）又称定额抽样。是将总体按照一定的特征分成若干类型或层次，然后由调查者在各个类型或层次中根据自己的判断选取样本。

定额抽样与分层抽样的抽样方法不同，定额抽样是判断抽样，是非概率抽样，分层抽样是随机或系统抽样，属于概率抽样。配额抽样的具体步骤如下：

（1）按照研究需要决定对总体进行分层或分类的标准，即“标志”，如性别、年龄、收入、职业、文化程度等等；

（2）按照“标志”将总体细分为若干子群，进而确定特征不同的总体单位在总体中所占的比例（总体的结构比例特征）；

（3）依据上述比例决定样本单位在各子群中的配额，即在选定的“标志”上要使样本构成与总体构成尽量接近；

（4）在各子群中自由地选择总体单位进行调查，要完成的调查数由各子群获得的配额决定。

例如，某大学共有 4 000 名毕业生，其中 60％是男生，40％是女生；30％的生源是西部地区，40％是中部地区，30％是东部地区。那么，在一项关于毕业生就业去向的调查中，样本容量为 100，样本单位的性别比例和生源地比例也应该和总体单位的性别比例和生源地比例相当，即调查对象中有 60 名男生，40 名女生；30 名来自西部地区，40 名来自中部地区，30 名来自东部地区。

4. 滚雪球抽样

滚雪球抽样（snowball sampling）是一种根据研究已有对象的介绍，不断辨识和找出其他研究对象的抽样方法。滚雪球的基本步骤是从总体中少数人员入手，认定和访问几个具有研究特征的人；通过这些人，去了解更多的人，依靠他们找到提供情况、信息的其他人；通过更多的调查对象去了解另外的人。

例如，如果想要了解社区招募志愿者的方式，可以先访问新近招募的人员，询问他们是谁介绍进入组织的。然后再访问被提到的那些人，询问他们又是谁，或者通过什么方式加入的。依次办理，样本就会随着受访者不断提供其他人的名字，像"滚雪球"一样越滚越大。

滚雪球抽样的缺点是能找到的样本量有限，所选择的样本有时会有很大的随意性和特殊性，因而代表性不高。

4.1.5　抽样误差及其控制

1. 抽样中的误差构成

抽样调查中的总误差一般可以简单地分为两类（暂不考虑估计量偏差），分别是抽样误差和系统误差。

抽样误差是由抽样的非全面性和随机性所引起的偶然性误差，即因抽样估计值随样本而异所造成的误差。它的特点是随着样本容量的增大而趋向于0，或者各估计值的平均数与总体指标之差为0，是一致性误差。抽样误差是在遵守随机原则的条件下，用样本指标代表总体指标不可避免存在的误差。抽样误差随样本容量的增加而减小。

系统误差是由随机抽样的偶然性因素以外的原因所引起的误差，是所有统计调查都可能产生的误差。它主要是由于抽样框不够准确、有些单位的观察资料无法取得、已取得的一些资料不真实等原因引起的样本观察数据非同质、残缺、不真实而产生的误差。这种误差往往具有系统偏向性。减少和控制系统误差具有重要意义。

系统误差可以归纳为两大类：抽样设计误差和测量误差。抽样设计误差是指因研究设计不当或者抽选过程不当而产生的误差。例如，抽样框误差，由于抽样框不准确或者不完整而引起误差；调查对象范围误差，因为对调查对象范围限定得不准确而引起的误差；选样误差，由于不完整或不恰当的抽选过程，或者正确的抽选过程没有得到恰当的执行而产生的误差。对系统误差的控制具有全程性、全员性、全局性和超前性的特点。

2. 抽样误差的表现形式

抽样误差的表现形式一般有三种：抽样实际误差、抽样标准误差和抽样极限误差。

抽样实际误差是指抽样估计值与总体指标值之间的离差。其特点是若估计量无偏，则所有可能的实际误差的总和为0，每一次抽样的实际误差是不可知的，抽样实际误差是随机变量。

抽样标准误差是抽样分布或抽样估计量的标准差，是抽样分布方差或抽样估计量方差（均方误差）的平方根。它是衡量抽样误差大小的核心指标，是对总体指标做出区间估计的一个重要因素。狭义上的抽样误差就是指抽样标准误差。抽样分布的方差或标准差越大（小），估计量的抽样分布就越分散（集中），抽取样本估计总体的误差平均来讲就越大（小）；若各个估计值的实际误差越大（小），则抽样标准误差也就越大（小）；影响抽样误差大小的因素有总体内在差异、样本容量、抽样方法与方式、估计量。

抽样极限误差是指以样本估计总体所允许的最大误差范围，也即在一次抽样估计时，抽样估计量所允许取的最高值或最低值与总体指标之间的绝对离差。

3. 抽样误差的控制

抽样虽然是一种科学有效的调查方式，但即便是最好的抽样，也存在一定程度的抽样误差。因为我们只是访问了总体的一部分，抽样调查的计算结果（样本统计量）只能使我们估计总体的特征值（总体参数）而不能给出这些特征值。抽样本身就意味着样本是总体的近似，总体参数和样本统计量之间或多或少存在着不一致之处。

如何控制抽样误差？一是增加样本容量，即样本中个案的数量；二是适当选择抽样方式。例如，在同样条件下，有重复抽样比无重复抽样的抽样误差小。又如在总体现象分类比较明显时，采用分层随机抽样比其他方法的抽样误差小。由于总体真正的参数值未知，真正的抽样误差也未知，所以抽样误差的计算一般都以抽样平均误差来代表真正的抽样误差。

总而言之，样本的大小是和抽样误差相联系的。但是抽样误差大小与研究代价大小这对矛盾之间需要进行权衡。权衡的原则是：在调查的时间、人力、物力允许的范围内尽量抽取大一点的样本。

4.2 测量

社会研究的重要目的之一是对复杂的社会现象进行测量，以便能够认识和把握社会现象背后的特定规律。为了实现测量，需要对抽象的概念进行操作化。

4.2.1 社会现象的测量

1. 测量的概念

测量（measurement）就是根据一定的法则，将某种物体或现象所具有的属性或特征用数字或符号表示出来的过程。典型的测量应该包括四个要素：

（1）测量客体：“测量谁”。

测量客体即测量的对象，是现实社会生活中客观存在的事物或者现象，是需要用数字或者符号解释说明的分析单位。社会测量的客体可以是人，也可以是家庭、班级、组织这样的社会群体。

（2）测量内容：“测量什么”。

测量内容即测量客体的某种属性或特征。例如，测量的对象是学生，那么测量的内容常常就是学生的性别、年龄、专业、生源地、父母文化程度、政治面貌等特征和属性。如果测量的对象是学生的创业倾向，那么测量内容除了上述内容，还包括他创业的态度、创业的倾向、创业的精神等。

（3）测量标准：“怎么测”。

测量标准是指测量过程中的具体操作程序和标准，即如何用数字和符号表达事物各种属性或特征的操作规则，即用来表示测量结果的工具。例如，利用贝利生育量表测度女性的生育意愿，这个量表就是测度的工具。

（4）测量结果：“是什么”。

在社会调查中，许多测量结果是用文字表述出来的，如被调查对象的性别（“男”和“女”）、被调查对象的文化程度（“小学”“中学”“大专”“本科”“硕士”“博士”）。在社会调查中，许多测量结果也可以用数字表达，如“收入水平”的测量结果可以用“2 000元以下”“2 000～3 000元”“3 000～5 000元”“5 000元以上”表示。数字可以是实数，也可以是虚数。所谓“实数”，是指具有实际数学意义并可以进行加减乘除运算，如“收入”。所谓“虚数”，是指将文字表达的测量结果转化为用数字表达，此时数字是虚拟的，仅仅是起到标识作用。例如，测量人们的政治面貌，用“1”表示中国共产党党员，“2”表示民主党派，“3”表示群众。此时的“1”“2”“3”不能进行加减乘除的运算。

2. 测量的层次

史蒂文斯于1951年创立了测量层次（levels of measurement）分类法，包括定类测量、定序测量、定距测量和定比测量。

（1）定类测量（nominal measures）。

定类测量也称类别测量或定名测量。它是用分类的方法，对测量对象的属性和特征的类别加以鉴定的一种尺度标准。例如，性别：男、女；种族：白种人、黄种人、黑种人。定类测量的原则要求类别既要有穷尽性，又要有互斥性。例如，职业：工人、农民、教师、技术人员、商人、其他。定类测量只能测度指标的各种类别之间的差别，不能比较大小，也不能按顺序排列。对社会现象进行定类测量时可以用数学符号“＝”“≠”或“是”“否”表示，测量给出的数字仅用作识别调查对象或对调查对象进行分类的标签或编码，不具备任何数学特性。

（2）定序测量（ordinal measures）。

定序测量也称等级测量或顺序测量。它是指对测量对象的属性和特征的类别进行鉴别并能比较类别大小的一种测量方法。这种方法能把测定对象的特征和属性按高低、强弱、大小、多少的程度排列成序。例如，文化程度：本科、硕士、博士。定序变量须包括被测定对象的所有可能性，且各变量之间互相排斥。用于定序测量的定序尺度不仅能鉴别类别，而且能指明类别的大小和强弱程度，可以用数学符号“＞”或“＜”表示。所测定的各个类别之间没有确切的度量单位，不能进行代数运算，故不能确定各个类别间大小、高低或优劣的具体数值。

（3）定距测量（interval measures）。

定距测量也称间距测量或区间测量。它不仅能够将社会现象或事物区分为不同的类别、不同的等级，而且可以确定它们相互之间的间隔距离和数量差别，如温度。定距测量可将定距指标转换为数字，不仅能反映社会现象的类别和序列，而且能反映社会现象的具体数量，计算出它们之间的距离，可进行加减运算。定距测量中的“零”并不是绝对的“无”，而是以某种人为的标准设置的标志值。

（4）定比测量（ratio measures）。

定比测量也称等比测量或比例测量，是一种能够测量事物间比例、倍数关系的测量方法，如年龄。定比测量能够对变量值进行乘除运算。定比测量要求有一个绝对的、固定的，而非任意规定的零点。

从定类测量、定序测量、定距测量到定比测量，层次依次上升，趋向复杂，水平不断提高。测量层次比较高的变量可以转换为测量层次比较低的变量。最高等级的测量并不是必须的（见表 4－2）。

表 4－2　四种测量层次的数学特征

	类型（＝、≠）	次序（＜、＞）	间距（＋、－）	比率（×、÷）
定类测量	√			
定序测量	√	√		
定距测量	√	√	√	
定比测量	√	√	√	√

4.2.2　概念的操作化

1. 概念、变量和指标

上一章对概念和变量进行了区分。概念是一类事物的属性在人们主观上的反映。它反映了在实践中人们逐渐认识到的关于事物的共同属性。变量是指具有一个以上取值的概念，或者说，就是包括一个以上范畴的概念。变量是概念，但是概念不一定是变量（变量能够按一个确定标准进行不同的取值）。变量具有两个重要的性质：构成变量的各个值必须是穷尽的，构成变量的取值必须是互斥的。

为了对概念进行操作化，我们需要引入指标。表示一个概念或变量含义的一组可观察到的事物，称作这一概念或变量的一组指标。概念是抽象的，而指标是具体的；概念是人们的主观印象，而指标则是客观存在的事物。

指标分为两种：客观指标是指反映客观社会现象的指标。它所测量的现象包括能够被人们直接观察到或感觉到的社会现象。主观指标是指反映人们对客观社会现象的主观感受、愿望、态度、评价等心理状态的指标。

变量是概念的具体表述方式，概念必须用变量的形式反映。抽象程度低的概念可以直接作为变量。抽象程度高的概念，需要通过一套指标来进行测量。例如，用“职业、收入和文化程度”来测量“社会地位”，职业、收入和文化程度对于“社会地位”而言就是指标，是变量的特殊形式；但是如果职业、收入和文化程度是单独存在的，它们就是变量而不是指标。

2. 操作化的定义

所谓操作化，就是将抽象的概念转化为可观察的具体指标的过程，或者说，是对那些抽象层次较高的概念进行具体测量时所采用的程序、步骤、方法、手段的详细说明。

操作化的作用能够进一步明确调查对象和调查范围。例如，家庭的理论定义是指建立在血缘关系、婚姻关系基础上的共同生活的群体。而家庭的操作化为：凡是在同一个屋檐下共同生活（包括分灶吃饭）、具有血缘关系和婚姻关系的群体，其中包括经济尚未独立但不和家庭生活在一起的成员或者与该家庭长期生活在一起（一年以上）的非血缘关系和非婚姻关系成员，如养子女等。操作化使我们对抽象概念的具体观察和测量成为可能。

3. 操作化的方法

抽象定义是对概念的内涵和本质的概括和表述，是对某类事物或现象的共同本质的概括。例如，三好学生：德智体全面发展的学生。

操作定义是对概念的外延或操作过程的表述，是用可感知、可度量的事物对抽象定义做出界定或说明的方法，也即用更加具体而明确的变量和指标来反映抽象概念。例如，三好学生：没有任何违法违纪事件，各科学习成绩均在80分以上，体育成绩在75分以上，经同学评比出来的优秀学生。

概念的操作化定义的步骤如下：

（1）建立指标群。

首先是下定义。例如，生活质量是对一个社会中人们总体生活水平的综合描述。然后，列出概念的维度。概念的维度是指概念所涵盖的内容的若干不同方面。例如，生活质量包括：居住状况、交通状况、家庭生活、邻里交往、工作与职业、休闲与娱乐、生活环境。

（2）建立测量指标。

包括寻找和利用前人已有的指标、研究者先进行一段时间的探索性研究等，最终获得符合实际的答案。

延伸阅读

关于社会交往与人类情感关系的操作化

美国社会学家乔治·霍曼斯为了研究人群中的小群体互动问题，提出了一个研究假设：社会交往与人类情感有直接关系。

“社会交往”和“人类情感”就是该假设中的核心概念，但是“交往”和“情感”是典型的抽象概念，无法直接进行经验层次的调查。该研究的展开就是先通过对“社会交往”和“人类情感”进行概念化操作。“社会交往”在实际测量中用人们之间相互打电话的次数表示，而“人类情感”在实际测量中用人们之间相互拥抱的次数表达。显而易见，打电话次数和拥抱次数就是经验变量，完全可以通过调查获得。乔治·霍曼斯于是提出该研究的操作化思路：

命题：人与人的交往与情感相关　　（概念，概念）

交往与通电话次数相关　　（概念，变量）

情感与拥抱次数相关　　（概念，变量）

结论：电话次数与拥抱次数相关　　（变量，变量）

抽象概念：　A↔B

↓　↓

经验变量：　$a \leftrightarrow b$

其中：概念A指的是“社会交往”，概念B指的是“人类情感”；

变量a指的是“电话次数”，变量b指的是“拥抱次数”；

“↔”指的是“A和B”“a和b”之间的相关关系；

“↓”指的是从抽象概念到经验变量之间的表示线。

通过以上过程，抽象层次上的概念“社会交往”和“人类情感”经过概念的操作化演变成了经验层次上的变量。而从“人与人的交往与情感相关”具体到“电话次数与拥抱次数相关”，研究假设也由此被操作化了。

资料来源：张彦，吴淑凤．社会调查研究方法．上海：上海财经大学出版社，2006：31.

4. 总加量表

量表（scale）是在经验层次上对社会事实（主要包括人们的态度和行为）进行主观评价的具有结构强度顺序的测量工具。量表主要用于态度的测量，但也可以用于行为的测量，按照规范化的统一形式对所有的题目进行测量。量表是由指标群组成的。

总加量表（summated rating scales）由一组对某种事物的态度或看法的陈述构成，回答者分别对这些陈述发表同意或不同意的看法，然后按某种标准将回答者在全部陈述上的得分加起来，就得到了该回答者对这一事物的态度的量化结果。例如，贝利生育量表（见表4-3）。

表4-3 贝利生育量表

	同意	不同意
1. 结婚的主要原因之一是要生孩子。	1	0
2. 只生一个孩子是错误的，因为独生子女是在孤独中成长，且由于无兄弟姐妹而忧郁。	1	0
3. 生育孩子是一个妇女所能具有的最深刻的经历之一。	1	0
4. 两种性别的孩子至少都有一个比仅有一种性别的孩子好。	1	0
5. 没有孩子的妇女绝不会感到完全的满足。	1	0
6. 男人直到他业已证明自己成为孩子的父亲时，才算是“真正的男人”。	1	0

5. 李克特量表

（1）李克特量表的形式。

李克特量表由美国心理学家李克特（R. A. Likert）于1932年在总加量表基础上改进而成，答案分成“非常同意”“同意”“无所谓”“不同意”“非常不同意”五类。答案类型的增多，可以更好地测量人们的态度：如赞成、比较赞成、无所谓、比较反对、反对；完全符合、比较符合、说不准、比较不符合、完全不符合；不曾如此、偶尔如此、常常如此、一直如此；从来不做、几乎从不、有时偶尔、定期经常、几乎总是、始终一贯；非常同意、同意、比较同意、无所谓、比较不同意、不同意、非常不同意；等等（见表4-4）。

表 4-4　陈氏睡眠品质量表

	不曾如此	偶尔如此	曾经如此	常常如此
我睡前会胡思乱想	□	□	□	□
我睡到一半儿会突然惊醒	□	□	□	□
我会思索为什么自己睡不着	□	□	□	□

（2）消除有问题题目的方法。

在设计量表时需要对分辨力低的题目进行处理，具体的程序如下：

首先，选择一部分对象进行试测。统计每位受测者在每条陈述上的得分以及每人在全部陈述上的总分。

其次，计算每一条陈述的分辨力，删除分辨力不高的陈述，保留分辨力高的陈述，形成正式的量表。计算方法是根据受测对象全体的总分排序，然后取出总分最高的 25％的人和总分最低的 25％的人，并计算这两部分人在每一条陈述上的平均分，再将这两个平均分相减，所得出的就是这一条陈述的分辨力系数。

最后，计算每一条陈述的分辨力，删除分辨力不高的陈述，保留分辨力高的陈述，形成正式的量表。

6. 累积量表和语义差异量表

（1）累积量表。

累积量表又称格特曼量表，是格特曼（L. Guttman）在 1944 年设计的。累积量表的语句结构中存在非常严格的由强到弱或由弱变强的逻辑关系。被调查者对上一条语句的回答决定了他对一下条语句的选择。

鲍格达斯社会距离量表，用来测量人们相互间交往的程度、相互间关系的程度或者对某一群体所持的态度及所保持的距离。例如，测量人们对黑人的态度（见表 4-5）。

表 4-5　测量人们对黑人的态度

问答项	愿意	不愿意
1. 您愿意让黑人生活在您的国家吗?	□	□
2. 您愿意让黑人生活在您的城市吗?	□	□
3. 您愿意让黑人生活在您所在的街道吗?	□	□
4. 您愿意让黑人做您的邻居吗?	□	□
5. 您愿意让子女和黑人结婚吗?	□	□

（2）语义差异量表。

语义差异量表也称语义分化量表，主要用来研究概念对于不同的人所具有的不同含义。

语义差异量表主要用于测量人们对观念、事物或他人的感觉，可以发现在不同的文化背景下，不同的被调查者对某种现象或群体的评价的差异性。其形式是两端为一对意义相反的形容词，中间分为七个等级，每一等级的分数分别为 7、6、5、4、3、2、1，也可以标成＋3、＋2、＋1、0、－1、－2、－3，或者可以用文字描述（见表 4-6）。

表 4-6　测量人们对汉堡包的态度

可口的	1	2	3	4	5	6	7	难吃的
方便的	1	2	3	4	5	6	7	麻烦的

4.2.3 测量的信度和效度

1. 测量的信度

信度即可靠性，它指的是采取同样的方法对同一对象重复进行测量时，其所得结果相一致的程度。信度反映测量结果的一致性或稳定性，即测量工具能否稳定地测量所测事物或变量。信度有以下几种类型。

(1) 再测信度 (test-retest reliability)。

再测信度也称复查信度或重测信度，是指对同一群对象采用同一种测量方式，在不同的时间点先后测量两次，根据两次测量的结果计算出的相关系数。其缺点是容易受时间因素的影响。

(2) 复本信度 (parallel-forms reliability)。

设计两份调查问卷，每份使用不同的题目，但都用来测量同一个概念，对同一群对象同时用这两份问卷进行测量，然后根据两份问卷所得的分数计算其复本信度。“复本”就是指两套及以上的在难度、内容、题量、题型等方面基本一致的不同的测量工具，如期末考试的 A、B 卷。

(3) 折半信度 (split-half reliability)。

在调查只实施一次的情况下，通常采用折半信度的方法来估计测量的信度。

折半信度是指在一次测量后，将变量指标或者项目题号分成单号和双号，或者根据随机原则分为两半，然后根据各人在这两半测量上的分数计算其相关程度，根据相关系数确定测量信度的高低。

按照测量工具和测量时间对以上三种信度进行总结，再测信度是一套测量工具两次调查，复本信度是两套测量工具一次调查，而折半信度则是一套测量工具一次调查。

2. 测量的效度

效度也称测量的有效度或准确度，是指测量工具或测量手段能够准确测出所要测量的变量的程度，或者能够准确、真实地度量事物属性的程度。

效度包括两层含义：测量指标与所要测量的变量之间的相关与吻合程度，测量的结果是否接近该变量的真实值。

(1) 表面效度 (face validity)。

表面效度指的是测量内容或测量指标与测量目标之间的适合性和逻辑相符性，即测量所选择的项目是否“看起来”符合测量目的和要求。

(2) 内容效度 (content validity)。

内容效度指的是测量在多大程度上涵盖了被测量概念的全部内涵，测量工具代表概念定义的内容越多，则内容效度越高。

一个概念定义往往会包含数个维度，具有内容效度的测量工具应该是所有维度的代表。表面效度和内容效度都经常采用专家评价的方法来进行检验。

（3）准则效度（criterion validity）。

准则效度也称实用效度、效标效度。指的是用一种不同于以往的测量方式或指标对同一事物或变量进行测量时，将原有的一种测量方式或指标作为准则，二者比较，如新的与原有的测量方式或指标具有相同的效果，就说这种新的测量方式或指标有准则效度。

（4）建构效度（construct validity）。

建构效度是通过利用现有的理论或命题来考察当前测量工具的效度。它通常在理论性研究中使用，是通过与理论假设相比较来检查的。

3. 信度和效度的关系

信度是效度的必要条件而非充分条件。信度是效度的基础，有效的测量必须是可信的测量，不可信的测量必定是无效的。在社会测量中，可能会出现以下三种情况：

（1）有信度无效度：测量所得结果相似，但是与要研究的概念无关。

（2）有效度无信度：测量指标及其结果与研究概念相关，但是所得结果相差很大。

（3）既有信度又有效度：测量指标及其结果与研究概念相关，且结果相似。

对于测量，研究者当然希望既准确又可靠，但是，信度和效度者之间往往存在着某种紧张关系。在效度和信度两者之间的这种既相互联系又相互制约的关系中，信度比较容易决断。效度则是置信水平之上的考虑，所需要的研究工作是丰富而具体的。

本章小结

1. 抽样是从总体中按照一定方式选取或抽取样本的过程和方法。抽样调查能否实现由样本统计值推断总体参数特征的调查目标，重点看样本对于总体是否具有代表性，在概率抽样和非概率抽样中，概率抽样更具有科学性。

2. 概率抽样的方式主要有：简单随机抽样、等距抽样、分层抽样、整群抽样和多阶段抽样。

3. 非概率抽样的方式主要有：偶遇抽样、判断抽样、配额抽样、滚雪球抽样。

4. 测量的四要素是测量的主题、测量的内容、测量的方法和测量结果的表达。

5. 常用的量表有总加量表、李克特量表、语义差异量表、鲍格达斯量表等。

6. 信度是效度的必要条件而非充分条件，信度是效度的基础，有效的测量必须是可信的测量，不可信的测量必定是无效的。

关键术语

抽样　概率抽样　非概率抽样　样本　总体　测量　概念　指标
量表　概念化　操作化　信度　效度

复习思考题

1. 如果请你来预测下一届美国总统大选，你可以利用什么方法?

2. 概率抽样的逻辑是什么？为什么概率抽样比非概率抽样更具有科学性?

3. 社会测量的层次是什么？不同层次的变量取值的数学特征是什么？描述性统计和因果推断统计分析各对应什么样的分析方法?

4. 信度和效度的关系是什么？如何保障研究既具有信度又具有效度?

第5章

量化资料收集与整理

从本章开始，我们进入资料收集阶段。收集资料就是取得质性或者数据资料的过程。量化资料是对事物的某些属性，按照某种规则给该属性规定一个数字，表示该事物某些特性的数量。量化资料的收集和整理可以通过实验设计、问卷调查等一手渠道获得，也可以通过已有的微观调查数据库、公共信息服务数据库以及商业数据库进行收集。从比较严格意义上的一手数据，到一般意义上的二手数据，本章均有涉及。在获得这些一手和二手的量化数据之后，运用科学的方法，对数据进行审核、汇总与初步加工，使之系统化、条理化，并以集中、简明的方式进行表达与呈现。

重点问题

- 实验法的原理
- 常用的实验设计
- 问卷的设计
- 问卷法的特点
- 代表性的微观调查数据库

5.1 实验法

实验法适用于范围有限、界定明确的概念与假设。这种方法主要适合于解释，而非描述。根据对实验环境、变量的控制及实验设计的严格程度，实验可以分为标准实验和准实验（quasi-experiment)。在社会科学研究中，不能像自然科学实验那样，在设备良好的实验室中，严格控制各种条件进行实验，因而社会科学研究多采用准实验的方法。根据实验场所不同，实验法可以分为实验室实验（laboratory experiment）和实地实验

(field experiment)。社会科学研究中多使用实地实验，该类实验在实际场所中进行，实验对象并不与他们所生活的自然环境相分离，研究者可以在真实的社会生活背景中观察到人们自然的反应。如果不特别说明，本章所讲的实验研究主要是指实地实验，也是一种准自然实验。

5.1.1 实验法基本原理

实验法是在研究者有意改变或设计的社会过程中了解研究对象的外显行为。实验法的依据是自然和社会中的现象与现象之间存在因果关系。当假设现象 X 和现象 Y 相关，并且可以假设现象 X 的作用是引起现象 Y 变化的原因时，我们在社会科学中就可以采用类似于自然科学中广泛使用的实验研究来探索两现象之间是否存在因果联系①。

1. 实验法的基本要素

最基本的实验涉及三对基本要素：自变量和因变量，前测和后测，实验组和控制组。

(1) 自变量和因变量。

在本质上，实验考察的是自变量对因变量的影响。通常，自变量是实验中的刺激因素，它或有或无，是具有两种属性的“二分变量”。在典型的实验设计中，实验者就是要比较出现刺激和不出现刺激所导致的结果的差异。

以对艾滋病患者的歧视为例，偏见是因变量，而接触艾滋病相关知识是自变量。研究者假设认为，歧视在一定程度上取决于对艾滋病医学知识的匮乏，实验的目的是通过向受试者提供适当的刺激，如观看关于艾滋病的纪录片，来检验这个假设的效度。可以说，看纪录片改变了歧视程度。

值得注意的是，两个变量相关，不一定就有因果关系。只有当两个变量之间的关系同时满足以下三个条件时，才能断定这种关系是因果关系：第一，两个变量有共变关系，即一个变量的变化会伴随着另一个变量的变化；第二，两个变量之间的关系不是由其他因素形成的，即因变量的变化是由自变量的变化引起的；第三，两个变量的产生和变化有明确的时间顺序，即一个在前，另一个在后，前者称为自变量，后者称为因变量。

(2) 前测和后测。

实验法特别适用于假设检验，它的基本分析逻辑是：假使我们能推测变量 X 的作用是引起变量 Y 变化的原因，为了检验这一假设，在 X 作用前先对 Y 进行第一次测量（前测），在 X 作用后再对 Y 进行第二次测量（后测），再比较前后两次测量的结果，因变量 Y 前后测之间的差异可视为自变量 X 的影响力。也就是说，如果前后测之间有差异，就可以初步判断 X 的作用对 Y 具有影响力。

在歧视艾滋病患者的例子中，我们首先对受试者的偏见程度进行前测。譬如，用一份问卷，询问他们对艾滋病患者的态度，就能够测出各个受试者流露的偏见程度和整个群体的歧视平均水平。受试者看过关于艾滋病的纪录片之后，再发送问卷请他们回答，由此获得他们看过影片之后的歧视水平。如果第二次问卷调查得到的歧视程度减弱，就

---

① 张彦，吴淑凤．社会调查研究方法．上海：上海财经大学出版社，2006：54.

可以说，这部纪录片的确有助于减少歧视。

在进行第二次测量时，受试者可能猜测出研究者的研究目的是与艾滋病患者歧视有关，他们可能会掩盖对艾滋病的歧视，而有意识地选择第二次问卷调查的答案，这并不是受试者真实的想法，如何避免这种情形？选择控制组就是一个基本的思路。

（3）实验组和控制组。

正因为因变量 Y 前后测之间的差异不一定都能归因于实验刺激（甚至有可能不能归因于实验刺激），所以在进行实验研究时不仅要有实验组，还要有控制组。实验组是在实验过程中接受实验刺激的那一组对象，控制组是在各方面都与实验组相同，但是其成员并不是实验对象。在大多数场合，实验研究之所以少不了控制组，是因为要把前后测的差异中那些不能归因于实验刺激的影响找出来，然后确认自变量 X 真正能对因变量 Y 造成的影响有多大。所以，控制组也叫参照组。在对艾滋病患者歧视的研究中，可以让受试者分为两组，一组观看纪录片，一组什么都不做，分别对两组进行前测和后测，进而比较观看纪录片是否对减少偏见产生作用和影响。

在实地实验中，实验者实际上要面对实验变量（自变量）、反应变量（因变量）和干扰变量三种变量。实验者不仅要有效操纵实验变量，有效测量反应变量，还要努力控制和排除干扰变量影响。实验者与三类变量的关系如图 5-1 所示。如何将干扰变量的影响尽量排除在外，是实验设计所要注意的。

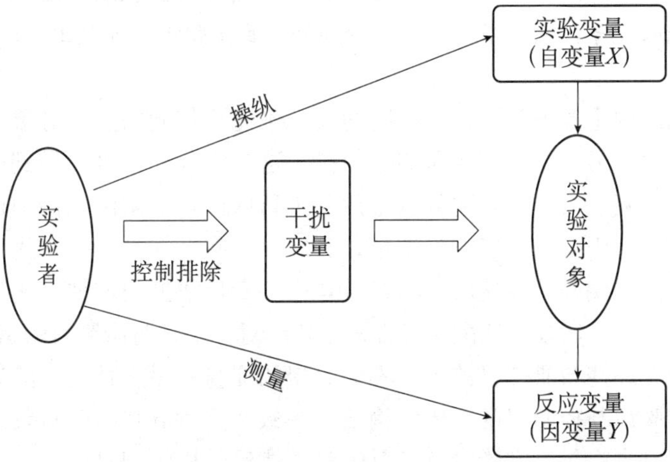

图 5-1　实验者面临的三种变量

因此，一项具体的实验研究必须具备以下基本条件：必须明确界定各个变量，以及各变量之间因果关系的假设；能够排除其他因素的影响；实验刺激有足够的强度并容易操控；实验程序必须是可重复的；实验条件应该得到较高程度的控制。

2. 实验法的特点与程序

实验研究主要是在研究现场中进行，资料收集与研究过程同步；实验的基本目标是判断两个变量之间是否具有因果关系。因此，实验法具有以下几个特点：

（1）实验法是在非自然状态下观察研究对象；（2）实验研究必须在两变量之间建立起因果假设；（3）实验研究旨在探索两个现象之间是否存在因果联系，但是并不是两个现象之间只要存在因果联系，就能用实验法加以研究；（4）实验研究可以把某一特定因素从复杂关系中分离出来，以便于分析这一特定因素的效果；（5）社会研究中的实验法，基本在实际生活情境中进行，多为实地实验。

实验研究的过程和社会研究的一般过程一样，都是从选题开始到得出结论结束。只是由于实验研究在对象选择、研究设计、变量测量上与用其他方法收集资料有较大区别，因而其具体步骤如下：

（1）建立因果假设；（2）按可比性建立实验组与控制组；（3）确定自变量与因变量；（4）对因变量制定一个合适的测量；（5）就因变量对实验组与控制组进行前测；（6）对实验组实施实验刺激（让自变量出现并发挥作用）；（7）就因变量对实验组与控制组进行后测；（8）运用统计分析检验假设，说明自变量与因变量之间是否存在因果联系。

3. 实验组与控制组的产生

在实验研究中，使实验组与控制组在各方面尽可能相同就成了一个必不可少的规则。使实验组与控制组有很好的可比性经常使用两种方法，即随机指派法和匹配法。

（1）随机指派法。

随机指派法是完全按照随机抽样的原理和方法将实验对象分配到实验组和控制组，这是最常用的方法，也是理论上最有效的控制实验对象、影响实验结果的方法。根据随机原则，从一个总体中选出两个群体，各种干扰变量会以同样的方式对两个群体产生影响，即使出现差异，也只能是由抽样误差引起的，不会造成系统性偏差。例如，一栋楼中家庭户的门牌号可以区分单双号，双号和单号分别分到实验组、控制组；按照实验对象随机排列的先后顺序，前一半和后一半分别分配到实验组、控制组等。

（2）匹配法。

匹配法是找出两个各种条件完全相同的或几乎完全相同的实验对象进行配对，然后将一组分到实验组，另一组分到控制组。但是，这在实际中是难以做到的。首先，实验者只能意识到对因变量可能有影响的变量然后进行匹配，而实际生活中还存在大量研究者没有意识到，但对因变量有影响的变量；其次，某些特征难以操作化为具体的、可观测的指标，如倾向、偏好等。最后，随着需要相同变量数据的增加，现实中符合条件的对象数目将急剧减少。所以，匹配法经常采用的配对标准是与研究目的密切相关的变量，而暂时忽略和放弃那些与研究目的关系不太紧密的变量。另一种配对的途径类似于配额抽样，直接将实验组与控制组的总体结构配对一致，然后寻找实验对象。匹配法经常与随机法一起使用，先将每个实验对象予以配对，然后随机将配对的每一方分配到实验组和控制组。

从方法论上讲，运用随机指派法比运用匹配法在使实验组与控制组具有可比性方面具有两个优点：（1）在匹配方法中很难就哪些变量是“重要变量”达到认同；（2）大多数统计技术都是用来分析随机化实验的结果的。如果不这样做，实验结果就很难用这些统计方法来加以分析。

延伸阅读

非政府组织对中国地方政府环保合规行为监督的实地实验研究

在几乎所有国家中，若政策由中央制定，地方政府执行，那么政策的集中制定和分散执行很容易引发合规性问题，即“上有政策，下有对策”。那么允许非政府组织监督和披露地方政府的绩效信息，是否有利于地方政府在执行政策时更愿意服从中央政府或上级政府的规定？此外，信息披露又是否会引起公众不满进而引发政治稳定性？现有研究缺乏直接证据验证非政府组织在监督地方政府以及社会稳定方面的功能，基于此，安德森（Anderson）等选择在中国开展针对非政府组织披露地方政府政绩的随机实地试验。

中国的环保治理以中央为首，采取各种措施激励地方开展环保工作。但是由于环保目标由中央制定，中央对地方的监管存在难度，因而使得地方政府的环保行为容易发生偏差，这为非政府组织发挥监督作用提供了机会。非政府组织公众环境研究中心（Institute for Public and Environmental Affairs）的工作没有嵌入任何国家机构，并且多年来一直处于地方政府监测和评级的前沿，每年都会发布污染信息透明度指数（PITI），对全国市级政府在公开污染信息方面遵守中央规定的情况进行评级，包括4个大类9个具体项目，目前这一指数得到了广泛的研究运用，具有较高可信度。

作者选择了以往尚未公布PITI的50个城市，手工计算了这50个城市在实地试验开展前（2014年）的PITI得分。进而随机分配了25个城市为实验组，其他城市为控制组。对于实验组的25个城市，IPE于2015年公布了其PITI得分。公布方式包括在IPE官方微博与微信公众号上进行PITI发布，向地级市政府的环保主管部门发送PITI得分等。之后作者在2015年和2016年分别计算了实验组与控制组的PITI总分及其组成部分在实验前与实验后的差值，作为对地方政府合规行为的测度。对于结果变量通过计算平均处理效果，采用随机推断方式检验处理效果是否拒绝零假设。

实验结果表明，当非政府组织披露了地方政府的政绩时，地方政府会表现出更低的不合规性，对中央规定的服从度会提升，并且这一效果会持续到第二年，这凸显了非政府组织在促进地方政府问责制方面的作用；同时，非政府组织主要是通过披露地方政府信息从而降低中央政府的监管成本，且并没有激起公众或媒体的不满情绪。因此，允许非政府组织监督和披露地方政府的绩效信息，将是政府治理与信息公开方面一个有意义的尝试。

资料来源：

[1] 曾婧婧．公共管理研究中的实地试验：最新代表性研究及探讨．公共管理评论，2020（4）：190-213.

[2] ANDERSON S E，BUNTAINE M T，LIU M D，et al. Non-governmental monitoring of local governments increases compliance with central mandates：a national-scale field experiment in China. American journal of political science，2019（3）：626-643.

5.1.2 常用的实验设计

社会研究中的实验法，有不同的实验设计。设计不同，能够排除的非实验刺激的影响也有所不同。下面讨论几个常见的实验设计，来具体体会控制组是如何起到排除非实验刺激影响作用的。

1. **单组前后测实验设计**

这是只有实验组而没有控制组的一种简单实验方法。这仅有的一组对象，在自变量出现前可视为实验中的“控制组”，在自变量出现并起作用后它便成了“实验组”。因此，单一实验组实验的逻辑是把实验对象前后测之间的差异（可称为差分）全部归因于实验刺激。它的模式如表 5-1 所示。

表 5-1 单组前后测实验设计

	前测	自变量	后测
实验组	$y1$	x	$y2$

实验步骤为：选择实验对象，选择实验环境，进行前测，引入自变量给予实验刺激，进行后测。前后测得分值的差异就是自变量对因变量的影响。

自变量的影响＝实验组后测－实验组前测

这种实验设计的缺陷在于它不能排除因变量的变化有外部因素影响的作用，不能确定有多大的变化是真正来自自变量。因此，这种方法只能在因变量很少受到实验刺激以外的其他影响时才能考虑使用。仍以艾滋病患者歧视的实验为例，如在大学生群体中随机产生一个样本作为实验组，然后，用一份预先设计好的量表对实验组进行态度调查，分别得到实验组前测值（人均歧视程度）为 70 分。几天之后对实验组学生放映一部关于艾滋病科学知识的纪录片。又过几天，再对实验组学生进行艾滋病患者歧视调查，得到实验组后测值为 50 分，则放映纪录片的影响为 50－70＝－20（分），这意味着纪录片的观看使得大学生的歧视程度减少了 20 分。

2. **经典实验设计**

有一个实验组和一个控制组的实验是最基本的实验设计，也被称为经典设计，它包括了实验设计涉及的全部要素：自变量、因变量，前测、后测，实验组、控制组（见表 5-2）。

表 5-2 经典实验设计

	前测	自变量	后测
实验组	$y1$	x	$y2$
控制组	$y3$		$y4$

实验步骤为：随机指派实验对象到控制组或实验组，对两组对象同时进行前测，对实验组引入自变量给予实验刺激，对两组对象同时进行后测，比较和分析两组两次测量结果的差异，得出自变量对因变量的影响。

自变量的影响＝(实验组后测－实验组前测)－(控制组后测－控制组前测)

如果实验组差异值与控制组差异值相减后得分为正，则说明自变量与因变量有正相关关系；若得分为负，则说明两者关系为负相关。

在这一实验设计中，加入了一个控制组。因为控制组没有给予实验刺激，所以控制组的差异值就是外部因素影响的结果。加入控制组，还可排除前测造成的某些影响，如后测值分值高是由于对测试比较熟悉的缘故，但两组都受这一因素影响，就不会影响实验的内在效度。

在前面的例子中，我们可以从大学生群体中随机化地产生两个样本，一个作为实验组，另一个作为控制组。然后，用一份预先设计好的涉及对艾滋病患者歧视的量表对实验组和控制组这两组大学生进行态度调查，分别得到实验组和控制组的前测值（人均歧视程度）为70分。几天之后对实验组和控制组这两组学生放映一部关于艾滋病科学知识的纪录片。又过几天，再对两组学生都进行态度的问卷测量，分别得到实验组和控制组的后测值为50分和60分，见表5-3。则自变量的影响为（50−70）−（60−70）=−10（分），说明纪录片的观看使得大学生的歧视程度减少了10分。

表5-3　关于艾滋病患者歧视研究的经典实验设计

	前测	自变量	后测
实验组	70	观看纪录片	50
控制组	70		60

但是这一实验设计仍然不能排除实验对象经过前测而对自变量产生敏感造成的影响，如研究“观看艾滋病纪录片与个人对艾滋病患者的歧视”，就会使得受试者透析实验的目的，因而在前测会引起受试者敏感的情况下，应采用两组无前测的实验设计或者所罗门三组实验设计。

3. 所罗门三组实验设计

为了避免实验结果中包含由前测和实验刺激的交互作用产生的影响，设计出所罗门三组实验（见表5-4），它是在经典实验设计的基础上再增加一个控制组形成的。

表5-4　所罗门三组实验设计

	前测	自变量	后测
实验组	$y1$	x	$y2$
控制组1	$y3$		$y4$
控制组2		x	$y5$

控制组2没有前测，只是引入自变量和后测。控制组2因变量的任何变化只能归因于自变量，但是要实际计算自变量影响，还需要控制组2的前测得分，它可以由实验组与控制组的前测平均分来代替。有了控制组2后还可以计算出前测与实验刺激交互作用形成的影响。

自变量的影响=控制组2后测−控制组2前测

前测的影响=控制组1后测−控制组1前测

前测与自变量相互作用的影响=（实验组后测−实验组前测）−（自变量影响+前测影响）

在艾滋病患者歧视的例子中我们从大学生群体中随机化地产生三个样本，一个作为实验组，另外两个作为控制组。然后，用一份预先设计好的涉及对艾滋病患者歧视的量表对实验组和控制组1这两组大学生进行态度测量，分别得到实验组和控制组1的前测值（人均歧视程度）为70分。几天之后对实验组和控制组2这两组学生放映一部关于艾滋病科学知识的电影。又过几天，对三组学生都进行态度的问卷测量，分别得到实验组和控制组1、控制组2的后测值为50分和60分、65分，见表5-5。据此可得，实验组差分为50－70＝－20（分），控制组1差分为60－70＝－10（分）。控制组2没有前测，要计算该组的差分，有必要根据三组相似的前提条件，取实验组和控制组1前测值的平均作为控制组2的前测得分。

表5-5　关于艾滋病患者歧视研究的所罗门三组实验设计

	前测	自变量	后测
实验组	70	观看纪录片	50
控制组1	70		60
控制组2		观看纪录片	65

控制组2差分为65－70＝－5（分）

前测和实验刺激相互作用的影响为（－20）－（－10）－（－5）＝－5（分）

自变量的影响为65－70＝－5（分）

4. 所罗门四组实验设计

虽然所罗门三组实验设计已经考虑了前测、自变量以及两者交互作用这些出现在实验内部结构中影响因变量变化的因素，但是可能还存在实验外部因素的影响。因此，在所罗门三组实验设计的基础上，再增加一个控制组3，它既无前测也不引入自变量，而只有后测（见表5-6）。由于控制组3只有后测，因而控制组3因变量的任何变化就只能是实验以外因素影响的结果。控制组3前测的得分可由实验组前测与控制组1前测的平均分来代替。

表5-6　所罗门四组实验设计

	前测	自变量	后测
实验组	$y1$	x	$y2$
控制组1	$y3$		$y4$
控制组2		x	$y5$
控制组3			y6

外部因素的影响＝控制组3后测－控制组3前测

自变量的实际影响＝（控制组2后测－控制组2前测）－外部影响

前测的实际影响＝（控制组1后测－控制组1前测）－外部影响

$$\begin{matrix}\text{前测与自变量}\\\text{相互作用的影响}\end{matrix}=\left(\begin{matrix}\text{实验组}\\\text{后测}\end{matrix}-\begin{matrix}\text{实验组}\\\text{前测}\end{matrix}\right)-\left(\begin{matrix}\text{自变量}\\\text{影响}\end{matrix}+\begin{matrix}\text{前测}\\\text{影响}\end{matrix}+\begin{matrix}\text{外部因素}\\\text{的影响}\end{matrix}\right)$$

现在从大学生群体中随机产生四个样本，一个作为实验组，另三个作为控制组。然后，用调查问卷对实验组和控制组1这两组大学生进行对艾滋病患者歧视的测量，分别得到实验组和控制组1的前测值（人均歧视程度）为70分。几天之后对实验组和控制组2这两组学生放映一部关于艾滋病科学知识的纪录片。再过几天，对四组学生都进行态度的问卷测量，分别得到实验组和控制组1、控制组2、控制组3的后测值为37分、62分、52分和60分（见表5-7）。

表5-7　关于艾滋病患者歧视研究的所罗门四组实验设计

	前测	自变量	后测
实验组	70	观看纪录片	37
控制组1	70		62
控制组2		观看纪录片	52
控制组3			65

外部因素的影响 = 控制组3差分 =65−70 = −5（分）

实验刺激的影响 =控制组2差分−控制组3差分 = （−18） − （−5） = −13（分）

前测的影响=控制组1差分−控制组3差分= （−8） − （−5） = −3（分）

前测和实验刺激相互作用的影响 = （−33） − （−13） − （−3） − （−5） = −12（分）

从理论上讲，所罗门四组实验设计是最理想的实验设计，但是它包含很多潜在的前提，如要有足够多的实验对象，实验环境等其他条件要保持不变，等等。

5.1.3 实验法的信度和效度

因为可重复实验，与其他收集资料的方法相比，实验法的信度较高。在测量行为并对行为类型加以明确定义，以及测量工具的标准化和精确程度较高时，实验法的信度也较高。对信度的检验一般是通过重复实验的方法，如果发现几次实验的结果有较大的差异，则可能是测量工具的原因①。

实验目的是检验变量间的因果关系，并使实验结果具有概括性。但这两个目的很难同时达到：要精确测量自变量的影响，就要严格控制情景和外部变量，但这会使实验环境人工化并缺乏代表性，从而降低外在效度；而如果提高情景的真实性和样本的异质性以使实验能概括广泛的现象，则很难控制实验本身对实验者和实验对象可能产生的种种影响，因而降低了内在效度。大部分实验设计都面临着这两种困境：若提高内在效度则有可能降低外在效度，反之亦然。

如果一个实验，除了研究者所操纵的实验变量，还有一些干扰因素对因变量起作用，使实验结果无法得到正确解释，则该项实验的内在效度就比较差。由于实验者和实验对象都是有意识的人，所以内在效度受到以下原因的影响：一方面社会现象和社会行为的因果关系很复杂，影响因素很多，对这些变量很难实施控制；另一方面对社会因

① 袁方．社会研究方法教程：重排本．北京：北京大学出版社，1997：290.

素很难明确界定和测量。前述经典设计和所罗门三组实验设计提供了解决内在无效度的思路。

实验的外在效度表示实验结果是否适合于推广应用。如果实验结果只适用于某一范围而不能推广到其他同类事物现象，则表明其外在效度比较差。通常，影响外在效度的主要因素有：实验情境过分“人工化”而没有很好顾及真实社会情境，实验对象过分“纯化”而缺乏代表性。所罗门四组实验设计提供了消减上述第一种因素（外部因素）影响的思路。第二种因素影响则要靠很好地以“概化”为原则选择实验对象来进行消减。

5.2 问卷调查法

问卷调查法是社会科学中经常使用的一种资料收集方法。利用事先设计好的询问提纲或调查表作为调查的依据，这些设计文件被统称为问卷，它系统地记载了调查的具体项目和内容，是调查信息的载体和实现调查目的与要求的一种重要形式。问卷调查适用于描述性、解释性和探索性的研究，通常以个体为研究单位。当研究总体数量过于庞大而无法直接观察时，问卷调查法就是最好的方法，问卷调查和概率抽样配合使用，就能够通过样本的特征反映较大群体的特征。

5.2.1 问卷的类型和结构

问卷调查的主要目的是使调查研究规范化、程序化、科学化，它的特点在于问卷是统一编制的，因此对于不同人群的回答可以做对比分析；通过问卷设计，把要研究的现象转化为可测量的变量形式，不同的回答能够以不同的变量值来表示，因而可以对社会现象做定量的分析；填写问卷，被调查者无须留名，这样被调查者就会减少顾虑，有利于调查者得到真实的回答。问卷调查是依靠问卷来收集资料，如果问卷设计得不好，即使调查流程中的其他工作做得再完美，也不会有令人满意的调查结果，因而问卷设计在问卷调查中具有最为重要的意义。

1. 问卷的主要类型

根据由调查者填写还是由被调查者填写，问卷可以分为两类：一种是自填式问卷，如邮寄问卷、送发问卷和集体填答，这类问卷是由被调查者本人亲自填写问卷。另一种是代填式问卷，这类问卷是由调查者根据被调查者的回答代为填写的问卷，主要有访问问卷和电话问卷两种。

访问问卷与自填式问卷不同，它不直接面对被访者，而是直接面对访员，被访者回答时对问题的理解可以得到指导，基本不存在问卷回收率的问题。

2. 问卷的基本结构

一份完整的问卷包括五个部分：

（1）题目。

问卷的题目也就是问卷的标题，用一句话简明扼要地概括问卷调查的基本内容，让被调查者能够大致明了调查的目的。

（2）封面信。

封面信是写在问卷标题后的一段话，又叫作说明信。封面信的基本内容包括：说明调查者的身份与联系方式；说明本调查的意义和目的；说明保密措施，关于匿名的保证；请求被调查者合作。一封好的封面信能够实现调查者和被调查者之间的有效沟通，通过简洁的文字让被调查者充分了解与调查有关的各种信息。

（3）指导语。

就是提示被调查者如何正确填答问题的一组陈述，它对于问卷的作用相当于一部机器的使用说明书。指导语有两个作用：一是指导被调查者如何回答，如“请在您认同的选项后面画“√”；二是规定或解释概念和问题的含义，如“收入”后面加上标注“包括工资收入和绩效津贴收入”。

（4）问题和答案。

问题和答案是问卷的主体，被调查者的各种情况正是通过问题和答案来收集的。这部分内容实际上是将要研究的社会现象转化为变量形式，以便可以测量。

问题按照备选答案给出的情况分为开放型、封闭型、半封闭型三种类型。问题按内容又可分为背景类问题、行为类问题和态度类问题：背景类问题主要是要收集了解与被调查者背景资料有关的信息，行为类问题问的是客观事实，即客观存在和发生的情况；态度类问题即认知，一是指对客观事实的了解程度，二是指对客观事实的态度。

（5）结束语及其他。

问卷主体之后常常需要用简短的一句话结束调查，强调对被调查者再次表示感谢，以及关于不要漏填或请复核的要求。如问卷需经由计算机处理，则还需加上问卷编码表，可能还有其他一些内容或者附件，如访问、审核记录。一般而言，其他资料包括问卷编号、调查者的姓名、调查的日期和时间、被调查者的联系方式以及复核员姓名等等。

5.2.2　问卷设计的方法和步骤

问卷是研究者在调查中用来收集资料的工具，因此设计问卷时，一方面要考虑研究的需要，即其设计要紧紧围绕所研究的问题和所要测量的变量来进行；另一方面要考虑被调查者的多种实际情况，如，问题数目很多、难度较大的回忆和计算等。设计问卷要换位思维，要多为回答者着想，多从回答者的角度考虑，尽量为他们回答问卷提供方便，减少困难和麻烦。

1. 明确与问卷设计紧密相关的各种因素

问卷设计不只是列出一组问题，还涉及许多问卷上看不到的因素。

（1）调查目的。

这是问卷设计的灵魂，决定了问卷的内容和形式。如果调查目的是了解被调查对象的一般状况，那么问卷设计就应该主要围绕着被调查对象各个方面的基本事实而进行；

如果目的是要做出解释和说明，那么问卷设计就要紧紧围绕着研究假设和变量来进行。

（2）调查内容。

若是回答者比较熟悉，容易引起兴趣，不会产生心理压力的调查内容，则问卷设计工作就相对容易一些，内容可相对详细深入，提问可比较直接，问题的数目也可适当多一点。

当调查的内容回答者不熟悉，或者说比较枯燥，不易引起兴趣，特别是涉及一些敏感的内容时，问卷设计工作就要困难一些，这时问卷中的问题相对来说就只能问得概略一些、浅显一些、间接一些，问题的数量也应少一些，而问卷的封面信和指导语就得比较详细，措辞也得更加仔细小心。

（3）样本的性质及样本的构成情况。

样本的性质，即样本的构成情况，它对问卷设计工作同样有着较大的影响。构成调查样本的被调查者是些什么样的人，他们的文化程度、职业、性别、年龄的分布状况，相互之间的差异大小，等等，都是设计者应该有所了解的。例如，农民工样本的问卷可以用通俗、简单和口语化的语言，问题的数量也应少一些，而用于教师、医护工作者、机关干部的语言就可以书面化一些，问题可以复杂一些，数量也可以多一些。

（4）资料的处理方法。

设计问卷时还应考虑到资料处理的分析方法和问卷的使用方法等因素，这是因为不同的资料处理和分析方法，对问卷的设计有着不同的要求。

若采用手工进行资料整理和统计，那么一般情况下，问卷内容就不能很复杂，否则不仅费时费力，而且有时甚至是无法完成的，但若采用电子计算机进行处理，则问卷的内容就可以多一些。另外，若对资料主要进行定性分析，那么就应以开放式问题为主；反之，若对资料主要进行定量分析，则应以封闭式问题为主。对于自填式问卷来说，设计应该尽量简单明了，便于阅读、理解和填写。若是访问问卷，则可相对复杂一些。用邮寄方式进行调查的问卷，要特别注意设计封面信。除上述各种因素外，当然还不能忽视调查经费多少、调查人员多少、调查时间长短等对问卷设计工作的限制。

2. 问卷设计的方法

问卷设计可以采取自下而上的卡片法，也可以采用自上而下的框图法。

（1）卡片法。

第一步，根据探索性工作所得到的印象和认识，把每一个问题和答案都写在一张卡片上；

第二步，根据卡片上问题的主要内容，将卡片分成若干堆，即把询问相同事物的问题卡片放在一起；

第三步，在每一堆中，按合适的询问顺序将卡片前后排序；

第四步，根据问卷整体的逻辑结构排出各堆卡片的前后顺序，使卡片连成一个整体；

第五步，根据回答者阅读和填答问题是否方便、是否会形成心理压力等角度，反复检查问题前后顺序及连贯性，对不当之处逐一调整和补充；

第六步，把调整好的问题卡片依次写到纸上，形成问卷初稿。

（2）框图法。

第一步，根据研究假设和所需资料的内容，在纸上画出整个问卷的各个部分及前后顺序的框图；

第二步，具体地写出每一个部分中的问题及答案，并安排好这些问题相互间的顺序；

第三步，根据回答者阅读和填答问卷是否方便，对所有问题进行检查、调整和补充；

第四步，将调整的结果重新抄在另一张纸上，形成问卷初稿。

两种方法的差别在于，前者是从具体问题开始，然后到部分，最后到整体；而后者相反，是从总体结构开始，然后到部分，最后到具体问题。

3. 问卷设计的步骤

（1）探索性工作。

所谓探索性工作就是先摸底，熟悉和了解一些基本的情况，以便对各种问题的提法和可能的回答有一个初步的认识。最常见方式，是问卷的设计者亲自进行一定时间的非结构式访问，以及围绕所要研究的问题以十分随便、自然、融洽的方式，同各种各样的对象交谈，并留心观察他们的特征、行为和态度。

通过交谈，常常可以避免在设计问卷时出现许多含糊的问题，也可以避免设计出不符合客观实际的回答来。

（2）利用卡片法和框图法设计问卷的初稿。

（3）试用和修改。

试用问卷初稿的具体方法有两种：一种是客观检验法。这是将问卷初稿打印若干份（一般在 30 份左右），然后在正式调查的总体中抽取一个小样本，用这些问卷初稿对他们进行调查。然后认真检查和分析调查的结果，从中发现问题和缺陷并进行修改。检查分析的方面包括：1）回收率。如果回收率较低，比如 60%以下，那么说明问卷在设计中有较大问题。2）有效回收率，即扣除各种废卷后的回收率。它比回收率更能反映问卷初稿的质量。因为收回的废卷越多，说明回答者填答完整的就越少，这也意味着问卷初稿中的毛病可能较多。3）填写错误。这种错误有两类，一类是填答内容的错误，即答非所问。这可能是由于对问题含义不理解或误解造成的。对于这种情况一定要仔细检查问题的用语是否准确、清晰，含义是否明确具体。另一类是填答方式的错误，这主要是由于问题形式过于复杂、指导语不明确等原因所致。4）填答不全。填答不全的情形也主要有两类：一是问卷中某几个问题普遍未做回答；二是从某个问题开始，后面部分的问题都未回答。

试用问卷初稿的另一种方法是主观评价法，其具体做法是将设计好的问卷初稿抄写或复印若干份，分别送给该研究领域的专家、研究人员以及典型的被调查者，请他们阅读和分析问卷初稿，并根据他们的经验和认识对问卷进行评论，指出不妥之处。调查中大部分调查是采用客观检验法。

5.2.3　问题及答案的设计

问题和答案是问卷中的主要内容，也是问卷设计最重要的部分。

1. 问题形式的设计

问题形式可分为开放式问题与封闭式问题。封闭式问题包括问题及答案两部分，其形式主要有下面八种。

（1）填空式，即在问题后面画一短横线，让回答者填写。

如：①您的受教育年限是________年？

②您家有几口人？________口

填空式一般只用于那些对回答者来说既容易回答也易于填写的问题，通常只填数字。

（2）是否式，即问题的答案只有“是”“不是”两种。

如：①您是共产党员吗？　是 □　不是 □

②您家有汽车吗？　有 □　没有 □

③您是否赞成国企高管限薪？　赞成 □　不赞成 □

是否式问卷是在民意测验的问卷中使用得最多的一种。其特点是回答简单明了，可以严格地把回答者分成两类不同的群体；其弱点是得到的信息量太小，两种极端的回答类型不能了解和分析回答者中客观存在的不同态度层次。

（3）多项单选式，即给出的答案至少在两个以上，回答者根据自己的情况选择其一，这也是问卷采用得最多的一种问题形式。答案的具体表达方式有几种不同类型。

如：您在单位是否有专业技术职称？（请在合适答案的号码上打√）

①无职称　②初级　③中级

④副高级　⑤正高级

（4）多项限选式，在所列举的多个答案中，要求回答者根据自己情况从中选择若干个。

如：您所在企业为您缴纳了以下哪几种社会保险？（可多选）

①养老保险　②医疗保险　③失业保险

④工伤保险　⑤生育保险　⑥以上都没有

⑦不清楚

多项限选式的优点是它比多项选一的方式更能反映被调查者的实际情况，因为在很多情况下人们存在不止一种选择。但是在多项限选式的情况下，我们无法从答案中看出被选择的顺序，无法区分选项间的程度差别。

（5）多项排序式，旨在所列举的多个答案中，选择两个以上的答案，并且要求被调查者为自己的选择答案排序。

如：如果工作出色，您更希望获得哪种奖励？（请选 3 项并排序）

①一次性物质奖励　②工资晋级　③职务晋升

④荣誉称号　⑤培训机会　⑥旅游机会

⑦提供更优越的工作条件　⑧其他（请注明）

请选出 3 项并排序，第一______；第二______；第三______。

（6）多项任选式，是被调查者在所提供的答案中可以任意选择各种不同数目答案的问题形式。

如：若您有工作压力，压力主要来自哪些方面？

①收入待遇低　②看不到个人发展前途　③风气不正

④领导不重视　⑤领导安排不当　⑥人际关系紧张

⑦无法公平竞争　　　⑧不当行政干预　　　　　⑨其他（请注明）

（7）矩阵式，将同一类型若干个问题集中在一起，构成一个问题的表达方式。

如：您对生活整体满意的情况是？（请在合适答案的号码上打√）

［5］非常满意　［4］比较满意　［3］基本满意　［2］不太满意　［1］不满意

A. 与其他企业同行相比，您对自己目前收入的满意度如何？

［5］非常满意　［4］比较满意　［3］基本满意　［2］不太满意　［1］不满意

B. 与企业内部其他同事相比，您对自己的收入满意度如何？

［5］非常满意　［4］比较满意　［3］基本满意　［2］不太满意　［1］不满意

C. 你对自己的住房条件感觉如何？

［5］非常满意　［4］比较满意　［3］基本满意　［2］不太满意　［1］不满意

D. 您对平时上下班时交通状况的评价为？

［5］非常满意　［4］比较满意　［3］基本满意　［2］不太满意　［1］不满意

这种矩阵式的优点是节省问卷的篇幅，同时由于同类问题集中在一起，回答方式也相同，因此也节省了回答者阅读和填写的时间。

（8）表格式，这其实是矩阵式的一种变体，其形式与矩阵式十分相似。

比如与上述矩阵式问题对应的表格式问题就是：

您对生活整体满意的情况是？（请在每一行适当的方框内打√）

	非常满意	比较满意	基本满意	不太满意	不满意
1. 您对生活整体满意的情况是？					
（1）与其他企业同行相比，您对自己目前收入的满意度如何？					
（2）与企业内部其他同事相比，您对自己的收入满意度如何？					
（3）你对自己的住房条件感觉如何？					
（4）您对平时上下班时交通状况的评价为？					

2. 答案的设计

由于大多数问卷由封闭式问题构成，而答案又是封闭式问题非常重要的一部分，因此答案设计的好坏就直接影响到调查的成功。

关于答案的设计要注意以下几个方面：

（1）要使答案具有穷尽性和互斥性。

穷尽性是指答案包括了所有可能的情况。互斥性是指答案相互之间不能相互重叠或相互包含。

（2）要根据研究的需要来确定变量的测量层次。

不同的变量具有不同的测量层次，高层次的变量可转化为低层次的变量来使用。在实际设计答案时，我们首先要看所测变量属于什么层次，然后根据这一层次的特征来决定答案的形式。

（3）要注意问题的语言及提问的方式。

一般编制问卷使用书面语，在设计问题时还要注意以下几条常用规则：

1）问题的语言尽量要简单，通俗易懂。不要使用一些复杂的抽象的概念及专业术语。如，中等收入陷阱、低碳经济等。2）问题的陈述要尽可能简短，使回答者一看就明白。3）问题要避免带有双重含义。一是问题具有明显的不同的理解；二是一个问题中同时询问了两件事情。如："您的父母是公职人员吗？"4）问题不能带有倾向性。5）不要用否定形式提问。6）不要问回答者不知道的问题。7）不要直接询问敏感性问题。如个人隐私、对上司的看法等。

3. 相倚问题

所谓相倚问题，指的是在前后两个（或多个）相连的问题中，被调查者是否应回答后一个（或几个）问题，要由他对前一个问题的回答结果来决定。即前一个问题作为"过滤性问题"。

如，您是退休人员吗？①是的 → 请问您是哪一年退休的？______年。

②不是的

通常把前一问题叫作过滤性问题或筛选性问题，而把后一问题叫作相倚问题。

如，您是共产党员吗？①是　哪一年入党________？

②不是　（请跳过第8～10题，直接从第11题接着回答。）

4. 问题的数目和顺序

问题的数目要依据调查的内容、样本的性质、分析方法等确定。但没有统一标准，一般说来问卷越短越好，根据经验一般应在被调查者能在20分钟以内顺利完成为宜。最多不要超过30分钟。

问题的顺序会影响到被调查者对问题的回答结果以及调查的顺利进行。常用的规则有：

（1）把被调查者熟悉的问题放在前面，生疏的放在后面。

（2）把简单易答的问题放在前面，难题放在后面。

（3）把能引起被调查者兴趣的问题放在前面，把容易引起他们紧张或使他们产生顾虑的问题放在后面。

（4）先问行为方面的问题，后问态度、意见看法方面的问题。

（5）个人的背景资料如年龄、性别、文化程度、婚姻状况、职业等，一般放在结尾，但有时也可放在开头。

开放式问题往往对被调查对象要求较高，需要思考、总结、提炼和填答，因此往往放在问卷的最后。

5.2.4 问卷的使用

利用问卷调查获得数据主要有三种具体实施方法：自填式问卷、访谈问卷、电话访问。此外，伴随着互联网和移动互联网技术的快速发展，在线调查也成为一种迅速成长的调查技术。

1. 自填式问卷的使用

在自填式问卷调查中，邮寄问卷尤其是邮件问卷是较为常用的方法，但也有其他几种相当普遍的方法。有时，可以将一群受访者召集到同一地点同时填答问卷；有时，可将问卷送到被访问者家中，并向其解释整个研究，然后将问卷留给受访者自行完成，稍后再取回。

问卷的回收是一个具有挑战性的事情，如果两到三个星期后仍然没有收到应该有回音的受访者的问卷反馈，则就可能是问卷没有寄达或者受访者不愿意回复。在恰当的时间进行问卷追踪，补寄问卷会提高回收率。实际上，三次邮件沟通（最初一次加上两次追踪）是最有效果的。补寄问卷的时机也很重要，不同的邮寄时间，以两到三星期为合宜。如果无法识别样本中的受访者，就应该追踪所有的受访者，感谢那些已经反馈问卷的受访者，提醒那些仍然没有反馈的受访者①。

回收率是受访者样本代表性的一项指标。比起低回收率，较高的问卷回收率偏误较小。为了激励受访者参与调查，有时研究者会支付现金，或者用小礼物、慈善捐赠、彩票以及其他抽奖方式作为对受访者的回报。有研究表明，激励会提高应答率，而且在应答之前就给予激励较之后给予激励更有效果。

2. 访谈问卷的使用

访谈问卷是研究者派访问员口头提问，并记录受访者的应答。典型的访问，通常以面对面的方式进行。访谈问卷应用于结构式访问，它是一种高度控制的访问，即按照事先设计的、有一定结构的访问问卷进行的访问。其特点：选择访问对象的标准和方法、提出的问题、提问方式和顺序、记录方式等都是统一的。问卷上的问题可以是封闭式的、也可以是开放式的。它的优点是结果可量化、便于进行统计分析。

（1）访问员的角色。

访问员需要满足一些基本要求，最主要的有四个方面：一是诚实与认真。诚实主要指不弄虚作假，客观地、实事求是地对待调查的结果。二是对调查具有兴趣与能力。调查工作本身并不一定使每位调查员都感到有趣，重要的是调查员要培养自己对调查工作的兴趣。另外，无论是观察能力、辨别能力，还是交往能力，都是一个优秀访问员所不可缺少的。三是勤奋负责。调查工作的艰苦性，要求调查员具有不怕困难、不怕吃苦的精神，以及努力完成调查任务的高度责任心。四是谦虚耐心。这是对调查员工作态度的要求。谦虚体现在尊重被调查者，耐心则体现在在访问中要耐心听完被调查者的回答，即便他说得不恰当，也要耐心向被调查者解释问题的含义，不能表现出不耐烦的态度来。

访问员还需要满足一些特殊条件，主要是依据研究的主题、社区的性质、被调查者的特点来考虑的。例如，从研究主题来考虑，调查有关政治、经济问题时，应选择男性调查员；在调查婚姻、家庭问题时，则选择女性调查员更合适。又如，从被调查者的特

---

① 巴比．社会研究方法：第13版．北京：清华大学出版社，2020：222.

点来考虑，当被调查者为青年时，应尽量选择年轻的调查员；而当被调查者主要为年岁较大、资历较深、影响力较大的人时，则应选择年龄较大的调查员。即，所选的调查员在年龄、职业、社会地位等背景条件上与被调查者越接近越好。如从社区的角度来考虑，所选择的调查员最好是当地、同民族、同宗教信仰的人，这样的调查员由于熟悉被访地区的风俗习惯、文化传统、语言特点等，往往能够很顺利地开展访问调查工作。

（2）培训访问员的方法。

首先，研究人员要向调查员介绍该项调查的内容、意义、方法及其与调查项目有关的其他情况，以便调查员对该项工作有一个整体性的了解。同时，还要就调查访问的步骤、要求、时间安排、工作量、报酬等具体问题进行说明。

其次，组织调查员集中学习调查员须知、调查问卷、调查员手册等材料，特别是要逐字逐句、逐条逐项地弄清楚调查问卷的内容、填写方法等。

再次，要进行模拟调查或访问实习。最好是在一小范围中，让每个调查员都按正式调查的要求和步骤，从头到尾实际操作一遍。然后认真总结模拟调查或访问实习中存在的问题，并通过讨论或讲解，解决这些问题。

最后，要建立起监督和管理的办法及规定，以保证正式调查工作的顺利开展。这包括组织管理措施、指导监督措施、复核检查措施、总结交流制度等等。

3. 电话访问

电话访问具有很多的优点，最大的优点体现在时间和成本上的节约，但同时也面临一定的问题，如被访问者能够轻易地挂断电话。伴随着计算机互联网的快速普及，计算机辅助电话访问（computer-assisted telephone interviewing，CATI）越来越多地被学术调查、政府调查以及商业调查所使用。

CATI 多用于市场调查和舆论调查。主要做法是：设计问卷表并录入计算机，设计抽取电话号码的程序，挑选和培训调查员，实际展开电话访问。

CATI 的优点是十分迅速，省钱（简单调查），便于对调查员进行监督；但是其缺点是电话号码本不是理想的抽样框，并且开展的调查时间不能太长，通常在 10 分钟以内①。

4. 在线调查

进行到 21 世纪，运用互联网、移动互联网进行调查已经变得越来越普遍。但是，许多研究者对于在线调查的一个直接担忧就是其代表性，也即在线调查的受访者是否代表了有意义的总体。

这是因为通过互联网并非能接触到所有受访者，也不是所有受访者都使用互联网或者移动互联网。此外，对一般人群而言，那些不方便使用互联网的人，也不是一个随机子集。

研究者针对这一问题，积极开展研究，例如，抽样调查公司提出了在线调查应该遵循和避免的问题：一定要在邀请和调查中使用一致的措辞；一定要使用简单、直白的语言；一定不要让受访者只有在 URL 栏中输入信息才能够进入调查界面；一定要向所有完

---

① 风笑天．现代社会调查方法．6 版．武汉：华中科技大学出版社，2021：141.

成调查的人分享调查结果；一定要为邮寄做好日程安排，当然也取决于研究的目的和受访者的类型；一定要意识到技术的局限性；一定要检查激励、报酬和奖品；一定要将研究控制在15分钟以内。

5.2.5 问卷法的特点

问卷法的优点是节省时间、经费和人力，具有很好的匿名性，所得资料便于定量处理和分析，可避免某些人为误差。

但是这种方法也存在内在的缺陷，主要是：这种方法对调查者的问卷设计水平要求较高，问卷设计直接关系数据的质量；自填问卷法对被调查者的文化水平有一定要求，调查资料的质量常常得不到保证；访问调查对访问员的要求较高，时间和成本都较大；问卷的回收率有时难以保证。

5.3 资料的整理

5.3.1 资料的审核

资料的审核是资料处理的第一步工作。它是指研究者对所收集的原始资料（以问卷为代表）进行初步的审阅，校正错填、误填的答案，剔除乱填、空白和严重缺答的废卷。其目的是使原始资料具有较高的准确性、完整性和真实性，从而为后续资料整理录入与统计分析工作打下较好的基础。

资料的审核工作包含两方面的内容：一是检查出问卷资料中的问题，二是重新向被调查者核实。在实践中，资料的审核工作有两种不同的做法，一种是在收集资料的过程中进行，即边收集边审核。一旦发现填答错误，或漏填误填，或其他一些有疑问的情况，就及时进行询问核实。这样，当资料的收集工作结束时，资料的审核工作也已完成。这种资料审核的方式称为实地审核或收集审核。另一种做法是，先将资料全部收回，然后集中时间进行审核。这种资料审核方式称为系统审核或集中审核。实地审核的长处是特别及时，且效果较好；其困难是资料收集工作的组织和安排要特别仔细，调查员个人处理各种情况的能力要比较强。系统审核的好处是资料收集工作便于统一组织安排和管理，审核工作也可以统一在研究者的指导下进行，审核的标准比较一致，检查的质量也相对好一些；但整个工作的周期则会相对拉长，少数个案的重新询问和核实工作有时因时间相隔较长或空间相距太远而无法落实。

5.3.2 资料的整理

资料整理是根据研究目的将经过审核的资料进行分类汇总，使资料更加条理化和系统化，为进一步深入分析提供条件。

1. **资料的编码**

从资料处理的角度看，编码就是用阿拉伯数字来代替问卷中每一个问题的回答，或者说是将问卷中的答案转换成数字的过程。

由于社会研究的样本规模通常达到成百上千，而一份问卷中又包括几十个问题，问卷编码的任务往往十分繁重，需要多人共同完成。为了减少编码中的误差，保证编码数据的质量，研究者需要编制一份编码手册发给编码员，每个编码员则按编码手册的要求，统一进行编码。在编码手册中研究者将编码的项目和问题一一列出，逐一规定它们的代码、宽度、栏码简要名称、答案赋值方式及其他特殊规定等等。整个编码手册的格式要规范。

2. **资料的录入**

数据录入的方式主要有两种：一种是直接从问卷上将编好码的数据输入计算机；另一种是先将问卷上编好码的数据转录到专门的登录表上，然后从登录表上将数据输入计算机。登录表的横栏为问题及变量名，且都有给定的栏码，纵栏为个案记录。

直接从问卷输入数据的长处是避免了再次转录中可能出现的差错。但它的不足是录入时要不断地翻动问卷，录入的速度相对要慢一些。将问卷上的数据先转录到登录表上，再输入计算机的做法，虽然方便了计算机录入人员，速度也相对较快，但它却要冒增加差错的风险。因为将问卷上的数据抄录到登录表中，等于增加了一次转录过程。而每一次转录都存在出错的可能性，两次转录出错的机会往往大于一次转录。

对于数据的录入，不同的研究者有不同的喜好，可是用不同的软件和专门性的数据库管理软件往往更能保证输入的正确性，更能减少输入数据时所产生的差错，且更便于转换为统计分析软件适用的数据格式。

3. **数据清理**

在开始进行计算机统计分析之前，应仔细地进行数据清理工作，不让有错误的数据进入运算过程。数据清理工作是在计算机的帮助下进行的，通常有下列几种方法。

（1）有效范围清理。

对于问卷中的任何一个变量来说，它的有效的编码值往往都有某种范围，而当数据中的数字超出了这一范围时，可以肯定这个数字一定是错误的。例如，如果在数据文件的“年龄”这一变量栏中，出现了 209，则 209 很可能就是错误的编码值。因为“年龄”这一变量的赋值通常是 100 以内。如果一份问卷中错答的问题不止一两处，则可考虑将这个个案的全部数据取消，作为废卷处理。

（2）逻辑一致性清理。

逻辑一致性清理则是从另一种角度来查找数据中所存在的问题。它比数据清理要稍微复杂一些。基本思路是依据问卷中的问题相互之间所存在的内在逻辑联系，来检查前后数据之间的合理性。例如，过滤性问题是“你的父亲退休了吗”，答案为“1 是；2 否”。而后问题是，“请问你父亲每周加班的时间是多少”，那么，对于选“是”的人，在第二个答案上出现了加班时间 10 小时或者 20 小时的数字，那么这个个案的数据就一定有毛病。根据这些个案的编号找来原始问卷进行核对，纠正错误。

（3）数据质量抽查。

尽管采取了上述两种方法对数据进行清理，但仍会有一些错误的数据无法查出来。举一个很简单的例子：假设某个案的数据在“专业技术职称”这一变量上输错了，问卷上填答的答案是5（正高级），编码值也是5，但数据录入时却错敲成了3（中级）。由于3这个答案在正常有效的编码值范围内，因此，前一种方法检查不出这一错误。查出这类输入错误的唯一办法是拿着原始问卷一份一份地进行校对。但实际调查中却没有一个人这么去做，因为那样做的工作量实在太大了。作为一种妥协，人们往往采用随机抽样的方法，从样本的全部个案中，抽取一部分个案，进行这种形式的校对工作。用这一部分个案校对的结果，来估计和评价全部数据的质量。

5.4 微观调查数据库

5.4.1 CFPS数据库：中国家庭追踪调查

中国家庭追踪调查（China family panel studies，CFPS）是一项全国性、综合性的社会追踪调查项目，旨在通过追踪收集个体、家庭、社区三个层面的数据，反映中国社会、经济、人口、教育和健康的变迁。CFPS由北京大学中国社会科学调查中心设计和执行，重点关注中国居民的经济与非经济福利，包括经济活动、教育获得、家庭关系与家庭动态、人口迁移、身心健康等多种研究主题。2010年在全国25个省（区、市）正式实施基线调查，最终完成14 960户家庭、42 590位个人的访问。基线调查界定出的所有家庭成员及其今后新生的血缘/领养子女被定义为CFPS基因成员，是永久追踪对象，每两年访问一次。CFPS已完成六轮全国调查，2022年开展第七轮调查。其追踪成功率在同类调查中保持国际领先水平。

CFPS调查问卷共有社区问卷、家庭问卷、成人问卷和少儿问卷四种主体问卷类型，并在此基础上不断发展出针对不同性质家庭成员的长问卷、短问卷、代答问卷、电访问卷等多种问卷类型。

家庭收入、支出和资产是CFPS家庭层面问卷的主要内容，在历轮次调查中均进行了相关数据的采集。在收入方面，采集了家庭的非农经营收入、农业收入、工资性收入、财产性收入、转移性收入等；在个人层面，采集了个人工资性收入、养老金等转移性收入；在支出方面，采集了家庭在食品、住房、医疗、教育等方面的消费性支出以及转移性支出；在资产方面，问卷涵盖了对于房产、金融资产的详细问题。

CFPS在2014年与2018年分别在家庭和个人层面采集了受访者的金融素养，问题涵盖金融素养自我评估和客观金融素养的测度，后者具体包括基本金融常识、数学计算、消费与投资偏好等。

CFPS在多轮次调查中采集了众多能够体现个人和家庭社会关系的信息，研究者可以借此探索社会资本和经济行为之间的关联。例如，CFPS在家庭经济问卷中采集了家庭在重大事件中的收支情况，即结婚、生育、升学的礼金支出。在个人问卷中，采集了组织活动的参与、代际关系以及和朋友之间的交往，还测度了普遍信任以及针对具体人群的信任。尤为独特的是还在村居问卷中询问了有关家谱、祠堂的基本情况。

CFPS数据对学术界免费开放。研究者根据CFPS可以研究收入、消费、资产的分布和变化情况以及相关因素，可以进行各类有关金融知识和经济行为的研究，可以和其他数据库联合进行跨数据库的研究。截止到2022年，基于CFPS数据库，在CNKI数据库学术期刊上发表的论文已有600余篇，在Web of Science数据库中英文学术刊物上发表的论文有160余篇。例如，基于该数据库，2010年和2012年的数据研究了收入差距、社会资本及其交互作用对中国居民健康水平的影响，并对相关影响机制进行了探讨[①]。研究发现收入差距的扩大对居民健康水平有显著的负向作用，社会资本对居民健康水平有显著正向作用，并且减轻了收入差距对健康的负面影响，这一结果尤其体现在保障机制不健全的农村地区。

延伸阅读

高房价会扭曲公众的价值观吗？——基于CFPS的实证分析

高房价对于经济和社会发展的负面影响已得到多个维度的证实，而少有研究关注房价对于个体价值观和信念塑造的影响。研究这一问题的难点之一在于房价的内生性，因为个体对于城市的选择并不是随机的，不同城市本身就具有不同的特质，而这其中不可观测的特质可能会直接影响个人的价值观。已有研究表明，价值观的形成受到宏观经济因素的影响。考察这一宏观变化对于公民价值观塑造的影响，有助于从房价上涨角度理解近年来影响中国公民价值观和信念的因素。

使用CFPS问卷中有关个人价值观的问题，包括个人对努力工作回报的认同，以及对社会关系重要性的认同。如设置如下两个问题：

问题1：在当今社会，努力工作能得到回报。

1. 十分不同意　2. 不同意　3. 同意　4. 十分同意

问题2：在当今社会，有社会关系比个人有能力更重要。

1. 十分不同意　2. 不同意　3. 同意　4. 十分同意

此外，从CFPS数据中获得个体年龄数据以及性别、是否是独生子女、是否是农村户籍等。从《中国城市统计年鉴（2010）》获得各地级市平均工资数据以及城市特征数据，包括人均GDP、城市人口、城市人口密度、大学数量等。从中国房价行情网禧泰房地产大数据平台获得全国各地级市2010年1月的城市房价数据。由于CFPS数据涵盖了122个地市级的调查信息，通过将这122个地市级信息与城市房价数据相匹配，构建包括个人层面价值观、城市层面房价工资比，以及城市层面其他控制变量的数据用于实证分析。

利用2010年世界价值观调查（WVS）获得共68个国家微观个体层面的价值观数据，基于国际货币基金组织相关调查获得68个国家的房价收入比数据，用于在跨国层

① 周广肃，樊纲，申广军．收入差距、社会资本与健康水平：基于中国家庭追踪调查（CFPS）的实证分析．管理世界，2014（7）．

面考察高房价对公众价值观的影响。

解释变量为各地级市的房价-工资比，结果变量为个人价值观。为了解决房价的内生性问题，借鉴双重差分法的实证思路与逻辑，构建了城市与年龄层面的双重倍差，加入城市和年龄双重固定效应，控制了城市层面不随年龄而变化的因素，以及年龄层面不在城市间变化的因素的影响，从而谨慎地识别房价对于价值观影响的因果关系。第一重差异是城市之间房价工资比的差异。第二重差异是不同年龄群体受影响程度大小的差异，20～30岁的群体对住房的购买需求最为强烈。

研究结果表明，房价对个人价值观具有显著的负面影响。它让年轻群体倾向于忽视努力奋斗的价值，却提高了对于社会关系的价值预期，认为社会关系比个人能力更为重要。这样的负面影响，对于高学历群体与未婚群体尤为明显。进一步地，高房价也降低了人们对未来的预期和对当地政府的满意度。此外，跨国分析的结果表明房价对价值观的影响局限于中国。社会影响的认识为我们更加全面地认识高房价的社会影响提供了启发，指出了中国高房价可能是影响长期经济社会发展的一个重要因素。这一研究也从公众价值观和信念的维度证明了政府抑制房地产泡沫、出台措施规范房地产投资的重要性。

资料来源：宋弘，罗长远．高房价会扭曲公众的价值观吗?：基于中国家庭追踪调查（CFPS）的实证分析．经济学（季刊），2021（5）：1753-1772.

5.4.2 CGSS数据库:中国综合社会调查

中国综合社会调查（Chinese general social survey，CGSS)，始于2003年，是我国最早的全国性、综合性、连续性学术调查项目。该项目每年一次，对中国各省（区、市）10 000多户家庭进行连续性横截面调查，全面地收集社会、社区、家庭、个人多个层次的数据，总结社会变迁的趋势，探讨具有重大科学和现实意义的议题，推动国内科学研究的开放与共享，为国际比较研究提供数据资料，充当多学科的经济与社会数据采集平台。目前，CGSS数据已成为研究中国社会最主要的数据来源，广泛应用于科研、教学、政府决策之中。

CGSS的调查问卷由三部分构成：核心模块调查全部样本，年度调查，固定不变；主题模块调查全部样本，每5年重复一次，两次调查内容重合率＞80％；附加模块为调查1/3或1/4随机样本，不确保重复周期和内容。其中核心模块与主题模块主要服务于描述与解释社会变迁的宗旨，扩展模块则主要服务于跨国比较研究。

2003年CGSS的问卷模块主要包括家庭、迁移、社会网络与社会交往、教育经历、职业经历、劳动力市场、评价与认同、态度与行为等内容；2006年主要包括家庭(EASS)、职业与劳动、企业改制与经济改革、社会经济活动、态度、意识、认同与评价；2008年为家庭、教育及工作史、性格与态度、社会交往及求职、社会不平等、全球化；2010年为核心模块，包括阶级意识、社会分层、收入与消费、宗教、环境、健康；2012年为核心模块，包括社会公益与慈善、主观幸福感、文化消费、家庭与性别角色、社会网络与社会资本；2013 年为核心模块，包括社会道德、公共服务满意度。

CGSS 2017 年的调查共完成有效样本 12 582 份，调查问卷由 3 大模块构成，分别是 A 核心模块、C 社会网络和网络社会模块、D 家庭问卷模块。最终发布的 CGSS 2017 数据里包含 783 个变量。

5.4.3 CHARLS 数据库：中国健康与养老追踪调查

中国健康与养老追踪调查（China health and retirement longitudinal survey, CHARLS）是由北京大学国家发展研究院主持、北京大学中国社会科学调查中心与北京大学团委共同执行的大型跨学科调查项目，是国家自然科学基金委资助的重大项目，旨在收集一套代表中国 45 岁及以上中老年人家庭和个人的高质量微观数据，用以分析我国人口老龄化问题，推动老龄化问题的跨学科研究，为制定和完善我国相关政策提供更加科学的基础。

CHARLS 于 2008 年在分别代表我国东西部典型国情的浙江、甘肃两省开展预调查；全国基线调查于 2011 年开展，于 2011 年、2013 年、2015 年和 2018 年分别在全国 28 个省（区、市）的 150 个县、450 个社区（村）开展调查访问，至 2018 年全国追访完成时，样本已覆盖总计 1.24 万户家庭中的 1.9 万名受访者。

CHARLS 还曾在 2014 年组织并实施了“中国居民生命历程调查”，在 2016 年开展“共和国初期基层经济历史调查”两项全国性专项访问，亦完全覆盖上述样本地区。2017 年在北京和天津两地开展省级代表性抽样，调查访问对象扩大到家户中的全年龄样本，这是对 CHARLS 现有样本的补充。CHALRS 的问卷设计参考了国际经验，包括美国健康与退休调查（HRS）、英国老年追踪调查（ELSA）以及欧洲的健康、老年与退休调查（SHARE）等。项目采用了多阶段抽样，在区县和村居抽样阶段均采取 PPS 抽样方法。CHARLS 首创了电子绘图软件（CHALRS-GIS）技术，用地图法制作村级抽样框。

CHARLS 设计了三种类型问卷：家户问卷、政策问卷、社区问卷。面向不同范围和层次群体，发放有针对性的问卷：在区县层面，CHARLS 专门设计了针对民政、社保、计生等相关部门的问卷；在村居层面，CHARLS 通过社区问卷收集了交通、电力设施、水利和卫生设施、社区历史、移民、住房，以及由该社区负责执行的社会保险项目的细节等；考虑到社区养老在我国的重要性，CHARLS 专门收集了社区专为老年人提供的设施及服务等信息。CHARLS 家户问卷内容涵盖信息量大、涉及范围广，既包括个人信息和环境信息，也包括事实信息和态度信息，都与中老年人的养老保障和健康状况息息相关，具有针对性、完整性和科学性。CHARLS 的访问应答率和数据质量在世界同类项目中位居前列，数据在学术界得到了广泛的应用和认可①。

基于 CHARLS 数据库产生了许多有价值的研究。例如，李涛、徐翔和张旭妍提出了一个值得探讨的问题：中国老年人的保健消费是否受到其孤独感的影响？如果有影响，背后的作用机制是什么？他们的研究利用中国健康与养老追踪调查 2008 年预调查、2011

① 北京大学中国社会科学调查中心．中国健康与养老追踪调查．http：//charls.pku.edu.cn/.

年基线调查数据和2012年跟踪调查数据，分析了中国老年人的孤独感对其保健消费的影响及可能的作用机制。结果表明，越是感到孤独的老年人，保健消费会越多，其背后主要的作用机制是老年人在保健消费过程中的社会互动。该研究据此建议相关政策要考虑到未来中国老年人心理健康水平不断提升而导致的孤独感下降将对保健消费市场带来的负面冲击，在此基础上努力实现保健消费市场主要基于健康需求而非情感需求或认知误导的可持续成长①。

5.4.4　CHIP数据库：中国家庭收入调查

中国家庭收入调查（Chinese household income project，CHIP）是由中外研究者共同组织的关于“中国收入和不平等研究”的组成部分，并且在国家统计局的协助下完成。相继在1989年、1996年、2003年、2008年和2014年进行了五次入户调查，分别收集了调查之前一年的收支信息，以及家庭和个人信息。CHIP项目的参与者和其他学者分析了这四次调查数据，发表和出版了涉及很多领域的文章、报告和学术书籍。

所有的CHIP数据均包含针对城镇和农村住户的调查。鉴于农村向城镇迁移的日渐重要的现实意义，以及城镇和农村住户的子样本并不完全覆盖所有流动人口，2002年的调查增加了对流动人口的调查。因此，2002年CHIP包含了三个子样本。2007年的调查也采用了同样的方法，因此也由三个部分组成：城镇住户调查、农村住户调查和流动人口调查。这一结构反映了中国的城乡分割和近20年中不断增加的迁移到城镇地区的农村个体数量。在数据调查过程中，使用了分层线性随机抽样的方法来获取样本，它要求访谈员入户并询问他们关于个体与家庭的相关信息；另外，该数据也同样调查了村庄和小区层面的数据。从总体上看，该问卷包括了个体和家庭的人口学特征、户籍、收入和支出信息等。

CHIP适合的论文主题主要是与就业、收入、支出等家庭和个人经济变量相关的主题，特别适合长期趋势的展示和分析。如万海远、李实观察到，中国个体收入不平等在很大程度上体现为城乡收入不平等，而城乡收入差异在很大程度上与户籍制度相关联的城乡市场分割有关，现有研究一是未充分解决户籍状态的内生性问题；二是未考虑户籍转换现象。所以他们利用2007年和2008年的CHIP面板数据，着重考察户籍状态发生变化的群体，利用PSM-DID方法识别因果关系。研究表明，仅仅因为是户籍职业选择歧视，农户个体的收入将会减少3.5%。在剔除户籍歧视因素后，整体收入差距会明显下降，平均来看，基尼系数会从0.499下降为0.488，从而表明户籍歧视对我国收入差距有显著影响②。

5.4.5　CSS数据库：中国社会状况综合调查

中国社会状况综合调查（Chinese social survey，CSS）是中国社会科学院社会学研

① 李涛，徐翔，张旭妍．孤独与消费：来自中国老年人保健消费的经验发现．经济研究，2018（1）.

② 万海远，李实．户籍歧视对城乡收入差距的影响．经济研究，2013（9）.

究所于 2005 年发起的一项全国范围内的大型连续性抽样调查项目，目的是通过对全国公众的劳动就业、家庭及社会生活、社会态度等方面的长期纵贯调查，来获取转型时期中国社会变迁的数据资料，从而为社会科学研究和政府决策提供翔实而科学的基础信息。已分别在 2006 年、2008 年、2011 年、2013 年、2015 年、2017 年、2019 年进行了 7 次调查。

其基础模块固定不变，包含了个人基础信息、劳动与就业、家庭结构、家庭经济状况等内容；更替模块如社会阶层地位流动、社会保障、休闲消费、社会价值观等，隔一定周期后重复调查；热点模块则与时俱进，目前已进行了社会群体利益关系、民生问题、城镇化等主题的研究。

中国社会状况综合调查问卷包括了标题、封面信、指导语（卷首和卷中）、问题和答案等部分。问卷是结构性问卷，按照提问内容的顺序进行设计和安排。问题描述既客观准确、又具体易懂。答案描述包含了所有的可能性，又不相互重叠交叉。中国社会状况综合调查问卷对问题和答案都进行了系统的编码，方便分类整理，易于进行计算机处理和统计分析。大部分问题为封闭式问题，提供可能的答案供被调查者选择。开放性问题也大多使用具体数字进行回答，如年份和收入。

5.4.6 其他微观调查数据库

中国教育追踪调查（China education panel survey，CEPS）是由中国人民大学中国调查与数据中心设计与实施的大型追踪调查项目。调查范围以 2013—2014 学年为基线，以初中一年级（7 年级）和初中三年级（9 年级）两个同期群为调查起点，以人口平均受教育水平和流动人口比例为分层变量从全国随机抽取了 28 个县级单位（县、区、市）作为调查点。在入选的县级单位内抽取 112 所学校、438 个班级、约 2 万名学生作为调查样本。调查对象有学生、家长、教师及校领导。在学生初中毕业后的第 1 年、第 3 年、第 4 年、第 7 年、第 8 年、第 17 年、第 27 年进行追踪调查，整个调查周期长达 30 年，并计划在第 10 年新起一个从 7 年级开始的同期群。目的是揭示家庭、学校、社区以及宏观社会结构对于个人教育产出的影响，并进一步探究教育产出在个人生命历程中发生作用的过程，为相关学术研究及政策制定提供具有全国代表性的多层次基础数据支持。

中国家庭金融调查数据（China household finance survey，CHFS）是西南财经大学中国家庭金融调查与研究中心在全国范围内开展的抽样调查项目，收集有关家庭金融微观层次的相关信息。调查的内容主要包括：金融资产和包括住房资产在内的非金融资产、负债和信贷约束、收入、消费、社会保障与保险、代际转移支付、人口特征和就业以及支付习惯等。中心已经分别在 2011 年和 2013 年成功实施了两次全国性入户追踪调查访问。2011 年第一轮调查样本分布在全国 25 个省（区、市），80 个县（区、市），320 个村（居）委会，样本规模为 8 438 户。2013 年第二轮调查样本分布在全国 29 个省（区、市），262 个县（区、市），1 048 个村（居）委会，样本规模为 28 141 户。同时，新一轮调查在保证全国代表性的前提下，增加了数据的省级代表性。中心于 2014 年开展季度电话回访，每次回访规模约为 5 000 户，季度问卷内容为物价、房价、股价预期，房屋交易，借贷行为，等等。

中国劳动力动态调查（China labor-force dynamic survey，CLDS）通过对中国城市和农村的村居进行两年一次的追踪调查，建立了以劳动力为调查对象的综合性数据库，包含了劳动力个体、家庭和社区三个层次的追踪和横截面数据，可为实证导向的理论研究和政策研究提供高质量的基础数据。目前，CLDS已完成2011年广东省试调查、2012年全国基线调查、2014年追踪调查、2016年追踪调查和2018年追踪调查。

本章小结

1. 量化资料收集方法是研究资料收集的重要方法，本章以实验法、社会调查法为例对量化资料收集方法进行了介绍。

2. 实验法的三要素包括自变量和因变量，前测和后测，实验组和控制组。

3. 问卷调查是最常用的量化资料收集方法，它搭建了抽样和统计分析之间的桥梁，可以用于描述性分析、解释性分析和探索性分析。

4. CGSS、CFPS等微观调查数据库提供了大量的可以研究使用的数据，数据使用之前需要对问卷、抽样、编码手册等进行认真研读和分析。

关键术语

实验法　实地实验　因变量　自变量　实验组　控制组　前测　后测　因果关系　问卷　访问　计算机辅助电话访问（CATI）　CFPS　CGSS　CHARLES　CHIP

复习思考题

1. 如果请你研究一个区域的创新能力，你如何收集数据和资料？

2. 实验法开展研究的逻辑是什么？什么样的议题适合用实验法开展研究？

3. 如果现在想要了解公众对知识产权信息公共服务满意的情况，应如何设计问卷？怎样开展调查？重点应该关注哪些问题？

4. 问卷调查数据如何进行清洗与整理？

第6章 基本量化分析方法

资料分析是一个创造性的过程，是发现特征、识别规律、明确相关或者因果关系的重要步骤。基本的量化分析包括描述性统计分析、推断性统计分析以及回归分析等。本章主要对基本统计分析方法进行介绍。需要指出的是，选择统计方法时，需要考虑变量的测量层次：定类、定序、定距和定比。适用于较低测量层次的统计法，也可以适用于较高的层次。但是，要求较高的测量层次的统计法，不能用于较低层次，因为后者的数学特质不符合该统计法的要求①。

重点问题

- 描述性统计
- 推断性统计
- 参数估计
- 假设检验
- 线性回归
- Logistic、Probit 和 Tobit 回归

6.1 描述性统计分析

在社会研究的定量分析中，描述性统计分析是基础。所谓描述性统计，就是讨论范围仅以搜集资料本身为限，而不予以扩大。没有描述性统计作为基础，想要运用好推断性统计分析也是不可能的。

① 李沛良．社会研究的统计应用．北京：社会科学文献出版社，2002：35.

6.1.1　统计图表

经过调查收集上来的资料是大量的，很可能杂乱无章，因此需要首先进行分类整理，使杂乱无章的原始数据资料成为有系统、有条理的数据资料，为统计分析提取各种有用信息打好基础。统计整理就是对调查数据资料的条理化、系统化和有序化。统计表和统计图是使得数据资料能直观呈现规律的一种有效手段，对于初步观察数据规律具有重要作用。

1. 统计表

统计表可以分为序列表和分类表。序列表包括时间序列表和地域序列表。表6-1呈现了2010—2020年我国人口数及构成情况，这是一个时间序列表。

表6-1　2010—2020年我国人口数及构成情况

年份	年末总人口（万人）	按性别分			
		男		女	
		人口（万人）	比重（%）	人口（万人）	比重（%）
2010	134 091	68 748	51.27	65 343	48.73
2011	134 916	69 161	51.26	65 755	48.74
2012	135 922	69 660	51.25	66 262	48.75
2013	136 726	70 063	51.24	66 663	48.76
2014	137 646	70 522	51.23	67 124	48.77
2015	138 326	70 857	51.22	67 469	48.78
2016	139 232	71 307	51.21	67 925	48.79
2017	140 011	71 650	51.17	68 361	48.83
2018	140 541	71 864	51.13	68 677	48.87
2019	141 008	72 039	51.09	68 969	48.91
2020	141 212	72 357	51.24	68 855	48.76

资料来源：历年《中国统计年鉴》。

表6-2是地域序列表。按照国际公认标准，人均水资源3 000立方米为轻度缺水，人均水资源低于2 000立方米为中度缺水，人均水资源低于1 000立方米为严重缺水，人均水资源低于500立方米为极度缺水。可见，北京和天津都是极度缺水的城市，而天津是我国人均水资源量最少的城市。

表6-2　2020年我国部分地区人均水资源情况

地区	水资源总量（亿立方米）	地表水资源量（亿立方米）	地下水资源量（亿立方米）	地表水与地下水资源重复量（亿立方米）	人均水资源量（立方米/人）
北京	25.8	8.2	22.3	4.7	117.8
天津	13.3	8.6	5.8	1.1	96.0

续表

地区	水资源总量（亿立方米）	地表水资源量（亿立方米）	地下水资源量（亿立方米）	地表水与地下水资源重复量（亿立方米）	人均水资源量（立方米/人）
河北	146.3	55.7	130.3	39.7	196.2
山西	115.2	72.2	85.9	42.9	329.8
内蒙古	503.9	354.2	243.9	94.2	2 091.7
辽宁	397.1	357.7	115.2	75.8	930.8
吉林	586.2	504.8	169.4	88.0	2 418.8
黑龙江	1 419.9	1 221.5	406.5	208.1	4 419.2
上海	58.6	49.9	11.6	2.9	235.9

分类表分为定性分布表和频数分布表。定性分布表通过建立一个元素的类别系统，使得各类互相排斥，而且是完备的，使被观测的各元素能既不重复又无遗漏地分到各类中去。然后记录分到同类中的元素个数，或将同类中各元素的观测值加以归并，这样就可以得到定性分布。

按变量所取的值进行分类，将资料中每个观测值都分到相应类别中去。记录各类中观测值出现的次数，可制成频数分布表（见图 6-1）。

$$h=\frac{x_{\max}-x_{\min}}{k}$$

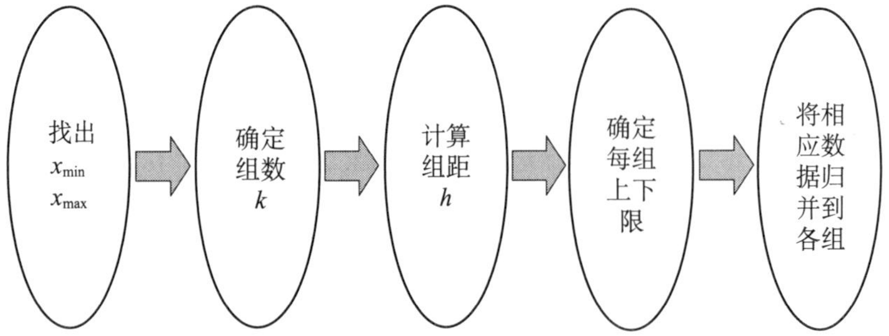

图 6-1　频数分布产生过程

在 EXCEL 中，可以利用数据分析工具中的直方图去进行观测值的频数统计。

累积频数（cumulative frequency）：由第一组起至第 i 组止各频数之和称为第 i 组的累积频数，记为 F_i，即：

$$F_i=\sum_{k=1}^{i} f_k=F_{i-1}+f_i$$

频率（percent frequency）就是频数除以总数 n：f_i/n，经常以百分数表示（见图 6-2）。例如，基尼系数就是基于累积人口百分比以及累积收入百分比计算出来的，基尼系数＝A/(A+B)。

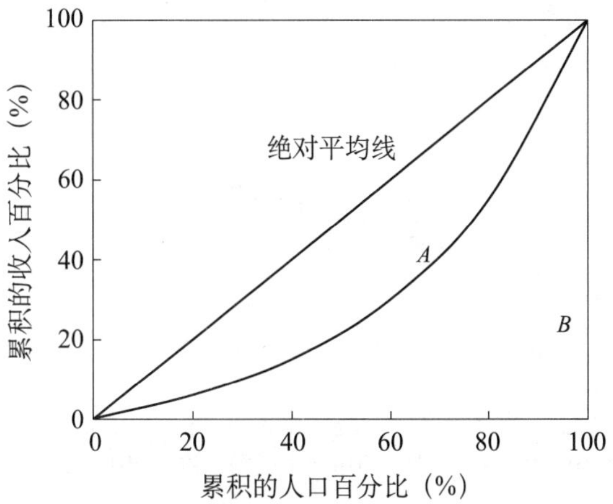

图 6-2 洛伦茨曲线

2. 统计图

用图示法表示统计资料可以做到一目了然，统计图主要有柱状图、折线图、饼图、圆环图、雷达图、气泡图等。

柱状图、折线图、散点图都适用于呈现离散变量的资料，可以呈现趋势、相关关系等规律，如要比较国内生产总值和货物进出口总额随时间的变化，可以用柱状图来表示和呈现（见图 6-3）。

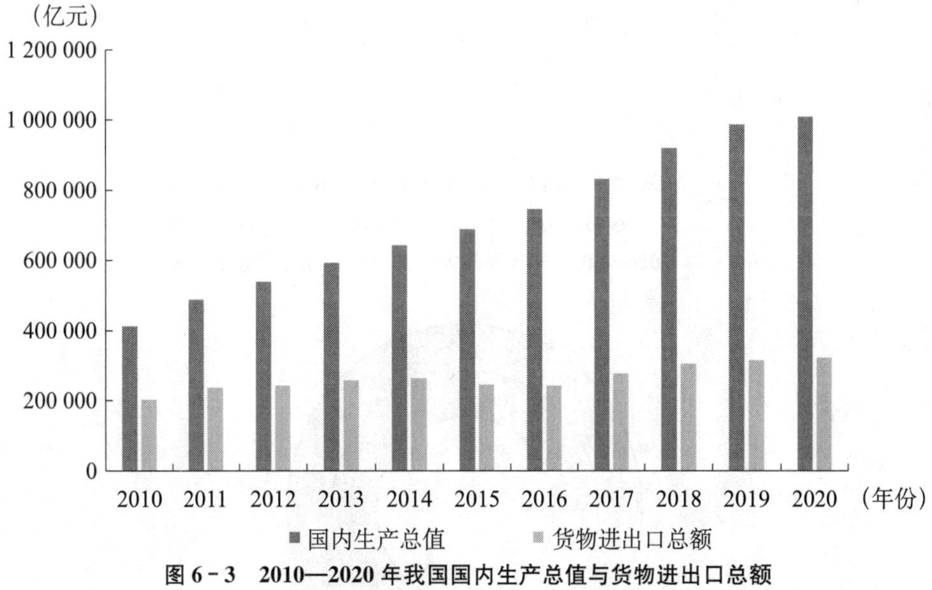

图 6-3 2010—2020 年我国国内生产总值与货物进出口总额

对于上图中的数据，也可以用折线图的形式（见图 6-4），或者散点图的形式（见图 6-5）来反映。

饼图和环形图可以对数据进行整合分析，通过图形可以很直观地看出数据的分布占比。如要比较两个城市住户对住房满意程度，可以利用圆环图来表现（见图 6-6）。

雷达图可以比对不同研究对象在多个维度上指标的差异，如比较两个设备在不同性能上的优劣，可以利用雷达图来呈现（见图 6-7）。

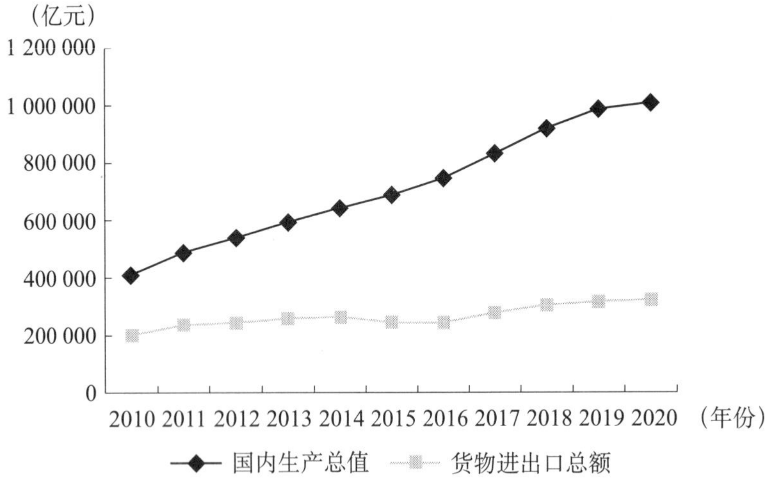

图 6 - 4　2010—2020 年我国国内生产总值与货物进出口总额

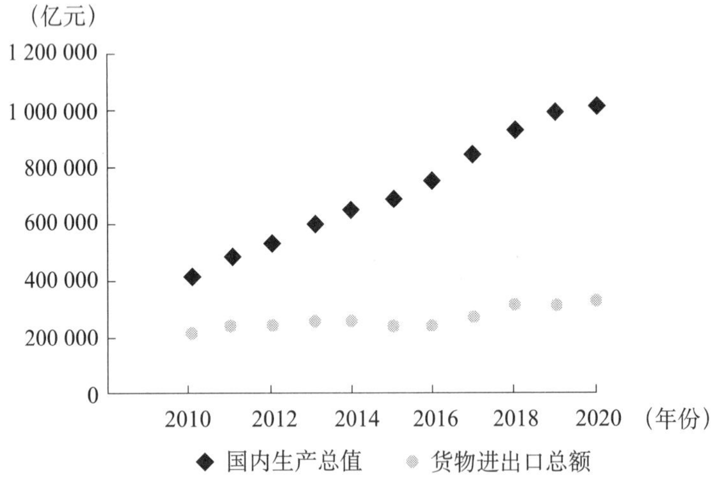

图 6 - 5　2010—2020 年我国国内生产总值与货物进出口总额

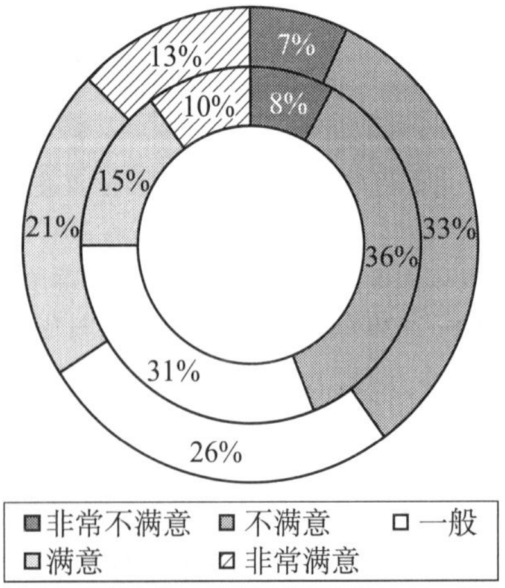

图 6 - 6　两城市住户对住房满意程度的调查

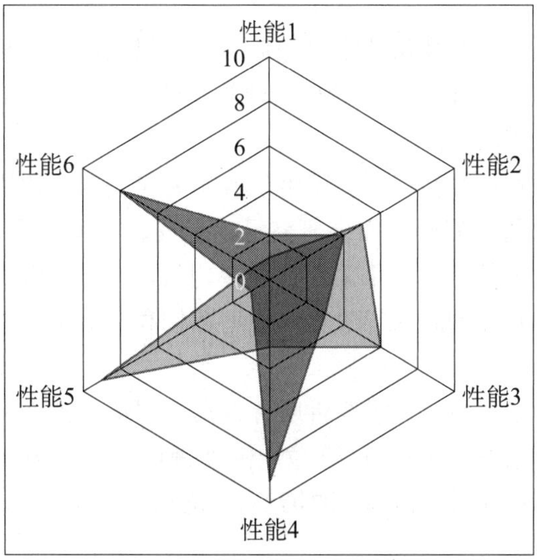

图 6-7　两类设备不同性能的比较

6.1.2　单变量描述性统计分析

1. 集中趋势统计量

统计分析首先要解决的第一个问题是，要用统计指标来代表一系列的数据。这个具有代表性的统计指标，能够概括这一系列数据的特征，集中反映这一系列数据的一般水平。

(1) 定类变量。

对于定类变量，众数是测度其集中趋势的重要指标。众数是一组数据中出现次数最多的数值，通常记为 M_0 (mode)。例如，"两院院士中男性最多"这句话中就有众数的含义，众数不受数据中极端值的影响。众数只与次数有关，可以用于对资料进行定类、定序、定距、定比。应该指出，众数有时不存在，有时有两个以上。

对于未分组资料可以直接观察众数。首先，将所有数据顺序排列；然后，只要观察到某些变量值（与相邻变量值相比较）出现的次数（或频数）呈现"峰值"，这些变量值就是众数。利用 EXCEL 计算，可以利用 MODE 函数，语法结构为：MODE (number1，number2，…)，其中，"number1，number2，…"是用于计算众数的数字。

分组数据确定众数时，频数最大的组为众数组。如果数据取值小于众数组的那个相邻组的频数多于数据取值大于众数组的那个相邻的频数，则众数小于众数组的组中值；反之，则众数大于众数组的组中值。如果数据取值小于众数组的那个相邻的频数等于数据取值大于众数组的那个相邻的频数，则众数等于众数组的组中值。

$$M_0 = L_0 + \frac{\Delta_1}{\Delta_1 + \Delta_2} \times h_0$$

式中，L_0 为众数组下限，Δ_1 为众数组频数与前一组频数之差，Δ_2 为众数组频数与后一组频数之差；h_0 为众数组组距。

（2）定序变量。

中位数可以用来测度定序变量的集中趋势水平。把总体单位某一数量标志的各个数值按大小顺序排列，位于正中处的变量值，即为中位数，用 M_e（median）表示。M_e 可用于定序、定距、定比资料。

在分析数据存在极端值的情况下，用中位数作为代表值要比用算术平均数更好，因为中位数不受极端数据值的影响。如果研究目的是反映中间水平，就应该使用中位数。如政府部门发布个人收入数据，如果采用算术平均数，就会出现“被平均”的现象，即由于极少数人可能拥有较高的收入导致算术平均数较高，但是不能代表大多数人的收入水平。

确定未分组数据的中位数时，需要将所有数据按照从小到大的顺序进行排列，如果总体单位数为奇数，则取第（$N+1$）/2 位上的变量值为中位数。如果总体单位数为偶数，因为居中的数值不存在，按惯例，取第 $N/2$ 位和第（$N+1$）/2 位上的两个变量值的平均作为中位数。

利用 EXCEL 进行运算时，可以借助 MEDIAN 函数完成，MEDIAN 函数的功能是返回一组数据的中位数。其语法结构为：

MEDIAN（number1，number2，…）

其中，“number1，number2，…”是用于计算中位数的数字。

根据分组数据确定中位数是第 $\sum_{i=1}^{k}\frac{f_k}{2}$ 位置的数据所在组为中位数组。根据线性内差可以计算出中位数的取值。具体来讲，先根据 $N/2$ 在累计频数分布中找到中位数所在组，然后假定该组中各变量值是均匀分布的，再用以下方法求出中位数。

$$M_e=L+\frac{\frac{N}{2}-F_{m-1}}{f_m}\times h$$

在上式中，L 代表中位数组下限，N 代表总体单位数，m 表示组数，F_{m-1} 代表低于中位数组下限的累积频数，f_m 代表中位数组频数，h 代表中位数组的组距。

中位数是从中间点将分析数据等分为两部分。与中位数相类似的还有四分位数、十分位数和百分位数等，统称分位数。它们分别表示用 3 个点、9 个点、99 个点将数据 4 等分、10 等分和 100 等分后各分位点上的数值①。分位数的位置公式为：

$$Q_j \text{ 的位置}=(n+1)\frac{j}{m}$$

其中，m 表示分位点的个数，j 为所求分位数的排序（取值为 1 至 $m-1$ 间的一个整数），n 为数据的个数，有 $1-\frac{j}{n}$ 比例的数据大于第 j 个分位数。例如，四分位数中的第一四分位 Q_1，一组数据中有 25%的数据比它小，有 75%的数据比它大；第三四分位数 Q_3，一组数据中的 75%的数据比它小，25%的数据比它大。第一四分位数和第三四分位

① 张晓冬，周晓光，李英姿．数据、模型与决策．北京：清华大学出版社，2019：29.

数也称为上四分位数、下四分位数。当四分位数不是整数的时候，可以用相邻两个整数位置上数据的简单算术平均数计算。

利用 EXCEL 进行运算时，可以借助 QUARTILE 函数、PERCENTILE 函数来实现。QUARTILE 函数的功能是返回一组数的四分位数，PERCENTILE 函数的功能是返回一组数据的百分位点值。PERCENTILE 函数和 QUARTILE 函数的语法结构分别为：

QUARTILE（array，quart）

PERCENTILE（array，k）

其中，array 表示要求得到分位数值的数组，quart 表示返回第几个四分位数（取值为 1，2，3），k 表示分析数据中小于返回分数值的数据比例（取值为 0～1）。

（3）定距变量。

定距、定比变量可以做加减乘除运算，故可以将变量的各个数值相加，求得平均数值（mean）。通常记为 $\overline{X}$。

依据数据表现形式不同，算术平均数有不同的计算方法：简单算术平均数和加权算术平均数。

简单算术平均数主要用于以未分组的个体形式呈现的数组，在此情况下将各个数据直接相加然后除以数据的个数。

$$\overline{X}=\frac{X_1+X_2+\cdots+X_N}{N}=\frac{\sum X}{N}$$

加权算术平均数主要用于经过整理的分组形式的数据，在此情况下将各组组中值与频数的乘积之和除以各组的频数之和。加权平均的计算公式为：

$$\overline{X}=\frac{m_1 f_1+m_2 f_2+\cdots+m_k f_k}{\sum_{i=1}^{k} f_i}$$

在式中，数据分为 k 组，各组的组中值为 m_1，m_2，…，m_k，各组的频数为 f_1，f_2，…，f_k。

很显然，算术平均数不仅受各变量值大小的影响，而且受各组单位数即频数的影响。由于它对于总体的影响要由频数大小所决定，所以也被称为权数。值得注意的是，在统计计算中，权数不仅用来衡量总体中各标志值在总体中的作用，同时也反映了指标的结构，所以它有两种表现形式：绝对数（频数）和相对数（频率）。对于组距数列，要用每一组的组中值权充当该组统一的变量值。

几何平均数是 n 个数据乘积的 n 次方根，主要用于计算比率数据的平均值。例如，发展速度、复率等数据的平均值，通常记为 G_m（geometric mean）。

未分组数据的简单几何平均数的计算公式为：

$$G_m=\sqrt[n]{x_1\times x_2\times\cdots\times x_n}$$

分组数据的加权几何平均数计算公式为：

$$G_m = \sqrt[f_1+f_2+\cdots f_k]{x_1 \times x_2 \times \cdots \times x_n}$$

式中，数据分为 k 组，各组的频数为 f_1，f_2，$\cdots f_k$。

需要注意的是，计算几何平均数的前提是各个数据的乘积具有现实意义，且数据中不存在零或者负数。

（4）平均数、中位数和众数的关系。

平均数适用于定比和定距变量，中位数适用于定比、定距和定序变量，众数适用于定类变量。

从分布的角度看，众数始终是一组数据分布的最高峰值，中位数是处于一组数据中间位置上的值，而平均数则是全部数据的算术平均值。因此，对于具有单峰分布的大多数数据而言，众数、中位数和平均数之间具有以下关系：如果数据的分布是对称的，众数、中位数、平均数必定相等；如果数据是左偏分布，说明数据存在极小值，必然拉动平均数向极小值一方靠近，而众数和中位数由于是位置代表值，不受极值的影响，因此三者的关系为众数＞中位数＞平均数；如果数据是右偏分布，说明数据存在极大值，必然拉动平均数向极大值的一方靠近，则众数＜中位数＜平均数。

平均数主要适合于作为数值型数据的集中趋势测度值。当数据呈对称分布或接近对称分布时，三个代表值相等或接近相等，这时我们应该选择平均数作为集中趋势的代表值。但平均数的主要缺点是易受数据极端值的影响，对于偏态分布的数据，平均数的代表性较差。因此，当数据为偏态分布，特别是当偏斜的程度较大时，可以考虑选择众数或中位数等位置代表值。

2. 离中趋势统计量

要想了解一组数据频数分布情况，不仅要了解它们的集中趋势，也要了解它们的离中趋势。例如，计算出某市 1 000 户家庭平均家庭人均收入为 49 000 元，这是不够的，还需要了解这个数值的代表性如何，也就是说，这 1 000 户家庭是人均收入水平差不多，还是高的高，低的低呢？为此，需要进行离中趋势的测量。离中趋势和集中趋势相对应，反映了频数分布的另一个重要特征。

所谓离中趋势，是指各数据之间的差距和离散程度。根据定类、定序、定距变量的不同，选用的统计指标也各不相同。

（1）定类变量。

对于定类变量，异众比率是测度其离中趋势的重要指标。异众比率是指非众数的频数与总体单位数的比值。显然，它可以用于定距、定类和定序数据资料。异众比率的公式如下：

$$V_R = \frac{N - f_{m0}}{N}$$

式中，f_{m0} 为众数的频数，N 为总体单位数。

（2）定序变量。

对于定序变量，四分位差可以用来反映离中趋势。四分位差就是一组数据 75％位置上的四分位数与 25％位置上的四分位数之差。从本质上讲，四分位差反映了中间 50％数据的离散程度，其数值越小，说明中间的数据越集中，数值越大，说明中间的数据越分散。由于中位数处于数据的中间位置，因此四分位差的大小在一定程度上说明了中位数对一组数据的代表程度。四分位差通常记为 ΔQ，即：

$$\Delta Q = Q_3 - Q_1$$

利用 EXCEL 进行运算时，可以借助 QUARTILE 函数、PERCENTILE 函数来实现。

（3）定距变量。

对于定距变量，数据的离中趋势可以用全距、平均差、方差与标准差，以及离散系数来表征。

1）全距。

全距是一组数据中的最大值与最小值之差，也称为极差，通常记为 R，全距越大，表示变动越大。例如，天气预报中的温差就是典型的极差，表示一天 24 小时中最高温度与最低温度的差值。

以全距来测度数据的离中趋势，缺点在于：仅仅考虑最大值和最小值两个数据；受抽样变动影响大，大样本全距比小样本全距大；一组数据的所有差异完全由这两个数据之间的差异来表明，不能准确衡量整体的差异程度，特别是在存在极端值的情况下。

利用 EXCEL 进行运算时，可以借助 MAX 函数和 MIN 函数完成。MAX 函数、MIN 函数的功能是返回一组数据的最大值、最小值。语法结构为：

MAX（number1，number2，…）

MIN（number1，number2，…）

2）平均差。

平均差是指分析数据的各取值与其算术平均数的离差绝对值的算术平均数，通常记为 M_d。

未分组数据的平均差：

$$M_d = \frac{\sum_{i=1}^{n} |x_i - \bar{x}|}{n}$$

式中，$\bar{x}$ 为数据的算术平均数，n 为总体单位数。

分组数据的平均差：

$$M_d = \frac{\sum_{i=1}^{k} |m_i - \bar{x}| f_i}{n}$$

式中，m_i 为分组数据的组中值，f_i 为各组的频数。

利用 EXCEL 进行运算时，可以借助 AVEDEV 函数来实现，AVEDEV 函数的功能是返回一组数据的平均差。语法结构为：

AVEDEV（number1，number2，…）

平均差充分考虑了每一个数据的离中程度，反映了全部数据的离散程度，计算方法也比较简单。它的缺陷是敏感性较强，容易受到极端值影响，且由于计算时需要取绝对值，不便于进行代数运算，有一定的局限，在实际研究中并不常见。

3）方差与标准差。

平均差是通过取绝对值避免正负离差的相互抵消而得到的，取平方也可以达到同样的效果。用离差取平方的方法计算得到的离中趋势测度值为方差。

方差用来描述每一个变量与总体均值之间的差异。一般地，在总体均值难以得到的情况下，用样本统计量代替总体参数。此时方差为待分析数据中各数据取值与其算术平均数的离差平方的算术平均数。方差开平方后的结果为标准差。方差与标准差是测度数据分布离中趋势的最常用值，通常记为 s^2、s。

未分组数据的方差：

$$s^2=\frac{\sum_{x_i}^{n}(x_i-\bar{x})^2}{n-1}$$

未分组数据的标准差：

$$s=\sqrt{\frac{\sum_{x_i}^{n}(x_i-\bar{x})^2}{n-1}}$$

式中，$\bar{x}$ 为数据的算术平均数，n 为总体单位数。

分组数据的方差：

$$s^2=\frac{\sum_{x_i}^{n}(m_i-\bar{x})^2 f_i}{\sum_{i=1}^{k}f_i-1}$$

分组数据的标准差：

$$s=\sqrt{\frac{\sum_{x_i}^{n}(m_i-\bar{x})^2 f_i}{\sum_{i=1}^{k}f_i-1}}$$

式中，m_i 为分组数据的组中值，f_i 为各组的频数。

方差、标准差的计算是用离差平方和除以数据个数或者各组频数之和减 1，数据个数或各组频数之和减 1，实际上是离差平方和的自由度。自由度是指数据个数与附加给独立的数据取值的约束或者限制的个数之差。自由度是指一组数据中可以自由取值的个数，当一组数据的个数为 n 时，如果算术平均数确定了，则附加给 n 个数据取值的约束个数就是 1 个，因此只有 $n-1$ 个数据可以自由取值，其中必有一个数据不能自由取值。之所以用离差平方和除以自由度，是因为当需要估计总体方差时，利用抽样数据计算得到的样本方差是总体方差的无偏估计量。

未分组数据可以借助 EXCEL 中的 VAR 函数、STDEV 函数进行运算。VAR 函数、STDEV 函数的功能是返回一组抽样数据的方差、标准差。语法结构为：

VAR（number1，number2，…）

STDEV（number1，number2，…）

4）离散系数。

全距、四分位差、平均差和标准差都是反映一组数据离中趋势的绝对值，与平均数有相同的量纲。它们在反映离散程度大小时，不仅取决于数据的离中趋势，还取决于数据取值一般水平的高低。当需要比较具有不同水平或不同量纲单位的数据的离中趋势时，一般不能直接利用反映数据分布离中趋势的绝对测度值，一般采用反映数据分布离中趋势的相对测度值，即离散系数。离散系数是数据分布离中趋势的绝对测度值与其相应的算术平均数之比。其意义是单位平均数上的差异，离散系数越小，数据的离中趋势越小，算术平均数的代表性就越高。反之，离散系数越大，数据的离中趋势越大，算术平均数的代表性就越低。离散系数也称为变异系数，计算公式为：

$$v_s=\frac{s}{\bar{x}}$$

式中，s 为标准差，$\bar{x}$ 为算术平均数。

3. 数据分布形态度量

集中趋势和离中趋势是数据分布的两个重要特征，但是要全面了解数据分布，还需要知道数据分布的形态。利用算术平均数、众数和中位数之间的大小关系，可以大体判断数据分布的对称和偏斜的程度。

（1）偏度。

偏度是对数据分布偏斜方向和程度的测度。数据分布偏度的测量值称为偏度系数，通常记为 s_k（skewness），其常用的计算公式为：

未分组数据的偏度：

$$s_k=\frac{n\sum_{i=1}^{n}(x_i-\bar{x})^3}{(n-1)(n-2)s^3}$$

分组数据的偏度：

$$s_k=\frac{n\sum_{i=1}^{n}(m_i-\bar{x})^3 f_i}{\sum_{i=1}^{n}s^3 f_i}$$

由计算公式可知，偏度系数是离差三次方的平均数除以标准差的三次方得到的一个相对数。当数据分布对称时，可以相互抵消，因而计算公式中的分子等于0，则 $s_k=0$；当数据分布不对称时，离差三次方后正负不能抵消，就形成了正或负的偏度系数 s_k。当 s_k 为正时，表示具有正的离差数值，可以判断为正偏分布或者右偏分布；反之，当 s_k 为负时，表示存在负离差数值，可以判断为负偏差分布或者左偏分布。

在计算 s_k 时，将离差三次方的平均数除以标准差的三次方，是将偏态系数转化为相对数。s_k 的绝对值越接近0，偏斜程度越低；s_k 的绝对值越大，偏斜程度就越高。如果 s_k 的绝对值小于0.5，则数据分布为低度偏度分布；若落在0.5～1，则数据分布为中度偏度分布；若大于1，则为高度偏度分布。

未分组数据可借助于EXCEL中SKEW函数进行运算。SKEW函数的功能是返回一组数据的偏度系数，其语法结构为：

SKEW（number1，number2，…）

(2) 峰度。

峰度是对数据分布平峰、尖峰程度的测度。数据分布峰度的测量值称为峰度系数，通常记为 k_u (kurtosis)。

未分组数据的峰度：

$$k_u = \frac{n(n+1)\sum_{i=1}^{n}(x_i-\bar{x})^4}{(n-1)(n-2)(n-3)s^4} - \frac{(3n-1)^2}{(n-2)(n-3)}$$

分组数据的峰度：

$$k_u = \frac{\sum_{i=1}^{k}(m_i-\bar{x})^4 f_i}{ns^4} - 3$$

由计算公式可知，峰度系数是离差四次方除以标准差的四次方得到的一个相对数。用峰度可以说明数据分布的尖峰和扁平程度，是通过与正态分布的峰度系数进行比较而言的。由于正态分布的峰度系数为 0，当 k_u 大于 0 时，数据的分布为尖峰分布，数据的分布更集中一些；当 k_u 小于 0 时，数据的分布为扁平分布，数据的分布更为分散一些。

未分组数据可借助于 EXCEL 中 KURT 函数进行运算。KURT 函数的功能是返回一组数据的峰度系数，其语法结构为：

KURT (number1，number2，…)

6.1.3 双变量统计分析

社会现象是普遍联系和相互依存的，从数量上研究社会现象之间的依存关系，反映出各种条件或原因对现象变化的作用，对社会研究具有重要意义。变量之间、现象之间，存在着两种不同的类型，函数关系和相关关系。

函数关系即为一种确定性关系。当一种现象的数量确定后，另一种现象也随之完全确定，这种变量关系我们称为函数关系。研究这类关系要运用数学分析的方法。

相关关系是指一个变量的值与另一个变量的值有连带性，即一个变量的值发生变化，另一个变量的值也发生变化，则两个变量就是相关了。变量与变量之间的相关程度有强弱之分。以 1 代表全相关，介于 0 和 1 之间的数值如果越大，就表示相关的程度越强。正相关是指一个变量的值增加时，另一个变量的值也增加；负相关是指一个变量的值增加时，另一个变量的值却减少。

1. 定类变量的相关系数

λ 用于寻求定类和定类变量以及定类和定序变量之间的相互关系，公式为：

$$\lambda = \frac{\sum f_{im} - F_{ym}}{n - F_{ym}}$$

式中，f_{im} 表示 y 在 x 的每一类里次数分布的众数值的次数；F_{ym} 表示 y 的众数值次数；n 表示所有的个案数。

2. 定序变量的相关系数

Gamma 测量法主要用于定序变量的测度，其基本逻辑是根据任何两个个案在某变量上的等级来预测它们在另一个变量上的等级时，可以减少的误差是多少。换言之，是以每对个案之间的相对等级作为预测的准则。假如样本的全部个案数目是 n，就会组成 $\frac{n}{2}(n-1)$ 对个案。如果某对个案在两个变量上的相对等级是相同的，则称为同序对；如果是不同的，则称为异序对。

计算公式为：

$$G=\frac{N_s-N_d}{N_s+N_d}$$

其中 N_s 表示同序对的数量，N_d 表示逆序对的数量。

3. 定距变量的相关系数

相关系数（correlation coefficient）用 r 表示，是两列变量间相关程度的数字表现形式，由于相关系数的计算公式是英国的统计学家皮尔逊（Karl Pearson）创立的，所以定距变量的相关系数也称为 Pearson 系数。计算公式为：

$$r=\frac{\sum(X-\overline{X})(Y-\overline{Y})}{\sqrt{\sum(X-\overline{X})^2(Y-\overline{Y})^2}}$$

借助于 EXCEL 中的 CORREL 函数可以进行 Pearson 相关系数的运算，CORREL 函数的功能是返回两组数值的相关系数。其语法结构为：

CORREL（array1，array2）

在计算两个变量的相关系数之前，要考虑两个变量的质的关系，要同时考察质和量的关系。相关系数的计算，不单纯是量的问题，还需要考虑质的问题。只有两个客观事物有质的联系，才能对它们的质反映的量进行相关系数的计算。应该认识到，事物的量是该事物一定质的量，离开一定质量，只是抽象的量，不代表任何事物。对于没有质的联系的事物进行相关系数的计算，将会导致荒谬的结论。

相关系数多大才算高度相关，多大算低相关或者无相关，需要考虑样本 N 的大小，相关系数的计算需要 N 的个数不能小于 30，如果小于 30，相关系数可能失去意义。

延伸阅读

相关关系和因果关系

相关关系和因果关系是一对十分相似，但又有着巨大不同的概念。总的来说，有相关关系不一定有因果关系，但有因果关系就必定存在相关关系。

相关关系表示二者在变化趋势上存在着某种程度的一致性，而因果关系强调的则是一种前和后的关系，是因为某个变量发生变化而导致了另外一个变量随之发生改变，其强调的是二者之间存在某种理论逻辑上的关联，需要去确定二者间具体的依存关系。A

导致B发生变化的因果关系的确立，必须满足以下三个条件：(1) A和B相关；(2) A必须发生在B之前；(3) 所有其他的因素C都已经被排除。只有同时满足上述三个条件，才可以说A和B之间确实存在着某种程度上的因果关系。

区分相关关系和因果关系并没有那么简单，非常容易掉入相关陷阱中。例如：每年溺水儿童数量和雪糕销量成明显的正相关关系，但是二者间却不存在因果关系。呈现正相关可能是由其共同原因——天气导致的。由于天气炎热，人们渴望用雪糕消暑，雪糕销量会增加；同样的，在炎热的天气中，选择游泳的人增多，溺水儿童也相应增多。溺水儿童数量和雪糕销量并没有因果关系，只是共同受天气因素影响，从而表现出简单统计正相关而已。

一个更加模糊且看起来合情合理的例子是：某案例表明，阅读科学博客越多的人，其科学素养水平就越高，那么二者间是否具有因果关系？这是一个看似合乎情理的例子，所以许多人可能就会误认为二者间一定存在因果关系，但实际上二者间可能仅存在着某些双向因果关系。我们无法区分是阅读科学博客越多的人，其科学素养水平就越高，还是科素养高的人本来就喜欢读科学博客。那么，在此模棱两可的情况下，二者间因果关系的判断可能并不稳健。

在没有任何理论假设的前提下，统计学是不可能帮助我们识别出因果关系的，借助统计学等工具做出的回归分析结果仅仅代表了变量背后的相关关系。想要对因果关系进行有效识别，就要求在回归之前用社会科学理论去建立模型，真正分析两个变量间的内在逻辑关系，或者即使无法建立数学上的理论模型，也需要用文献来推演出想要研究的变量间到底存在何种内在逻辑，进而提出研究假设。只有先进行上述理论分析，再带着目标去做回归来验证逻辑推演正确与否，接着利用得到的回归结果去识别其因果关系才是有意义的。

资料来源：王舒鸿，崔欣，姚守宇．统计相关还是真实因果：基于“因果推断”的新兴研究范式．金融与经济，2018 (8).

6.2 推断性统计分析

在社会研究中，抽样调查被公认为是一种最完善、最有科学根据的调查方法。然而它在数学上要求比较高，一定要有推断统计。所谓推断性统计分析，主要是依据概率论，研究如何依据有限资料对总体性质做推断，从而使统计的功能大为扩充。

6.2.1 概率分布基础知识

1. 概率与概率分布

概率是与随机现象相联系的一个概念。所谓随机现象，是指事先不能精确预言其结果的现象，如即将出生的婴儿是男还是女，一枚硬币落地后其正面是朝上还是朝下，等等。所有这些现象都有一个共同的特点，那就是在给定的条件下，观察所得的结果不止一个。随机现象具有非确定性，但内中也有一定的规律性。例如，事先我们虽不能准确预言一个婴儿出生后的性别，但通过大量观察，我们会发现妇女生男生女的可能性几乎一样大，都是0.5，这就是概率。

随机现象具有在一定条件下呈现多种可能结果的特性。人们把随机现象的结果以及这些结果的集合体称作随机事件。

在推断性统计分析中，概率和概率分布有着如同在描述统计中频率和频率分布那样的联系。概率告知了随机现象某一局部结果发生的可能性有多大，概率分布则要在满足完备性（穷举）和互不相容性（互斥）的前提下，回答随机现象一共会出现多少种结果，以及每种结果所伴随的概率是多少。以抛掷五枚硬币的试验为例，概率分布不仅要回答一共会发生6种结果（从没有一枚硬币面朝上到所有五枚硬币面全部朝上），而且要回答全部6种结果发生的概率各是多少。解决了这两个问题，我们的讨论便从概率过渡到了概率分布。在推断性统计分析中，我们是用先验的方法就每种结果算出其发生概率的，将它们列入表6-3中，就得到了二项分布。

表6-3　硬币面朝上的频率分布

硬币面朝上数 x	0	1	2	3	4	5	合计
概率 $P(x)$	0.031	0.156	0.31	0.31	0.156	0.031	1

推而论之，在随机变量的取值满足穷举和互斥这两个原则的前提下，概率分布的一般形式如表6-4所示。

表6-4　概率分布的一般形式

x	x_1	x_2	x_3	…	x_i	…	x_n	合计
概率 $P(x)$	P_1	P_2	P_3	…	P_i	…	P_n	$\sum P=1$

将概率分布与前面所讲的频数分布、频率分布做比较，就会发现频率分布与概率分布非常相像。当然概率分布与频率分布也有重要区别：频率分布是经资料整理而来的，而概率分布却是先验的；频率分布随样本不同而有所不同，概率分布却是唯一的；频率分布有对应的频数分布，而概率分布则没有。因此，频率分布被称为随机变量的统计分布或经验分布，而概率分布则被称为随机变量的理论分布。

2. 分布函数

连续型随机变量的取值充满某一区间，因而取某一数值讨论其概率是无意义的。为此，需要引进概率密度的概念来表达连续型随机变量的概率分布。

$$\varphi(x)=\lim_{\Delta x\to 0}\frac{P(x-\Delta x\leqslant X\leqslant x+\Delta x)}{\Delta x}$$

连续型随机变量 X 在区间 $[x_1, x_2]$ 上的概率等于概率密度曲线 $\varphi(x)$ 下面 x_1，x_2 两点之间的面积（见图6-8），即：

$$P(x_1\leqslant X\leqslant x_2)=\int_{x_1}^{x_2}\varphi(x)$$

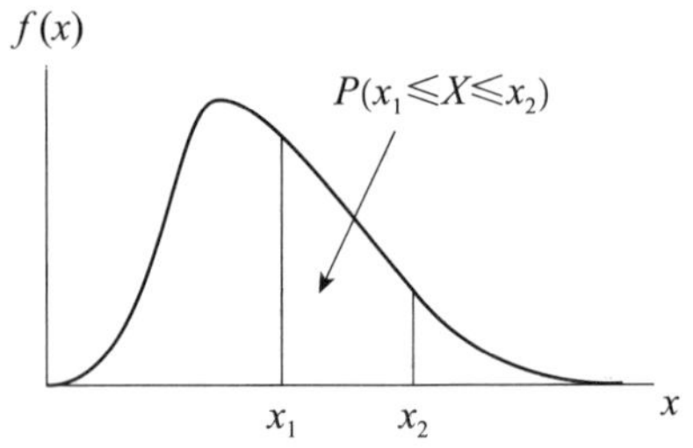

图 6-8 概率密度曲线

分布函数就是：$F(X)=P(X\leqslant x)=\sum_{X\leqslant x}P(X)$。有了分布函数，就可以很容易得到随机变量 X 取值在任意区间 $[x_1, x_2]$ 上的概率，即：$P(x_1\leqslant X\leqslant x_2)=F(X_2)-F(X_1)$。

3. 数学期望与变异数

面对随机变量的理论分布，也要对随机变量的集中趋势和离中趋势做概括性的描述，这就引出数学期望和变异数这两个概念。

所谓数学期望，是反映随机变量 X 取值的集中趋势的理论均值（算术平均），记作 $E(X)$。

对于离散型的随机变量，只需用概率代替频率，数学期望的计算方法与分组资料算术平均数的计算方法相同，即：

$$E(X)=x_1P_1+x_2P_2+\cdots+x_nP_n=\sum_{i=1}^{n}x_iP_i$$

对于连续型的随机变量，数学期望涉及无穷限积分，其计算公式为：

$$E(X)=\int_{-\infty}^{+\infty}x\varphi(x)$$

数学期望常常记为 μ，和总体均值的记号相同，而 $\bar{X}$ 则在推论统计中被当作样本均值的记号。数学期望和总体均值一样，都是唯一的，不过它是一个先验的理论值。由于它是用随机变量各取值然后分别乘以取值的概率来计算的，因此又可称为随机变量的加权算术平均数。样本均值依据统计数据计算而来，但它具有随机性。在统计推论中，$E(X)$ 是数学期望，$\bar{X}$ 是样本统计量，是样本对总体均值的估计。

数学期望有以下几个基本性质：

(1) $E(C)=C$；

(2) $E(CX)=CE(X)$；

(3) $E(X+Y)=E(X)+E(Y)$；

(4) $E(XY)=E(X)\cdot E(Y)$。

数学期望反映了随机变量的集中趋势，但仅知道集中趋势还不够，还应该知道随机变量在均值周围的离散程度，即离中趋势。变异数是综合反映随机变量取值分散程度的指标，其功能相当于描述统计中已讨论过的方差及标准差，记作 $D(X)$。

对于离散型的随机变量，有：

$$D(X)=\sum_{i=1}^{n}[x_i-E(X)]^2P_i$$

对于连续型的随机变量，有：

$$D(X)=\int_{-\infty}^{+\infty}[x-E(X)]^2\varphi(x)\mathrm{d}x$$

将 $D(X)$ 开方称作随机变量 X 的标准差 σ；$D(X)$ 即为随机变量 X 的方差。

$$D(X)=\sigma^2=E[(X-\mu)^2]$$

$$\sigma=\sqrt{D(X)}$$

为了简化起见，方差的计算简化公式为：

$$\sigma^2=E(X^2)-[E(X)]^2$$

在推断性统计中，随机变量变异数的记号常常同总体方差的记号一样，用 σ^2 表示。而 S^2 则被作为样本方差的记号。变异数和总体方差一样，都是唯一的，不过它是一个先验的理论值。样本方差 S^2 依据统计数据计算而来，它具有随机性。

变异数有以下几个基本性质：

(1) $D(C)=0$；

(2) $D(CX)=C^2D(X)$；

(3) $D(C+X)=D(X)$；

(4) $D(X+Y)=D(X)+D(Y)$。

4. 正态分布

连续型随机变量最具典型意义的概率分布就是正态分布了。实践中常见的一类连续型随机变量，多数服从或近似服从正态分布。例如，测量误差、智商以及人体的身高体重、运动员的成绩等等，都可以用正态分布进行描述。一般地讲，若影响某一变量的随机因素很多，而每个因素所起的作用不太大且相互独立，则这个变量就服从正态分布。更为重要的是，正态分布还是抽样理论和统计推断的基础。例如，无论总体是否服从正态分布，只要样本容量足够大，样本平均数的抽样分布就趋近于正态分布，正态分布的表达式为：

$$\varphi(X=x)=\frac{1}{\sqrt{2\pi\sigma}}\mathrm{e}^{-(X-\mu)^2/2\sigma^2}$$

正态分布具有以下性质：

(1) 概率密度函数在 X 的上方，即 $\varphi(x)>0$。

(2) 正态曲线呈钟形对称，最高点数就是平均数点，也是分布的中位数和众数。

(3) 正态分布是一个分布族，每一特定正态分布通过均值 μ 的标准差 σ 来区分。如图 6-9 所示，μ 决定曲线的高度，σ 决定曲线的平缓程度，即宽度；正态分布曲线的位置是由 μ 决定的，而正态分布曲线的“胖瘦”则由 σ 决定。

(4) 曲线 $\varphi(x)$ 相对于均值 μ 对称，尾端向两个方向无限延伸，且理论上永远不会与横轴相交。

(5) 正态曲线下的总面积等于 1。

(6) $E(X)=\mu$；$D(X)=\sigma^2$。

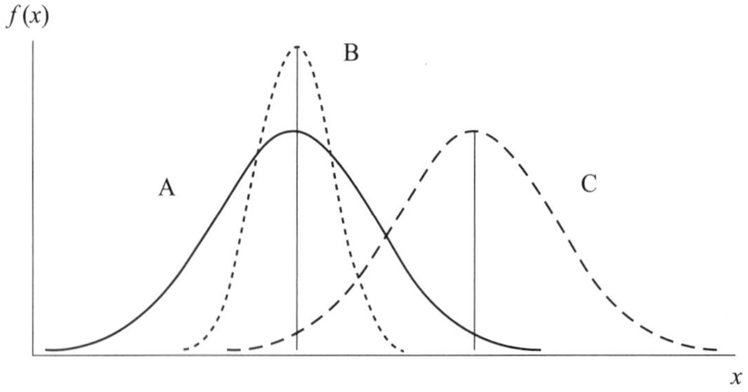

图 6-9　均值 μ 的标准差 σ 对正态分布的影响

6.2.2　参数估计与假设检验

1. 参数估计

所谓参数估计，即由样本的指标数值推断总体的相应的指标数值，它包括点估计和区间估计。例如，某城市 1 000 个家庭户如果是一个随机产生的样本，那一组调查得来的家庭平均收入对总体就具有很好的代表性。换句话说，我们计算出这 1 000 个家庭户的平均收入是 49 000 元，那么根据大数定理我们可以用这个统计量来估计全市的家庭平均收入。这体现出了抽样调查的基本意义。

点估计就是根据样本数据算出一个单一的估计值，用来估计总体的参数值。点估计很方便直接，但显然，我们根据样本均值是不可能肯定该市的家庭平均收入就是 49 000 元的。为提高估计的可信度，可以采用区间估计。

区间估计就是计算抽样平均误差，指出估计的可信程度，进而在点估计的基础上，确定总体参数的所在范围或区间。显然，如果我们在 49 000 上下加减一个数（比如 5 000 元），现在估计全市家庭户平均收入在 44 000～54 000 元，那么估计的把握就会提高许多。区间估计的任务是在点估计值的两侧设置一个区间，使得总体参数被估计到的概率大大增加。可靠性和精确性（信度和效度）在区间估计中是相互矛盾的两个方面。

置信区间：区间估计是求所谓置信区间的方法。置信区间就是为了增加参数被估计到的信心而在点估计两边设置的估计区间。

显著性水平 α：用置信区间来估计的不可靠程度。

置信水平 $1-\alpha$：第 4 章也曾提到，置信水平指总体参数值落在样本统计值某一区间的概率，它用于反映用样本统计量估计总体参数的可靠性（信度）。

抽样平均误差 $\sigma_{\bar{X}}$：样本均值抽样分布的标准差。反映在参数周围抽样平均值的平均变异程度。抽样平均误差 $\sigma_{\bar{X}}$ 越大，样本均值就越分散。

概率度：Z 在参数估计中被称为概率度，其大小由 α 决定。

显著性水平、置信水平、概率度之间的关系见表 6-5。

表 6-5 显著性水平、置信水平、概率度之间的关系

显著性水平	置信水平	概率度
$\alpha=0.10$	$1-\alpha=0.90$	$Z_{\frac{\alpha}{2}}=1.65$
$\alpha=0.05$	$1-\alpha=0.95$	$Z_{\frac{\alpha}{2}}=1.96$
$\alpha=0.01$	$1-\alpha=0.99$	$Z_{\frac{\alpha}{2}}=2.58$

区间估计就是从点估计值开始，向两侧展开一定倍数的抽样平均误差，并估计总体参数很可能就包含在这个区间之内。

对参数 μ 的区间估计的步骤为：第一，从总体抽取一个样本，根据收集的样本资料求出它的均值；第二，根据合乎实际的置信水平查表求得概率度；第三，根据总体标准差和样本容量求出抽样平均误差；第四，以均值为基准，向两侧展开 Z 倍抽样平均误差的区间。

2. 假设检验

抽样分布特指样本统计量作为随机变量的概率分布。用数学语言来说，抽样分布是运用数理统计的方法，把具体概率赋予样本的所有可能结果的一种理论分布。在一个总体中可以产生无数个样本，所以样本统计量（比如均值 $\overline{X}$）必定是随机变量。这样就提出一个问题：如果样本统计量作为随机变量，它的概率分布是什么样呢？概率论中用来阐明大量随机现象平均结果的稳定性的定理，是著名的大数定理。其具体内容是：频率稳定于概率，平均值稳定于期望值。但是，大量随机现象的稳定性不仅表现在平均结果上，同时也表现在分布上，这就是中心极限定理所要阐明的内容。显然，推论统计需要有一座能够架通抽样调查和抽样分布的桥梁。中心极限定理告诉我们：如果从任何一个具有均值 μ 和方差 σ^2 的总体（可以具有任何分布形式）中重复抽取容量为 n 的随机样本，那么当 n 变得很大时，样本均值的抽样分布将接近正态，并具有均值 μ 和方差 σ^2。无疑，中心极限定理大大拓展了正态分布的适用面，同时我们得到了以下重要信息：

虽然样本的均值可能和总体均值有差别，但我们可期望这些将聚集在 μ 的周围。因此均值抽样分布的算术平均数能和总体的均值很好地重合，这就是为什么总体均值和抽样分布的均值用同一个 μ 来表示的缘故。

由于抽样分布的标准差要比总体标准差小，并且 $\sigma_{\overline{X}}=\sigma/\sqrt{n}$，所以样本容量越大，抽样分布的峰态越陡峭，由样本结果来推断总体参数的可靠性也随之提高。

显然，为了能使用现成的正态分布表，关键是要从样本资料中计算出在 N（0，1）形式下的统计量 Z，再根据 Z 是否落在否定域内而对被检验假设的取舍做出决定。在抽样分布中，随机变量的取值是每个 $\overline{X}$，均值是 μ，标准差 $\sigma/\sqrt{n}$。因此 Z 如果作为检验统计量，应该用 $\overline{X}$ 替换 X，用 $\sigma_{\overline{X}}$ 替换 σ，因而有：

$$Z=\frac{\overline{X}-\mu}{\sigma/\sqrt{n}}$$

（1）考虑 σ 已知，对总体均值的假设检验。

例如，过去的研究指出小学生的智商为正态分布 N（105，225），我们认为时代改变

了，智商平均数很可能和过去不一样了。试问：智商平均数与过去不一样了吗？（$\alpha=0.05$）

随机抽取了100位学生，得到样本智商平均数为105.92。

原假设 H_0：$\mu=105$

备择假设 H_1：$\mu\neq105$

检验统计量

$$Z=\frac{\overline{X}-\mu}{\sigma/\sqrt{n}}=\frac{\overline{105.92-105-\mu}}{15/\sqrt{100}}=0.613$$

由于$-Z_{\frac{\alpha}{2}}=-1.96<0.613<1.96=Z_{\frac{\alpha}{2}}$，所以不能拒绝原假设，故智商平均数与过去没有显著差异。

（2）考虑 σ 未知，对总体均值的假设检验。

中心极限定理实际上解决了大样本均值的检验问题。假定样本比较大（$n>50$，这在社会调查中一般都能得到满足），样本均值的抽样分布就与总体分布无关，而服从正态分布。当 H_0 成立时，样本均值的观察值比较集中地分布在总体均值 μ 周围；当 H_0 不成立时，将对 μ 有明显偏离的趋势。因而，我们可以在选定的显著性水平上，通过计算检验统计量 Z，对零假设进行假设检验。当 σ 未知时，只要样本量很大，就可用 S 来代替 σ。但对于小样本，Z 检验就要用 t 检验来替代了，而且必须严格限于正态总体。

6.3 回归分析

6.3.1 一元线性回归

一元线性回归分析预测法，是根据自变量 X 和因变量 Y 的相关关系，建立 X 与 Y 的线性回归方程进行预测的方法。只有当在诸多的影响因素中，确实存在一个对因变量影响作用明显高于其他因素的变量，才能将它作为自变量，应用一元相关回归分析预测法进行预测。

一元线性回归模型是：$Y_t=a+bx_t+\varepsilon$

在公式中，x_t 代表 t 期自变量的取值，Y_t 代表 t 期因变量的取值，a、b 代表一元线性回归方程的估计参数，ε 代表随机误差项。

为了保证参数估计量具有良好的性质，一元线性回归模型通常需要满足如下基本假设：

（1）回归函数线性假定。

即假定自变量与因变量之间的相关关系为线性关系，这一假定是后续估计、检验和预测等问题的基础。只有当该假定成立时，相关的统计推断才有意义，否则可能得出错误甚至荒谬的结论。一般可通过画散点图进行判断。也可以构造统计量进行检验。后者构成了模型设定检验的主要内容。

(2) 独立性假定。

即假定不同时期自变量、因变量是相互独立的，对于横截面数据，该假设一般成立。

(3) 同方差假定。

即假定在给定自变量后，Y_i 与 Y_t 的波动程度是相同的。这一假定通常并不是非常关键的。即使该假定不成立，采用最小二乘法也可以得到无偏且相合的估计；但可能估计量的方差较大，不是最有效的估计量。

(4) 正态性假定。

即假定给定自变量后，对应的误差项服从正态分布。首先，这一假定在很多时候是合理的。根据中心极限定理，众多微小的误差叠加在一起是服从正态分布的。其次，这一假定非常有助于进行统计推断。在正态性假定下，所构造的估计量和统计量往往有精确的分布。

(5) 零均值假定。

即假定误差项对于整个模型不是系统性的影响因素，并且误差项和自变量线性无关。有时该假定并不成立。例如，除了自变量对因变量产生影响，还有其他和自变量相关的重要变量对因变量产生作用，这时直接把其他变量归为随机误差项将导致随机误差项和自变量相关。这时直接使用最小二乘法得不到相合的估计量。这一问题一般被称为内生性问题，可通过引入工具变量来予以解决。

常见的一元线性回归模型的参数估计方法有三种：普通最小二乘法（OLS）、最大似然法估计（MLE）、矩估计法（MM）。

统计检验主要有两种方法：

(1) 利用拟合优度，如 R^2；

(2) 显著性检验，如 F 检验、t 检验等。

6.3.2 多元线性回归

多元线性回归模型指的是研究一个被解释变量与两个或两个以上解释变量关系的线性回归模型。其模型表达式如下：

$$Y=\beta_0+\beta_1 x_1+\cdots+\beta_n x_n+\varepsilon$$

式中，x_n 代表自变量，Y 代表对应因变量的取值，β_n 代表对应自变量的估计参数，ε 为随机误差项。

为了保证参数估计量具有良好的性质，多元线性回归模型通常需要满足如下基本假设：

(1) 回归函数线性假定。

即假定自变量与因变量之间的相关关系为线性关系。

(2) 独立性假定。

即假定不同时期自变量、因变量是相互独立的，对于横截面数据，该假设一般成立。

(3) 同方差假定。

即假定在给定自变量后，Y_i 与 Y_t 的波动程度是相同的。

（4）正态性假定。

即假定给定自变量后，对应的误差项服从正态分布。

（5）零均值假定。

即假定误差项对于整个模型不是系统性的影响因素以及误差项和自变量线性无关。

（6）多重共线性假定。

即假定解释变量之间不存在多重共线性。

多元线性回归常用的参数估计方法有两种：普通最小二乘法、最大似然估计法。

统计检验主要有以下三种方法：

（1）估计精度：误差的方差、标准误；

（2）拟合优度：判定系数 R^2；

（3）显著性检验：F 检验、t 检验。

6.3.3 几类其他回归

1. Logistic 回归

Logistic 回归又称逻辑回归或对数概率回归，是一种广义的线性回归分析模型，该模型常被用于估计某个事件发生的可能性以及针对某个事情的影响因素分析，其数学表达式如下：

$$p=\frac{e^{\beta^T x}}{1+e^{\beta^T x}}$$

其中 p 表示发生的概率，x 为自变量。

Logistic 回归和线性回归的最大区别在于因变量的数据类型。线性回归分析的因变量属于定量数据，而 Logistic 回归分析的因变量属于分类数据。由于 Logistics 回归的变量分布不符合正态分布，二值变量方差不是常数，存在异方差性，因此对其进行系数估计时选择的是最大似然估计法，评价模型拟合度的标准也变为似然值而非离差平方和。

Logistic 回归再进一步细分，又可分为二元 Logit（Logistic）回归、多分类 Logit（Logistic）回归，有序 Logit（Logistic）回归。如果因变量仅有两个选项，分别是有和无之类的分类数据，则选择二元 Logistic 回归分析。如果因变量的选项有多个，并且选项之间没有大小对比关系，则可以使用多元 Logistic 回归分析。如果因变量的选项有多个，并且选项之间可以对比大小关系，选项具有对比意义，则应该使用多元有序 Logistic 回归分析。

Logistics 回归的注意事项有：

（1）样本量问题。

通常，回归模型都需要建立在大样本的基础上。根据模拟研究，在使用 Logistic 回归时，事件个数至少应该是自变量个数的 10 倍以上。例如，观察影响胃癌的危险因素，假设有性别、年龄、饮食习惯和遗传情况等 9 个危险影响因素，那么就至少需要 90 例胃癌患者参与分析。另一个比较常见的样本量原则是，观测的数量应该至少是自变量数的

20～30 倍。同样，如果有 9 个自变量，那么总体样本最好能够达到 180 例以上。所以建议在进行 Logistic 回归前，结合上述两个原则，从总样本和事件数两个角度共同对模型样本量进行考虑。

（2）自变量既可以是连续变量，也可以是分类变量。

总体原则是尽量从实际或者专业角度考虑采取何种形式。例如，年龄，可以取为连续变量，也可以 5 岁、10 岁作为一组，甚至可以分为老年人和年轻人两组。如何将连续变量进行划分并没有固定的标准，按照统计学的分位数或具有实际意义的界值划分都是常用的方法。建议在分析时先进行趋势的描述，观察特定的自变量和因变量是何种关系，再结合实际角度和统计学考虑，以获得最合理的划分方式。

（3）Logistic 回归是单因素分析。在进行 Logistic 回归分析时，是否必须先进行单因素分析，然后才能进行多因素分析？从理论上讲，如果样本足够大，且所有的因素之间没有关联，最好把所有的因素都放到方程中，通过全模型对所有可能的混杂因素同时进行分析，在此基础上进一步通过逐步回归的方法对有显著意义的变量进行筛选，此种情况下可以不做单因素分析。相反，如果样本的个数有限，如在医学领域，某一疾病仅有 80 例患者，但是有 20 个患病影响因素，在这种情况下，最好先进行单因素分析，剔除既无统计学意义，又无临床意义的变量，只分析有意义的变量。

2. Probit 回归

Probit 回归又称概率单位回归，与 Logistics 回归一样，Probit 回归也用于因变量为分类变量的情况。在通常情况下，两种回归方法的结果非常接近，但是由于 Probit 回归的结果解释起来比较抽象且不易理解，因此应用不如 Logistic 回归那样广泛。Probit 回归是基于正态分布理论上进行的，而 Logistic 回归是基于二项分布，这是二者的区别。当自变量中连续变量较多且符合正态分布时，可以考虑使用 Probit 回归，而当自变量中分类变量较多时，可考虑使用 Logistic 回归。Probit 回归的数学表达式如下：

$$\text{Probit}(P)=\phi^{-1}(P)=\beta_0+\beta_1x_1+\cdots+\beta_nx_n$$

$\phi^{-1}(P)$ 是标准正态分布的概率分布函数反函数，即 Probit 函数。概率分布函数即累积概率函数，也常被称为累积分布函数（cumulative distribution function，CDF)，可用于计算随机变量小于或等于 x 的概率，是已知横轴（某一事件）求纵轴（概率）的过程。

Probit 回归有三种常用分析模型：二分类 Probit 回归、有序多分类 Probit 回归、无序多分类 Probit 回归。

Probit 回归与 Logistic 回归的差异只是由于因变量的转化方式不同所导致的，Probit 回归适用于设计的实验，而 Logistic 回归更适用于观察研究。

3. Tobit 回归

Tobit 回归是指因变量虽然在正值上大致连续分布，但包含一部分以正概率取值为 0 的观察值的一类模型。例如，在任一给定年份，有相当数量家庭的医疗保险费用支出为 0，因此，虽然年度家庭医疗保险费用支出的总体分布散布于一个很大的正数范围内，但在数字 0 上却相当集中。它也被称为截尾回归模型或删失回归模型，属于受限因变量回归的一种。受限因变量指因变量的观测值是连续的，但是因为受到某种限制，得到的观测值并不能完全反映因变量的实际状态。Tobit 回归的数学表达式如下：

$$y_i^* = x_i'\beta + u_i$$

$$u_i \sim N\ (0,\ \sigma^2)$$

$$y_i = \begin{cases} y_i^* & \text{if} y_i^* > 0 \\ 0 & \text{if} y_i^* \leqslant 0 \end{cases}$$

当潜变量 y^* 小于等于 0 时，被解释变量 y 等于 0；当 y^* 大于 0 时，被解释变量 y 等于 y^* 本身，同时假设扰动项 u_i 服从均值为 0，方差为 σ^2 正态分布。

由于使用普通最小二乘法对整个样本进行线性回归，其非线性扰动项将被纳入扰动项中，导致估计不一致，Tobit 提出用最大似然估计法对模型进行估计。

4. 关于 Logistics、Probit 和 Tobit 回归

Logistics、Probit 和 Tobit 回归，均是为解决因变量为定性变量的问题而提出的模型。Logistics、Probit 是解决条件概率模型取值超出了（0，1）范围而发展的两个技术，一个是概率单位模型，一个是对数单位模型。Logistics 使用的是累积逻辑函数，Probit 的概率分布函数使用的是累积正态函数。这两者有一个共同点是：因变量的取值可以获得，而且关心的是事件的发生概率，而不是实质意义的变量。Tobit 恰恰相反，只对于可观测回归元的样本的信息进行处理，对于没有观测的回归元的信息则不处理，认定为 0。

本章小结

1. 量化资料分析方法是发现规律、探索机理的重要方式，本章从描述性统计分析、推断性统计分析对量化资料收集方法进行了介绍。

2. 描述性统计分析有单变量集中趋势的度量、离中趋势的度量，双变量描述性统计分析主要是相关性分析。

3. 推断性统计分析主要是基于概率论的知识进行参数估计和假设检验，其理论基础是抽样分布理论、中心极限定理和大数定理。

4. 回归分析根据变量类型的不同，分为普通最小二乘法、Logistic 回归等；根据解释变量个数不同，分为一元线性回归和多元线性回归。

关键术语

描述性统计　集中趋势　离中趋势　概率　概率密度　概率分布　显著性水平　点估计　区间估计　假设检验　回归分析

复习思考题

1. 集中趋势的测度和离中趋势的测度是什么关系?

2. 相关关系与因果关系的联系和区别是什么?

3. 在回归分析中，普通最小二乘法、Logistics 回归、Probit 回归、Tobit 回归等各适用于什么情况?

第7章

政策实验分析方法

第5章已对实验法的原理进行了整体介绍。由于研究观念、伦理约束、研究成本及实施难度等问题，随机的社会实验在社会科学中无法广泛开展，但研究者可以采用“准实验”或“自然实验”，对政策实验进行分析和评估。作为重要的政策评估方法，政策实验分析目前在公共管理领域越来越受到关注。本章介绍几种政策分析方法的原理和步骤，具体过程均可以通过Stata软件实现。

重点问题

- 政策实验分析的发展历程
- 工具变量法的原理
- 双重差分的原理
- 三重差分的原理
- 倾向得分匹配的原理
- 断点回归的设计
- 合成控制法的实施步骤

7.1 概述

7.1.1 政策实验分析方法的发展历程

第一阶段，20世纪20—40年代。受到自然科学的影响，20世纪20年代的时候，社会科学开始应用实验方法随机化分配干预以探索社会运行规律①。30年代，社会学家史

① 孟天广．专栏导语：利用实验方法理解公共治理之道．公共行政评论，2019（4）．

蒂芬通过实验设计评估了美国总统罗斯福推行的“新社会计划”①。从20世纪40年代开始，经济学、政治学等兄弟学科也开启了实验研究。这一时期，政策实验分析方法应用有限，测量手段和研究模型等方面尚未成熟。

第二阶段，20世纪50—80年代。这一时期，实验室实验、调查实验、实地实验、社会实验等测量方法不断涌现。实验室实验起源于心理学，在实验经济学早期研究尤其是行为实验经济学与博弈论研究中，发挥了重要作用②。随着“行为公共管理学”研究范式的兴起，调查实验和实地实验在公共管理领域中开始得到应用。相比于实验室实验，这两种测量方法更贴近现实的研究情境和具有更好的样本代表性。社会实验起源于医学实验，在社会保障制度改革、劳动力市场改革等政策领域中会使用这一方法测量政策效果③。例如，美国当时推行的最低生活保障实验、所得税实验和启蒙计划等。在研究模型方面，有代表性的是西斯尔·韦特（Thistle Waite）和坎贝尔（Cambell），他们把政策存在的断点（discontinuity）视为随机分组界限，首次使用断点回归模型来评估奖学金政策对学生未来学业成就的影响④。

第三阶段，20世纪90年代至今。随着循证决策逐渐成为政策制定和评估的核心标准，一系列基于循证思路的自然实验、准实验和随机对照实验等政策实验分析方法不断发展成熟⑤，相关研究成果日益增加（图7-1）。卡德等利用1992年美国新泽西州提高最低工资的政策变化，与相邻但未改变政策的宾夕法尼亚州构建自然实验，使用双重差分法评估法定最低工资政策对低技能工人需求的影响程度⑥。在此基础上，发展出倾向匹配双重差分和三重差分法。阿巴迪和加德阿扎巴尔两位学者首次提出合成控制法，将巴斯克地区的恐怖主义冲突作为一个自然实验，评估该冲突带来的经济影响⑦。在我国，自改革开放以来，政策试点（policy pilots）成为公共政策制定的一种特色机制，围绕各类公共政策与管理改革，学者们积极尝试用政策实验分析方法开展研究。例如，评估省直管县改革的过程对于教育财政支出的影响⑧，大部门制改革对于区县政府绩效的影响⑨，房地产税政策试点过程对于房价的影响⑩等。

---

① 李德国，蔡晶晶．西方政策评估技术与方法浅析．科学学与科学技术管理，2006（4）.

② 王思琦．公共管理与政策研究中的实地实验：因果推断与影响评估的视角．公共行政评论，2018（1）.

③ 肖鹏，王志刚，聂秀东．社会实验：一种新的公共政策评估方法．统计与决策，2009（20）.

④ THISTLE W，CAMBELL D. Regression-discontinuity analysis：an alternative to the ex post facto experiment. Journal of Educational Psychology，1960，51（6）.

⑤ 李帆，马亮，李绍平．公共政策评估的循证进路：实验设计与因果推论．国家行政学院学报，2018（5）.

⑥ CARD D，KATZ L F，KRUEGER A B. Employment effects of minimum and subminimum wages：panel data on state minimum wage laws. Industrial and labor relations review，1994，479（3）.

⑦ ABADIE A，GARDEAZABAL J. The economic costs of conflict：a case study of the basque country. American economic review，2003，93（1）.

⑧ WANG W，ZHENG X，ZHAO Z. Fiscal reform and public education spending：a quasi-natural experiment of fiscal decentralization in China. The journal of federalism，2012，42（2）.

⑨ 马亮，张晓兰．公共管理改革和公共服务绩效：来自中国大部制改革的实证研究．公共管理与政策评论，2014（2）.

⑩ CHONGEN B，QI L，MIN O Y. Property taxes and home prices：a tale of two cities. Journal of econometrics，2014（180）.

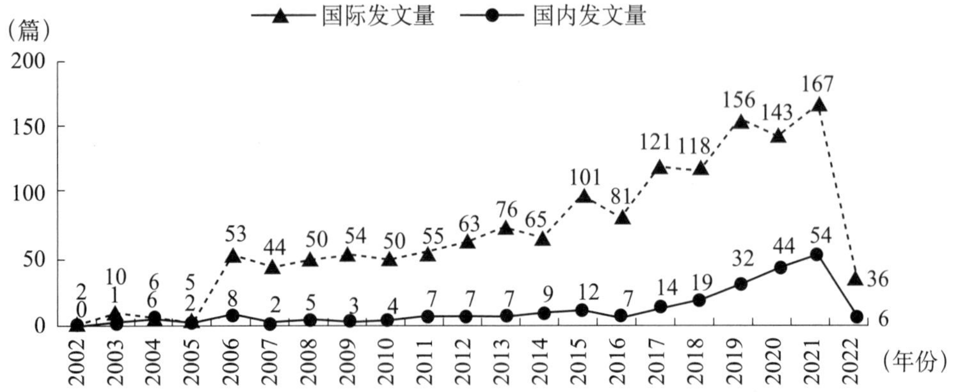

图 7-1　公共管理政策实验分析研究论文（2002—2022 年）

资料来源：Web of Science 和中国知网检索的结果。检索时间均是 2022 年 3 月 12 日，检索国际发文量时选取 SCI 和 SSCI 数据来源，检索式为 TS=（public policy）AND TS=（experiment）AND SU=（public administration）OR SU=（public management），受访问资源限制，检索结果开始时间为 2002 年，在对论文进行学科精炼后共有 1 456 篇论文。检索国内发文量时，为避免重复，剔除"SCI 来源和 EI 来源"，主题检索"政策实验"，共有 256 篇论文，剔除 2 篇关联度低的文章（1992 年发表），国内发文开始时间为 2003 年。

可见，大数据的普及推广、机器学习算法等数字技术的广泛应用，加上循证决策的发展，不断丰富和拓宽了实验设计的应用场景与边界。

当前，国外很多知名大学与科研机构陆续开设了政策实验室，如哈佛大学设立了决策科学实验室，美国罗格斯大学公共事务与管理学院建立了实验与行为公共管理中心等。此领域也逐步形成了一些国际学术网络，如 EGAP（Evidence in Governance and Politics）是由英国国际发展部和休利特基金会资助、全球数百名学者和实务人员共同创立的，旨在通过采用实验方法提供严谨的实证依据以解决政府治理、社会管理中的问题而形成的学术网络。

在国内，一些科研单位也建立了公共管理和公共政策实验室。例如，华中科技大学电子政务实验室、中国人民大学公共政策实验室、复旦大学数字与移动治理实验室、浙江大学社会科学研究基础平台——政策仿真实验室等机构相继成立。香港城市大学公共政策学系开设了"公共管理与政策实验室"，并形成了由 16 所大学和研究机构组成的非正式交流网络"行为公共管理网络"，这些机构通过模拟和实验分析政策制定与实施、管理与决策过程，将研究结果运用到实际的政策分析与公共治理之中①。采用政策实验分析方法将公共政策、计划和项目评估置于连续的实证证据链条之中，体现"高度的科学性、客观性、系统性、连续性、民主性和精确性"②，这不仅是技术变革，更是研究观念与治理方式的变革。

7.1.2　政策实验分析方法的总体认识

2017 年、2019 年、2021 年诺贝尔经济学奖获得者通过实验方法（其中包括政策实

① 李晓倩，吕孝礼，徐浩，等．国外公共管理实验研究的进展与启示．公共管理评论，2017（2）．

② 张云昊．循证政策的发展历程、内在逻辑及其建构路径．中国行政管理，2017（11）．

验分析方法）在解决重要科学问题和社会问题方面做出了突出贡献，这无疑激发了学术界和实业界对于这一研究方法的更多关注。

实验研究承担着寻找事实、理论对话、参与政策制定与评估这三类功能①，能够更好地控制干扰因素的影响，实现可信和有效的因果推论。一般而言，公共政策实验过程有 8 个关键步骤②：规划与设计实验，组织实验，利益表达、收集数据、论据检验与分析，提出方案并分析论证，沟通与利益协调，整合方案与细化，模拟政策执行，评估、反馈与总结政策实验结果。其中，在政策评估步骤采用实验法开展分析，既可以更加有效地测量社会行为及偏好、规避社会意愿偏差，也有助于更加准确地识别变量间的因果关系及其作用机制，进而为决策者提供充实可靠的决策依据。尤其是，伴随着各国政府制定公共政策由过去依靠主观个体经验模式向客观证据导向模式的转变③，学术界和政府实业界等对于政策实验分析方法的使用、发展日益广泛和完善。

对于我国而言，“提升公共政策评估能力、改进公共政策评估方法的需要日益迫切”，基于实验设计与因果推论的循证进路是对传统公共政策评估的超越和变革：一是在评估的内在逻辑层面上实现由经验主义到证据至上的转变，二是在评估的方法路径层面上实现由统计学路径到实验路径的转变，三是在评估的外部环境层面上实现由旧的数据环境到新的数据环境的转变，四是在评估的指导理念层面上实现由传统发展理念到新发展理念的转变④。

尽管政策实验分析方法在因果推断方面具有较为突出的独特优势，但与此同时，由于实验成本、实施难度和研究伦理等方面的一系列约束问题，目前在实践过程中还很难真正应用随机对照实验等实验方法。不过，研究者退而求其次，往往采用准实验（quasi experiments）或自然实验（natural experiments）来开展研究，相应地，需要借助一些具体的政策分析工具。下面对这些工具进行介绍。

7.2 工具变量法

7.2.1 工具变量法的原理

工具变量（instrument variable，IV）法是计量经济学中消除内生性问题的一种常用方法。基本思路是，当出现内生解释变量，即解释变量与随机干扰项相关时，寻找另一个变量，要求该变量与内生解释变量高度相关，但与随机干扰项不相关，则称该变量为工具变量，用其替代内生解释变量参与参数估计⑤。基于改革创新的政策实验作为一种

---

① ROTH A E. The handbook of experimental economics. Princeton：Princeton University Press，1995：6.

② 李亚，李习彬．公共政策实验室：21 世纪的综合政策分析环境．中国行政管理，2004（5）.

③ 黄斌，方超，汪栋．教育研究中的因果关系推断：相关方法原理与实例应用．华东师范大学学报（教育科学版），2017（4）.

④ 李帆，马亮，李绍平．公共政策评估的循证进路：实验设计与因果推论．国家行政学院学报，2018（5）.

⑤ 叶阿忠，吴相波．计量经济学：数字教材版．北京：中国人民大学出版社，2021：161.

外来的人为干预，能够为研究者们提供适当的工具变量。这也是工具变量法被纳入政策实验分析的原因。

工具变量的选取应同时满足以下两个条件：一是相关性。工具变量与其所替代的内生解释变量高度相关，但与随机干扰项不相关，即 Cov（Z，X_j）$\neq 0$ 且 Cov（Z，μ）$=0$。二是外生性。工具变量与模型中其他解释变量不相关，且模型中的多个工具变量之间不相关。需要注意的是，工具变量不是“完全”替代对应的内生解释变量，而是在最小二乘法的正规方程组中进行部分替代。

如果工具变量的数量等于内生解释变量的数量，则被称为“恰好识别”，这时在统计学上无法检验工具变量的外生性，研究者需要从理论和逻辑上论证工具变量的外生性。如果工具变量的数量多于内生变量，则可以采用过度识别检验来检测工具变量是否外生①。以一元回归模型为例，简单说明工具变量法的应用。设有一元线性回归模型：

$$Y_i=\beta_0+\beta_1 X_i+\mu_i \tag{7.1}$$

对于模型 7.1，研究者怀疑残差项 μ_i 可能包含一些与解释变量 X_i 相关但被忽略的变量。由此考虑引入工具变量 Z_i，利用工具变量法对模型进行估计。这里仅考虑有一个内生解释变量和一个工具变量的情形。根据 Z_i 满足的条件，可以得到两个估计方程：

$$\hat{Y}_i=\hat{\alpha}_0+\hat{\alpha}_1 Z_i \tag{7.2}$$

$$\hat{X}_i=\hat{\theta}_0+\hat{\theta}_1 Z_i \tag{7.3}$$

由此，可以发现工具变量法的系数估计值为式（7.2）与式（7.3）系数估计值的比值，即：

$$\hat{\beta}_1=\frac{\hat{\alpha}_1}{\hat{\theta}_1}=\frac{\hat{\text{Cov}}(Y, Z)}{\hat{\text{Cov}}(X, Z)} \tag{7.4}$$

当使用的工具变量为二元变量时，获得的这一估计也被称为沃尔德估计。在一些矩条件假设下，可以证明工具变量法的系数估计值依概率收敛于真实值②，即：

$$p\lim\hat{\beta}_1=\frac{\text{Cov}(Y, Z)}{\text{Cov}(X, Z)}=\frac{\text{Cov}(\beta_0+\beta_1 X+\mu, Z)}{\text{Cov}(X, Z)}=\beta_1 \tag{7.5}$$

当零条件均值假设成立时，每个解释变量都能用作它自己的工具变量，即 $X=Z$，此时 IV 估计量简化成 OLS 估计量，从这个角度而言，OLS 是 IV 的特殊情况。当零条件均值假设不成立时，IV 估计量要满足工具变量性质，且服从大样本正态分布，但在小样本条件下其偏倚可能相当大③。

7.2.2 工具变量估算及检验

当一个内生解释变量寻找到多个工具变量，同时不想去除这些工具变量提供的信息

---

① 蔡万象，李培凯．管理学研究中的内生性问题及其解决策略：工具变量的应用．中国人力资源开发，2021（2）．

② 赵国庆，范红岗．EViews/Stata 计量经济学入门．北京：中国人民大学出版社，2014：138．

③ 鲍姆．用 Stata 学计量经济学．北京：中国人民大学出版社，2012．

时，较为常见的工具变量估算方法是两阶段最小二乘法，以此得到参数的一致估计。以二元线性回归模型为例：

$$Y_i = \beta_0 + \beta_1 X_i + \beta_2 Z_i + \mu_i \tag{7.6}$$

如果内生解释变量 X_i 寻找到了两个工具变量 Z_1、Z_2，则两阶段最小二乘估计的过程如下：

第一阶段，X 对 Z 进行回归，得到 X 的估计值：

$$\hat{X}_i = \hat{\gamma}_0 + \hat{\gamma}_1 Z_{1i} + \hat{\gamma}_2 Z_{2i} + \hat{\gamma}_3 Z_i \tag{7.7}$$

第二阶段，Y 对 X 的估计值进行回归：

$$Y_i = \beta_0 + \beta_1 \hat{X}_i + \beta_2 Z_i + \mu_i^* \tag{7.8}$$

需要注意的是，在第二阶段中获得的系数标准差的估计不是 TSLS 估计标准差的正确估计值，由此引入两阶段最小二乘残差：

$$\hat{\mu}_i^* = Y_i - \hat{\beta}_0 - \hat{\beta}_1 X_i - \hat{\beta}_2 Z_i \tag{7.9}$$

获得误差方差的一致估计：$\frac{1}{N}\sum_{i=1}^{N}\hat{\mu}_i^2$ (7.10)

上述过程表明，两阶段最小二乘法在本质上是一种工具变量法，以简化式的内生解释变量估计量作为工具变量，两个阶段都是进行最小二乘估计。接下来，考虑到有多个内生解释变量和多个工具变量的情形，假设回归模型如下：

$$Y = \beta_0 + \beta_1 X_1 + \cdots + \beta_m X_m + B_{m+1} S_1 + \cdots + \beta_{m+n} S_n + \mu \tag{7.11}$$

其中，X_1，$X_2\cdots$，X_m 是内生解释变量，与 μ 相关；S_1，$S_2\cdots$，S_n 是外生解释变量，与 μ 不相关；假设 Z_1，$Z_2\cdots$，Z_r 是 r 个相应的工具变量。基于此，两阶段最小二乘估计的过程如下：

第一阶段，把每个内生解释变量分别对应的工具变量进行 OLS 回归，得到回归拟合值 $\hat{X}_1$，$\hat{X}_2\cdots$，$\hat{X}_m$。

第二阶段，Y 对 X 的拟合值进行 OLS 回归，得到参数的两阶段最小二乘估计。同样需要注意的是，在第二阶段中获得的系数标准差的估计要使用两阶段最小二乘残差，不能使用第二阶段估计中的回归残差。

当模型中有多个内生解释变量和多个工具变量时，两阶段最小二乘法的使用前提是需要满足识别条件。一个相对简单易行的识别条件是工具变量的个数大于内生变量的个数，称为阶条件或次数条件，这是一个必要条件；同时，验证秩条件，即一个列满秩条件①。基于阶条件，可以把模型 7.11 的识别分为三种：$r=m$，该模型恰好识别；$r>m$，该模型过度识别；$r<m$，该模型不可识别。

当模型满足同方差假设时，两阶段最小二乘法是利用工具变量线性函数信息最优的

---

① 赵国庆，范红岗 . EViews/Stata 计量经济学入门 . 北京：中国人民大学出版社，2014：140.

估计方法。但是当模型不能满足同方差假设时，广义矩估计法是可以获得更优的参数估计的方法①。

在进行工具变量的回归分析后，除了需要分析模型是否满足识别条件，还需要对工具变量的有效性，即是否满足相关性和外生性条件进行判断。

工具变量的相关性检验步骤如下：

第一步，建立回归方程：

$$X_i=\lambda_0+\lambda_1 Z_{1i}+\lambda_2 Z_{2i}+\cdots+\lambda_p Z_{pi}+\lambda_{p+1} S_{1i}+\cdots+\lambda_{p+q} S_{qi}+\varepsilon_i \tag{7.12}$$

第二步，检验联立假设：

$$H_0：\lambda_1=\lambda_2=\cdots=\lambda_p=0 \tag{7.13}$$

第三步：若上述检验拒绝原假设，说明至少有一个工具变量系数不为零，则可以判断工具变量满足相关性条件。在同方差情况下，当 F 值大于 10 时，一般认为工具变量与解释变量是高度相关关系；小于 10 的话，属于弱工具变量。

过度识别检验针对的是当一个内生解释变量对应多个工具变量时，对这些工具变量的外生性进行检验，具体步骤如下：

第一步，对模型 7.11 中内生解释变量部分进行 OLS 回归，并计算残差：

$$e=Y-(\hat{\beta}_0+\hat{\beta}_1 X_1+\cdots+\hat{\beta}_m X_m) \tag{7.14}$$

第二步，若怀疑其中 X_j 是内生变量，存在 k 个工具变量 Z_1，Z_2，…，Z_k，对

$$e=\pi_0+\pi_1 X_1+\cdots+\pi_{j-1} X_{j-1}+\pi_{j+1} X_{j+1}+\cdots+\pi_m X_m+\omega_1 Z_1+\cdots+\omega_k Z_k+\varepsilon \tag{7.15}$$

进行 OLS 回归，同时检验 $H_1：\omega_1=\ldots=\omega_k=0$ 的 F 值。

第三步：在给定显著性水平 α 情况下，若 F 值大于临界值，则说明至少有一个内生解释变量，拒绝工具变量均为外生变量的原假设，否则接受原假设。

此外，为保险起见，在实证分析中研究者还应进行解释变量的内生性检验，即豪斯曼检验，以更有效和全面地判断模型中是否存在内生性。不过，在样本量较小或者弱工具变量情况下，豪斯曼检验的统计效力较差。

7.2.3 工具变量法的特点及适用性

工具变量法是一种单方程估计的研究方法，每次仅适用于模型中的一个结构方程，能够有效解决遗漏变量、测量误差、互为因果以及动态面板模型所导致的内生性问题①。工具变量比较适合于存在不完全依存性的随机实验环境中，即政策干预的实验个体无法完全服从随机分配②，还用于自然实验的观察性研究、测量误差、存在内生性的非线性

---

① 林文夫．计量经济学．北京：中国人民大学出版社，2021；伍德里齐．计量经济学导论：现代观点：第5版．北京：清华大学出版社，2014.

② ALBERTO A，MATIAS D C. Econometric methods for program evaluation. Working Paper，2018-03-19.

模型等其他情形①。

但该方法同时也存在一些局限：（1）工具变量的选择问题。在政策评估问题中，要找出满足条件的工具变量并不容易，尤其是当纵向数据和政策实施前的数据可以获得时，研究者多使用因变量的滞后变量作为工具变量。可是，这同样会引发相关性，并不能从根本上解决问题。（2）个体对于政策的反应可能有所不同，只有当个体对政策反应的异质性并不影响参与决策时，工具变量才能识别因果推理中的平均干预效应。但这是一个很强的假定，有时研究者不得不假定非理性，或者忽略研究对象的异质性②。（3）工具变量的外部效度仍经常受到质疑，即当外部情境发生改变时，研究结论的预测能力是有限的③。

基于以上局限点，在使用工具变量时，要注意其适用范围和可推广性。例如，来自“自然界”的工具变量，包括地震、降雨、自然灾害等自然现象在一定地域范围内具有高度的随机、外生特性，可以被假设为与个人和群体的异质性无关，具有较强的推广价值。某些独有的工具变量，则很难在其他国家复制，如中国的土地改革、加入世贸组织等政策背景可以视作本土的工具变量。因此，在未来的公共政策评估中，可以积极尝试探寻和开发适合我国国情的工具变量④。

运用工具变量法的代表性研究，最知名的就是安格里斯特等人从 20 世纪 80 年代末开始，使用工具变量做了一系列经典研究，如在越南老兵系列研究中分析服兵役是否会对当年的参战者即现在的退伍老兵在收入、后续教育及健康等方面产生影响⑤，义务教务对教育程度和收入的影响研究⑥，这些都较为精准地估计了政策变化对相关人群改变选择的影响，充分显现了运用工具变量进行因果推断的价值。卡德等把学生的出生州、县或大都会地区层面的集聚数据作为工具变量，研究了教育投入对教育质量的影响，使得教育产出、教育质量领域的研究出现了重大转折⑦。邦德等则指出安格里斯特等人在 1991 年关于教育时长对收入的影响研究中存在弱工具变量的问题⑧，从而将工具变量的效率问题以及选取准则引入研究。此后，有关该方法研究的理论问题都主要集中在如何

---

① IMBENS G W. Instrumental variables：an econometrician's perspective. Statistical Science，2014（3）.

② HECKMAN J. J. Sample selection bias as a specification error. Econometrica，1979（1）.

③ 蔡万象，李培凯．管理学研究中的内生性问题及其解决策略：工具变量的应用．中国人力资源开发，2021（2）.

④ 李帆，马亮，李绍平．公共政策评估的循证进路：实验设计与因果推论．国家行政学院学报，2018（5）.

⑤ ANGRIST J D. Lifetime earnings and the Vietnam era draft lottery：evidence from social security administrative records. American economic review，1990，80（3）；ANGRIST J D，CHEN S H. Long-term consequences of Vietnam-era conscription：schooling，experience，and earnings. Industrial and labor relations review working paper，No. 13411，2007－9；ANGRIST J D，CHEN S H，FRANDSEN B R. Did Vietnam veterans get sicker in the 1990s? The complicated effects of military service on self-reported health. Journal of public economics，2010（11/12）.

⑥ ANGRIST J D，KRUEGER A B. Does compulsory school attendance affect schooling and earnings? The quarterly journal of economics，1991（4）.

⑦ CARD D，KRYEGER A . School resources and student outcomes：an overview of the literature and new evidence from north and south Carolina. Journal of economic perspectives，1996（4）.

⑧ BOUND J，JAEGER D A，BAKER R M. Problems with instrumental variables estimation when the correlation between the instruments and the endogenous explanatory variables weak. Journal of the American Statistical Association，1995（430）.

寻找最优的工具变量上，如达龙等把欧洲早期殖民者在各殖民地的死亡率作为制度的工具变量，很好地解决了制度可以促进经济增长的“内生性”问题①。在我国，目前学者利用工具变量法主要研究经济发展问题，如营商的制度软环境与经济发展的关系②，中国地区性行政垄断与区域经济绩效的关系③，金砖国家与发达国家对外直接投资经济增长效应比较分析等④。

7.3 差分法

7.3.1 双重差分法

双重差分（difference-in-difference，DID）法也叫倍差法。这种方法的分析思路是将公共政策视为一个准自然实验，为了评估政策实施带来的净影响，将全部样本数据分为两组与两个时期：一组是在第一时期没有受到政策实施的影响，在第二时期受到政策实施的影响，则该组设为实验组；另一组是在两个时期都没有受到该政策实施的影响，即对照组。分别计算实验组与对照组在处理或干预实施前后的变化量，再计算实验组与对照组之间变化量的差值，共有两次差分计算⑤。因此也被理解为“差中差”。具体来说，基准的 DID 模型设置如下：

$$Y_{it}=\beta_0+\beta_1 G_i+\beta_2 T_t+\beta_3 (G_i * T_t)+\varepsilon_{it} \tag{7.16}$$

其中，Y_{it} 为被解释变量，G_i 为政策分组虚拟变量，若个体 i 受到政策实施的影响，则个体 i 属于实验组，对应的 $G_i=1$，否则个体 i 属于对照组，对应的 $G_i=0$。T_t 为政策时间虚拟变量，一般在政策实施之前取值为 0，政策实施之后取值为 1，ε_{it} 为随机误差项。$G_i * T_t$ 为两个虚拟变量的交互项，其系数 β_3 反映了政策实施的净效应（如表 7-1 所示）。

表 7-1　双重差分法的效应说明表

	政策实施影响前	政策实施影响后	差分
实验组	$\beta_0+\beta_1$	$\beta_0+\beta_1+\beta_2+\beta_3$	$\beta_2+\beta_3$
对照组	β_0	$\beta_0+\beta_2$	β_2
差分	β_1	$\beta_1+\beta_3$	β_3（政策净效应）

① DARON A，SIMON J，JAMES A. The colonial origins of comparative development：an empirical investigation. American economic review，2001（5）.

② 董志强，魏下海，汤灿晴．制度软环境与经济发展：基于 30 个大城市营商环境的经验研究．管理世界，2012（4）.

③ 陈林，朱卫平．中国地区性行政垄断与区域经济绩效：基于工具变量法的实证研究．经济社会体制比较，2012（4）.

④ 陈虹，陈韬．金砖国家与发达国家对外直接投资经济增长效应比较研究：基于动态面板工具变量法的分析．国际贸易问题，2018（4）.

⑤ 李帆，马亮，李绍平．公共政策评估的循证进路：实验设计与因果推论．国家行政学院学报，2018（5）.

在实际应用中，双重差分法经常与面板数据联系起来使用，采用双向固定效应（two-way fixed effects）模型，此时DID模型设为如下：

$$Y_{it}=\gamma_0+\gamma_1（G_i * T_t）+\eta_i+\theta_t+\varepsilon_{it} \tag{7.17}$$

其中，η_i、θ_t 分别代表个体固定效应（individual fixed effects）和时间固定效应（time fixed effects），以此更为精准地反映个体特征和时间特征，这正好体现了使用双重差分法在一定程度上可以减轻遗漏变量偏误的问题。

在实证分析过程中，还需要进行稳健性检验，目的是证实产生的结果效应的确是由政策实施所带来的，否则估计结果可能会严重偏离真实的因果效应。因此这个环节是十分重要的。关于DID的稳健性检验，主要包括以下三个方面。

第一，平行趋势假设检验，又称共同趋势假设检验，即检验在没有政策实施影响或干预的情况下，实验组和对照组的平均结果随着时间变化的趋势相同。由于实验组个体在政策实施影响后的反事实结果（实验组没有接受处理的 Y_{it}）无法观察到，这一假设在本质上是无法直接检验的。因此，研究者退而求其次，通过检验可观察的实验组和对照组事前趋势是否相同来间接地检验这一假设。需要强调的是，这一假设检验和双重差分法本身所要求的“随机分组”是不同的，后者是指结果变量的变动趋势独立于政策冲击①。

第二，检验实验组和对照组的趋势变化是否受到了同期其他政策实施的影响。对此，有三种具体的检验思路：（1）安慰剂检验。通过虚构实验组进行回归分析。例如，虚设所研究的政策实施时间，或者选取已知的但并未受到同期其他政策实施影响的群组作为新的实验组。（2）重新选取对照组进行回归分析，观察研究结果是否发生改变。（3）选取一个完全不受政策实施影响的因素作为被解释变量进行DID回归，若回归结果依然显著，则表明原来的估计模型很有可能出现了偏误。

第三，单位处理变量值稳定假设检验，即检验不同个体受到的政策冲击是相互独立的，某一个体受政策冲击的情况不影响任何其他个体的结果。然而，在现实生活中，相当多的政策冲击具有一定的外部性，这时会产生一般均衡效应或溢出效应，使得这一假设检验不成立，进而使得应用双重差分法不能正确识别因果效应。已有研究采用事件分析法对这类溢出情况进行了处理①。

如果当实验组和对照组的时间趋势不一致时，即未能满足平行趋势或共同趋势的假设检验，则无法得到一致的实验估计量。面对这一问题，常见的做法是可以采用三重差分法（详见7.3.2）和倾向匹配双重差分法（详见7.4.2）来解决。

7.3.2　三重差分法

三重差分（difference-in-differences-in-differences，DDD）法的分析思路是由于之前选取的实验组与对照组的时间趋势不一致，所以把双重差分所估计出的政策实施对实验

---

①　黄炜，张子尧，刘安然．从双重差分法到事件研究法．产业经济评论，2022（2）．

组因变量的影响，与政策实施前就已经存在的变化趋势差异再次进行差分，以控制偏误。具体来说，基准的DDD模型设置如下：

$$Y_{it}=\lambda_0+\lambda_1 du+\lambda_2 dt+\lambda_3 dv+\lambda_4 (du*dt)+\lambda_5 (dt*dv)+\lambda_6 (du*dt*dv)+\varepsilon_{it} \quad (7.18)$$

其中，du 为政策分组虚拟变量，dt 为政策时间虚拟变量，dv 为避免时间趋势差异影响而新引入的政策分组虚拟变量。$du\times dt$ 和 $dt\times dv$ 分别为上述涉及的两个虚拟变量的交互项，$du\times dt\times dv$ 为构造的三重差分项，其估计系数 λ_6 为政策实施的净效应（如图7-2所示）。

在通常情况下，DDD有两个应用场景①：一是用于解决DID平行趋势假设不成立的问题，引入第三个维度的差分来帮助消除实验组与对照组间的时间趋势差异；二是在满足平行趋势假设的情况下，用于检验政策实施对于不同政策受体之间的异质性。

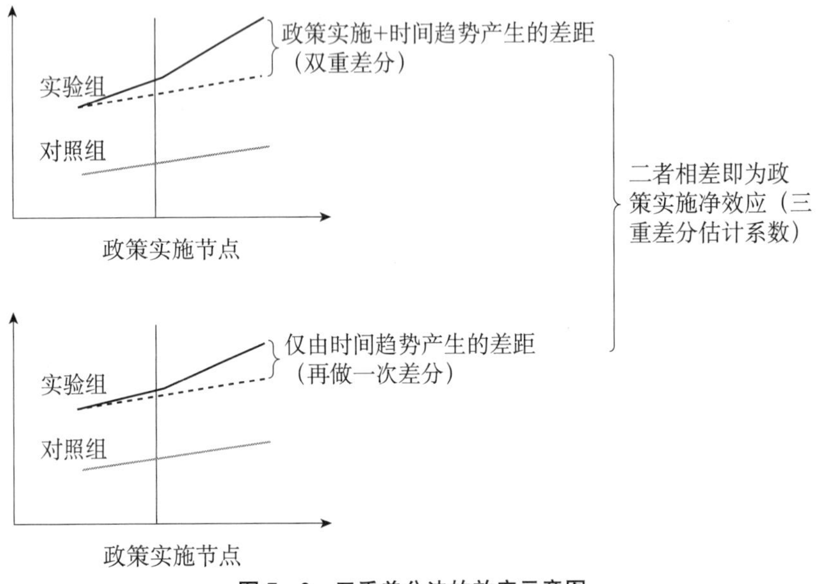

图7-2　三重差分法的效应示意图

7.3.3　差分法的特点及适用性

一般认为，政策的实行相对于微观经济主体而言一般是外生的，不存在逆向因果问题，因此差分法可以在很大程度上避免内生性问题的困扰。使用固定效应估计在一定程度上缓解了遗漏变量偏误问题。此外，传统政策评估方法是先设置政策发生与否的虚拟变量然后进行回归，双重差分法不像静态比较法那样直接对比样本在政策前后的均值变化，而是使用个体数据进行回归，进而判断政策的影响是否具有显著的统计意义②，模型设置更加科学，能更加准确地估计出政策效应。另外，差分法的计量模型简单，回归

① 赵婷茹，李世杰，朱沛祺．基于实验设计的政策绩效评估计量方法述评．统计与决策，2021（4）．

② 陈林，伍海军．国内双重差分法的研究现状与潜在问题．数量经济技术经济研究，2015（7）．

估计方法成熟，容易理解和运用，并不像空间计量等方法一样让人望而生畏。同时，该方法允许不可观测因素的存在，且允许不可观测因素对个体是否接受干预的决策产生影响，放宽了政策评估的条件，使得政策评估更接近于现实状况，应用更加广泛。以上方面是差分法受到欢迎的主要原因，也是它的优势所在。

可是该方法也存在局限性，主要有以下三个方面[①]：（1）更加苛刻的数据要求。例如，DID 法仅适用于面板数据，同时需要横截面单位的数据和研究个体的时间序列数据（特别是政策实施前的数据），尽管在某些特殊的情景下，截面数据通过巧妙的构造也可以运用 DID。（2）需要考虑控制个体时点效应。差分法有很强的识别假设，它要求在政策未实施时，实验组和控制组的结果变量随时间变化的路径平行，但这一假设并没有考虑个体时点效应 μ_{it} 的影响。由于 μ_{it} 的影响，在政策实施前后，实验组和控制组个体行为的结果变量并不平行，此时应用传统 DID 法就会出现系统性误差。（3）没有考虑到个体所处的环境对个体的异质性影响。DID 法假定环境因素的冲击对处于相同环境中的个体会产生相同的影响，可是在实际过程中，实验组和控制组的个体可能因为某些不可观测因素的影响，使得其在面临相同的环境冲击时做出不同的反应，此时 DID 法的应用也会出现问题。面对上述局限，有学者考虑 DID 法中未控制的因素，把 DID 法与匹配法等其他政策评估方法结合起来以构建新的统计量，进而发展完善该方法。

双重差分法于 20 世纪 80 年代首次提出，在研究某项目对参训后员工的工资结构变化的影响时，首次使用了这一方法[②]。随后，学者应用双重差分法研究了新泽西州 1992 年最低工资标准提高后，快餐行业雇佣职工数量的变化，选取与其相邻但并未改变政策的宾夕法尼亚州为对照组[③]。近年来，国外学者应用双重差分法主要研究医疗、公共卫生、经济、环保等领域政策或项目的作用效果，其研究具有创新性和前沿性。

国内学者对双重差分法的使用，开始于经济、金融领域。周黎安和陈烨两位学者 2005 年最早引入和使用了这一方法，利用税费改革分地区逐步推进的过程中产生的双重差异，即同一个县农民纯收入改革前后的差异和同一时点上改革县与非改革县之间的差异，分析这一政策改革所带来的因果效应[④]。这一研究为之后国内学者应用双重差分进行研究提供了基础。例如，通过建立双重差分模型，研究河南省直管县体制改革对县域经济的作用效果[⑤]。近年来，双重差分也被引入公共管理领域，对各种公共政策进行分析。例如，基于 12345 热线问政大数据，通过对试点和非试点街乡镇的双重差分分析，发现“吹哨报到”改革的确显著缩短了政府回应时长，并且在多种检验条件下结论依然成立[⑥]。值得注意的

---

① 梅洁．国有企业管理层激励的政策干预效应评估研究．北京：经济管理出版社，2020.

② ASHENFELTER O，CARD D. Using the longitudinal structure of earnings to estimate the effect of training programs. National Bureau of Economic Research Working Paper Series No. 1489，1984-10.

③ KRUEGER A，CARD D，GOLDBERG P K. Minimum wages and employment：a case study of the fast food industry in New Jersey and Pennsylvania. National Bureau of Economic Research Working Paper Series No. 4509，1993-10.

④ 周黎安，陈烨．中国农村税费改革的政策效果：基于双重差分模型的估计．经济研究，2005（8）.

⑤ 郑新业，王晗，赵益卓．“省直管县”能促进经济增长吗：双重差分方法．管理世界，2011（8）.

⑥ 孟天广，赵金旭，郑兆祐．重塑科层“条块”关系会提升政府回应性么：一项基于北京市“吹哨报到”改革的政策实验．中国行政管理，2021（4）.

是，随着双重差分法研究应用的迅猛发展，关于政策内生性、控制组受影响、样本异质性及概念混淆等问题也凸显出来，对此，研究者在择取政策时必须进行深入的事前分析，考察该政策实施是否满足自然实验或准自然实验的各项基本特征与假设，对其政策评估是否适用于这一方法。

三重差分法是一个典型的实践先于理论的方法，用来评估公共政策对不同类型受体的异质性影响，其使用最早可以追溯到格鲁伯（Gruber）（1994），近年来在顶级期刊的使用越来越多，不过直到奥尔登（Olden）和姆恩（Møen）（2020）才较为完整地讨论了三重差分法的识别假设和使用条件①。目前我国学者应用三重差分法对公共政策展开了一定的研究。例如，就大气污染协同治理对污染物减排的影响进行研究，运用三重差分避免了因协同治理区域与非协同治理区域的差别而导致的结果偏差②；对 2015 年以来北京市人口调控政策的宏观效果进行定量评价时，考虑到北京市与我国其他特大城市的人口变化趋势很难严格满足双重差分法中的平行趋势的假设，因而采用三重差分法进行研究③。

7.4 倾向得分匹配法

7.4.1 倾向得分匹配法的原理及步骤

倾向得分（propensity score）指的是“个体在一组既定的协变量下，接受某种参与（treatment）的可能性”，通过将多维协变量 X 用一个一维变量——倾向得分 $P(x)$ 来替代，以解决针对多个可观察特征 X 在进行对比时匹配困难的问题④。在此基础上，倾向得分匹配（propensity score matching，PSM）法的基本思路是首先将全部样本数据分为两组，将受到实施政策影响或参与项目的样本设为参与组，将未受到实施政策影响或未参与项目的样本设为控制组，控制组样本应包含与参与组样本相同的特征，即两组样本的倾向得分相同；其次，将控制组样本的产出结果作为“反事实”样本，对比参与组和控制组样本的结果变量的差异值，从而估计得到参与组的平均参与效应（ATT/ATE）。

具体而言，该方法的实施步骤主要包括以下六个方面⑤：

（1）选择协变量。

协变量的选取非常关键，若遗漏重要的协变量可能会导致获得的倾向得分不正确和

① 黄炜，张子尧，刘安然．从双重差分法到事件研究法．产业经济评论，2022（2）．

② 赵志华，吴建南．大气污染协同治理能促进污染物减排吗：基于城市的三重差分研究．管理评论，2020（1）．

③ 童玉芬，宫倩楠．新时期北京市人口调控政策的效果评估：基于三重差分法的准自然实验．人口研究，2020（5）．

④ 胡永远，周志凤．基于倾向得分匹配法的政策参与效应评估．中国行政管理，2014（1）．

⑤ 王筱纶，赵宇翔，王曰芬．倾向得分匹配法：促进数据科学视角下情报学研究的因果推断．情报学报，2020（11）．

生成有偏差的估计结果①。一般情况下，根据理论或经验证据来选取协变量。在选取协变量时，要遵循以下三个原则①："第一，与参与变量和产出结果有关的变量都应包括在模型中，以免遗漏变量导致结果有偏；第二，与参与变量无关但与产出有关的变量应该加入模型中，以使在不增加偏差的同时，降低估计结果的方差；第三，与参与变量有关但与产出结果无关的变量不要放入模型中，否则会使估计结果方差增大却不能减小偏差。"

同时，倾向得分匹配法的使用前提为条件独立假定（conditional independence assumption，CIA），即在控制了协变量后，结果变量与参与政策的选择无关。公式表达如下，个体 i 参与政策的选择 C_i 与其结果 V_{0i}、V_{1i}保持独立：

$$(V_{0i}, V_{1i}) \perp C_i \mid X_i \tag{7.19}$$

（2）计算倾向得分。

计算倾向得分时，以参与变量为因变量、协变量为自变量来构建模型，这需要根据具体情况选择相应的模型。在得到模型参数的估计值后，计算每个个体 i 的倾向得分。该分值在 0～1，表示实验对象被分配到控制组的概率。公式如下②：

$$\begin{aligned} prob[X_i \mid T_i = 1, p(X_i) = p] &= prob[X_i \mid T_i = 0, p(X_i) = p] \\ &= prob(X_i \mid p) \end{aligned} \tag{7.20}$$

$$d(p_k, p_1) < \varepsilon \Rightarrow d[prob(X_i \mid p_k), prob(X_j \mid p_j)] < \delta \tag{7.21}$$

其中，$k=i$，j 分别表示参与组样本和控制组样本，d 为数学意义上的马氏距离。式 7.20 表示根据相同的倾向分值进行匹配时，参与组样本和控制组样本协变量的共同分布在倾向分值处相同。式 7.21 表示根据倾向得分的差距在 ε 之内进行匹配时，参与组样本和控制组样本协变量的共同分布的距离小于 δ。

须注意，当参与变量是二值变量（参与=1，不参与=0）时，通常采用 Logistic 或 Probit 回归模型估计倾向得分。当参与变量是多元值时，更常使用多元 Probit 回归模型。此外，针对不同的数据特征，判别分析、COX 风险模型、神经网络技术和贝叶斯估计等模型也被用于计算倾向得分。

（3）选择匹配方法。

目前最常用的几种匹配方法有：

最近相邻匹配（nearest neighbor matching）法，选择控制组中与参与组中个体倾向得分差异最小的个体，作为自己的比较对象。该方法的优点是可充分使用参与组的信息，缺点是由于不舍弃任何一个参与组个体，很可能在有些配对组中，两者的特性相差很远，可比性不强，难以完全消除个体自选择的作用。

域阀和半径匹配（caliper and radius matching）法，形式与最近相邻匹配法的估计一致，但它对相邻关系加入了一个公差水平，对匹配程度的要求更高，所有在半径内的控

---

① WEITZEN S，LAPANE K L，TOLEDANA A Y，et al. Principles for modeling propensity score in medical research：a systematic literature review. Pharmacoepidemiology and drug safety，2004（12）.

② 温兴祥，杜在超．匹配法综述：方法与应用．统计研究，2015（4）.

制者样本都会使用到，对参与项目和未参与项目个体两者特性差异的可容忍度进行界定，超过这个范围就认为两者不具有可比性。该方法也是对相邻匹配法的改良，仍然存在公差水平难以抉择的缺陷。

核匹配（kernel matching）法，使用所有未参与的个体 j 作为某个参与个体 i 的反事实样本，每一个参与者有多个比较对象，权重随着距离（$|P_i - P_j|$）的减小而增大。相较其他匹配法，核匹配法减少了估计方差，却增加了估计偏误。

（4）评估协变量均衡性。

均衡性要求针对参与组和控制组，除了所考察的“是否参与”这一因素不同，对于协变量都应达到均衡一致。因此，必须检验匹配程序是否可以平衡协变量在参与者和未参与者之间的分布，确保模型使用的变量在经过匹配后不存在显著差异。在目前的实际分析中，常用的三个匹配质量指标有：标准差、调整的 R^2 检验和联合 F 检验。普遍认为，标准化差异越小，倾向得分匹配的效果就越好。

（5）计算平均处理效应。

$$ATT = \frac{1}{N_D}\sum_{i\in D} W_i^D - \frac{1}{N_D}\sum_{j\in D}\omega(p_i, p_j) * W_j^F \tag{7.22}$$

其中，D 代表匹配后的参与组，F 代表匹配后的控制组，N_D 代表参与组样本个数，W_i^D 代表参与组样本 i 的产出结果变量的水平，W_j^F 代表控制组 j 的产出结果变量的水平。ω（p_i，p_j）为倾向匹配得分和的权重函数，由于前面步骤选取样本匹配方法的不同，权重函数会据此有所差别。

在选择具体的估计模型时，考虑到参与组和对照组不再是两个独立的样本，以及样本的配对特征，应选择适用于配对样本的统计分析方法，如配对 t 检验、Wilcoxon 符号秩检验、配对四格表 2χ 检验、分层 Cox 比例风险模型等①②。

（6）检验灵敏度。

在使用倾向得分匹配时，能够排除可观测协变量可能引起的选择性偏倚，但如果存在不可观测的且同时影响参与变量和结果的其他混淆变量时，就会出现“隐藏性偏差”，此时需要采用灵敏度检验对隐藏性偏差进行量化。常用的灵敏度检验方法主要有优势比（Odds Ratio）区间比较和 Wilcoxon 符号秩检验方法③④。

7.4.2 倾向匹配双重差分法的步骤

倾向匹配双重差分法是倾向值得分匹配法与双重差分法相结合的一种方法，该方法

① AUSTIN P C，GROOTENDORST P，ANDERSON G M. A comparison of the ability of different propensity score models to balance measured variables between treated and untreated subjects：a monte carlo study. Statistics in medicine，2007（4）.

② KLEIN J P，MOESCHBERGER M L. Survival analysis：techniques for censored and truncated data. New York：Springer，2006.

③ ROSENBAUM P. Observational studies. New York：Springer，2002.

④ STAMPF S，GRAF E，SCHMOOR C，et al. Estimators and confidence intervals for the marginal odds ratio using logistic regression and propensity score stratification. Statistics in medicine，2010（7/8）.

的分析思路是将实验组与对照组进行倾向得分匹配，以保证这两组之间的同质性和时间趋势的一致性，在此基础上再使用匹配后的样本进行双重差分。

该方法主要包括 5 个步骤：（1）根据解释变量和协变量计算倾向得分。（2）对实验组的每个个体确定与其匹配的相应个体，形成对照组。（3）计算实验组中的每个个体在政策实施前后的变化差距。（4）计算实验组中的每个个体与其相匹配的对照组个体在政策实施前后的变化差距。（5）基于（3）和（4）中的结果进行倾向得分核匹配或局部线性回归匹配等，得到平均干预效应（ATT /ATE）。

PSM-DID 模型成立的假设为：

$$E(Y_0 - Y_1 \mid X, D = 1) = E(Y_0 - Y_1 \mid X, D = 0) \tag{7.23}$$

其中，$D=0$ 代表政策实施前的时间点，$D=1$ 代表政策实施后的时间点。在政策实施前，两组的结果变量均设为 Y_0；在政策实施后，实验组的结果变量设为 Y_1，对照组的结果变量仍为 Y_0。若该假设成立，则可以如下设定 PSM-DID 模型（这里仅针对面板数据而言）①：

$$ATE = \frac{1}{N_i} \sum_{i \in L} \left\{ (Y_{it_1}^L - Y_{it_0}^L) - \sum_{j \in R(i)} F(i,j)(Y_{jt_1}^R - Y_{jt_0}^R) \right\} \tag{7.24}$$

其中，L 代表实验组个体集合，R 代表对照组个体集合，R（i）代表实验组中个体 i 的邻近值，F（i，j）代表指定的匹配权重。

为保证倾向得分匹配样本的质量，一般情况下使用 PSM-DID 的研究常常需要较大的样本容量（$x \geqslant 1\ 000$），以保证实验组与对照组的倾向得分可以有较大的共同取值范围；反之，样本容量较少的话会影响匹配后的样本总量及其代表性，进而影响评估结果。同时，在通过倾向匹配对实验组和对照组的样本进行匹配后，还需要进行一系列的检验。这里着重说明两个主要的检验①：一是平衡性检验，判断匹配后各变量在实验组与对照组的分布是否变得平衡，是否存在系统性差异。二是共同支撑检验，考察实验组和对照组的倾向得分分布区间能在多大程度上重合（重合区域即共同支撑域），或者说这两组样本在多大程度上是可比的。

7.4.3　倾向得分匹配法的特点及适用性

倾向得分匹配法目前广泛应用于公共政策分析、社会项目评估，其优点在于操作简易，通过可观测的协变量消除了政策或项目估计中的个体自选择偏差，且同回归估计相比更加直观；作为一种非参数估计的政策效应评估方法，在使用时不需要对控制变量和因变量之间的关系做任何假定②，尤其当协变量超过 20 个时，倾向得分匹配法是最适用的方法③。

---

① 赛鲁利．社会经济政策的计量经济学评估：理论与应用．上海：格致出版社，2020：184.

② 胡永远，周志凤．基于倾向得分匹配法的政策参与效应评估．中国行政管理，2014（1）.

③ GU X S，ROSENBAUM P R. Comparison of multivariate matching methods：structures，distances and algorithms. Journal of computational and graphical statistics，1993（1）.

但同时该方法也存在几个方面的局限：首先，该方法的适用前提是满足"强可忽略性"假设，即条件独立假定和共同支撑域假定，且只能针对可观测的特征进行匹配。因此，该方法无法控制不可观测的特征异质性，对倾向匹配双重差分法而言，它不能控制随时间变化而产生的异质性效应。其次，该方法要求参与组/实验组的每一个个体都找到相匹配的个体形成控制组/对照组，这在实际操作中一般难度较大。若在匹配过程中损失大量有价值的数据信息，则可能影响反事实估计偏差。另外，使用该方法时，需要大样本的截面数据来支撑运算，且在进行稳健性检验时也面临着复杂的挑战。

罗森鲍姆和鲁宾于1983年首次提出了倾向得分的概念①，1985年提出了倾向得分匹配法。之后，这一方法被用于估计美国国家职业培训项目对参与者培训干预后收入的影响，并认为其估计结果更接近于实验方法估计的结果②。学者运用该方法估计了德国哈氏劳动力市场改革的处理效应③。在方法改进层面，通过利用倾向得分和动态收益模型实现了匹配过程中达到平衡协变量的效果④，分析了借助动态收益模型来研究匹配法和双重差分法产生的选择偏差⑤等。在国内，刘凤芹等首次进行了倾向得分匹配法的敏感性分析研究⑥，之后学者积极应用该方法研究经济政策和社会政策。例如，评估我国实施企业资源规划（ERP）后的绩效变化⑦、政府环境补贴能否激励企业绿色创新⑧等经济政策，分析合作社在生态农业发展中的中介作用⑨、兴边富民行动对边疆地区教育人力资本的影响⑩等社会政策。

在双重差分法的基础上，赫克曼等发展出倾向匹配双重差分法来评估工作培训计划的有效性⑪。目前，国内学者使用这一方法评估社会保障政策、经济政策等。例如，在评估我国实行"新农合"政策对老年人群体的健康、医疗服务使用率和医疗支出负担的影响时，借鉴了这一方法以剔除不随时间变化的混淆变量，使用2005年和2008年两年

---

① ROSENBAUM P，RUBIN D. The central role of the propensity score in observational studies for causal effects. Biometrics，1983（1）.

② DEHEJIA R H，WAHBA S. Causal effects in nonexperimental studies：reevaluating the evaluation of training programs. Journal of the American statistical association，1999（448）.

③ EICHLER M，LECHNER M. An evaluation of public employment programmes in the East German State of Sachsen-Anhal. Labour economics，2002，9.

④ ABADIE A，IMBENS W G. Large sample properties of matching estimators for average treatment effects. Econometrica，2006（1）.

⑤ CHABé-FERRET S. Analysis of the bias of matching and difference-in-difference under alternative earning and selection process. Journal of econometrics，2015，185.

⑥ 刘凤芹，马慧．倾向得分匹配方法的敏感分析性．统计与信息论坛，2009（10）.

⑦ 张露，黄京华，黎波．ERP实施对企业绩效影响的实证研究：基于倾向得分匹配法．清华大学学报（自然科学版），2013（1）.

⑧ 赵一心，侯和宏，缪小林．政府环境补贴、制度激励与企业绿色创新：基于倾向得分匹配法的实证分析．地方财政研究，2022（1）.

⑨ 田伟，易向益，向平安．合作社对小农户发展生态农业的影响：基于倾向得分匹配法的实证分析．重庆社会科学，2021（6）.

⑩ 詹筱媛，梅自颖，白钰．兴边富民行动对中国边疆地区教育人力资本的影响：基于倾向得分匹配法的实证分析．贵州民族研究，2022（1）.

⑪ HECKMAN J J，HIDEHIKO I，PETRA E T. Matching as an econometric evaluation estimator：evidence from evaluating a job training programme. Review of economic studies，1997，64（4）.

中国老年健康影响因素跟踪调查（CLHLS）数据构造平衡面板[①]。考察城乡居民医保制度统筹能否产生促健防贫效用时，采用2014年和2016年两期中国劳动力动态调查（CLDS）平衡面板数据，建立PSM-DID模型评估健康绩效和防贫绩效[②]。

延伸阅读

DID和PSM-DID对政策评估的研究

基于2012年启动的智慧城市建设试点这一准自然实验，运用2001—2016年153个地级市的面板数据，借助双重差分模型和PSM-DID方法，实证检验智慧城市建设对城市韧性的净效应。在模型设定中，构建两个虚拟变量：分组虚拟变量，1是实验组（政策试点城市）；0是对照组（非试点城市）；时间虚拟变量，2012年之前设为0，2012年及以后设为1。基准模型设定如下：

$$Ur_{it}=\beta_0+\beta_1 DID_{it}+\beta_2 Treat_{it}+\beta_3 Post_{it}+\beta_4 X_{it}+\eta_{it}+\nu_{it}+\varepsilon_{it} \tag{1}$$

i和t分别为城市和时间，Ur_{it}为被解释变量，$Treat_{it}$和$Post_{it}$分别为分组虚拟变量和时间虚拟变量，DID_{it}为核心解释变量，表示i城市在t年是否被设立为智慧城市试点。X_{it}为控制变量集合，η_{it}为城市固定效应，ν_{it}为时间固定效应，ε_{it}为随机误差项，β_1为智慧城市建设对于城市韧性提升的平均效应。依据模型（1），通过先后引入控制变量的方式来检验智慧城市政策的净效应，估计结果均表明智慧城市建设能够显著提升城市韧性水平。

在进行稳健性检验时，采用了以下四种检验策略：(1) 平行趋势检验。将智慧城市建设试点前后的虚拟变量交叉项作为解释变量进行回归。智慧城市建设试点之前的交互项回归系数不显著，表明试点前实验组和对照组的城市韧性效果变动趋势相似。(2) PSM-DID检验。在通过匹配平衡性假设之后，PSM-DID的估计结果与前文基准回归结果不存在显著差异，进一步证明了智慧城市建设对城市韧性的正向影响是显著且稳健的。(3) 反事实检验。将政策实施时间向前移动3年，设立虚拟政策时点进行回归，观察政策效果显著性，发现政策实施滞后期的检验结果与基准估计结果显著性大体一致。(4) 排除其他政策和法规的干扰。选取与智慧城市试点建设同时期实施的可能会对城市韧性产生影响的一些类似政策，发现在引入这些政策法规之后，DID的估计系数大于基准回归，表明城市韧性水平的提升会因政策的联合实施得到进一步强化。

机制检验结果表明，智慧城市建设能够通过技术效应和结构效应提升城市韧性水平；异质性检验结果表明，城市间的人口规模和经济规模差异能够对智慧城市政策实施效果的发挥产生影响。

资料来源：武永超．智慧城市建设能够提升城市韧性吗：一项准自然实验．公共行政评论，2021（4）．

---

① 程令国，张晔．“新农合”：经济绩效还是健康绩效？．经济研究，2012（1）．

② 郭庆，吴忠．城乡居民医保制度统筹会产生促健防贫效用：基于PSM-DID方法的研究．中国卫生政策研究，2020（7）．

7.5 其他政策实验分析法

7.5.1 断点回归设计

断点回归设计（regression discontinuity design，RD 或 RDD），或称回归间断/不连续设计，其基本思路是，在某些人为设定标准附近的个体具有较高同质性特征，因而可以利用未达标个体作为达标个体的对照组来进行研究①。对于政策分析评估而言，使用该方法时将“政策在一个关于个人背景的连续变量上设定一个临界值，使得在临界值一侧的个体接受干预政策，而在临界值另一侧的个体不接受干预，由于个体在连续变量的取值落在紧邻临界值两侧可以看作是随机的，因此在临界值附近就构成了一个准实验”②。基本原理的函数表达如下：

$$F_i=\begin{cases}1 & \text{if } x_i \geqslant x_0 \\ 0 & \text{if } x_i < x_0\end{cases} \tag{7.25}$$

其中，1 代表个体接受政策干预，0 代表个体不接受政策干预。当驱动变量或称强制变量超过或等于临界值时接受干预，反之不接受干预。

目前，断点回归设计有两种类型③：一类是清晰断点回归，接受政策干预或进入项目与驱动变量之间的关系是确定的，在临界值处接受干预或处理的概率会有一个突然的阶跃；另一类是模糊断点回归，接受政策干预或进入项目与驱动变量之间的关系是随机的，临界值处的阶跃相对比较平缓。在应用断点回归设计（尤其是模糊断点回归）评估政策实施效果时，通常考虑采用两阶段最小二乘法，即运用工具变量法的研究思路来解决内生性问题。

与因果识别方法相比，断点回归设计具有多方面的优势。首先，个体在临界点处接受干预的概率会出现明显的不同，这一点可以通过图形直观地进行展示。

其次，RD 实施的假设条件更弱，而且更容易被检验。RD 估计需满足的基本假设是：驱动变量在临界点附近不能够被随意操纵，前定变量在临界点附近是平滑的。这两个条件都可以通过图示或者分布估计进行检验。而其他因果识别方法，如 IV 的外生性假设、PSM 不存在遗漏解释变量的假设往往不能够直接进行验证，需要作者不断地为其合理性进行辩护。

断点回归设计的优势还体现在，可以很方便地进行稳健性检验，也即可以通过不同的估计方法（包括参数估计和非参数估计）、不同的窗宽设定等进行稳健性检验。

最后，在政策评估时往往存在着政策选择非随机或者混淆因素使得内生性问题严重，此时解决内生性的黄金标准就是随机实验，RD 设计在性质上与随机实验更加接近，因此

① 胡咏梅，唐一鹏．公共政策或项目的因果效应评估方法及其应用．华中师范大学学报（人文社会科学版），2018（3）.

② 李帆，马亮，李绍平．公共政策评估的循证进路：实验设计与因果推论．国家行政学院学报，2018（5）.

③ 赛鲁利．社会经济政策的计量经济学评估理论与应用．上海：格致出版社，2020.

成为当前因果识别中的优先选择方法①。和其他因果分析方法相比，学术界普遍认为运用断点回归设计更接近准自然实验。

断点回归设计在1960年首次被提出，当时该方法的目的是为缺乏真实实验设计条件的教育学、心理学研究提供另一种因果推断的途径②，但未引起社会科学领域研究者的重视。20世纪末，汉恩等人的研究提供了计量经济学的理论基础③，自此，断点回归设计开始得到广泛应用，最近十几年应用该方法的实证研究多集中于社会政策和政治政策的评价。

在国内，学者应用这一方法来分析退休政策与养老制度的影响④，所得税征管范围改革对于企业避税和债务融资行为的影响⑤，空气污染对于企业生产效率的影响⑥，相关环境治理政策对于政商关系的影响⑦，以及绩效信息公开和政府响应之间的关系⑧等其他方面。在这些研究中可以看到，应用断点回归设计评估我国的公共政策具有较强的理论研究价值与实践指导意义，对此有学者认为“中国经济社会正处于转型和快速发展中，各种改革试点、政策试验在全国各地开展，各种政策的确立、调整、变更、终止在不断发生，这种政策环境为开展断点回归研究提供了一个绝佳背景”⑨。

7.5.2 合成控制法

合成控制法（synthetic control methods），是阿巴迪和加德阿扎巴尔在2003年提出的一种政策效果评估方法，是依据“反事实”原理发展出来的新型因果推论技术。

其基本思路是，选择实施政策的单元作为实验组、其他未实施政策的单元作为对照组，根据对照组自身数据特征与相似性赋权，合成一个与实验组在政策干预前拟合良好的“反事实”对照组，再通过比较政策干预后实验组和合成控制组的差距，即获得政策净效应⑩。主要步骤见图7-3。

步骤1～3涉及的是研究设计这一最初环节，包括确定研究对象，确定相应的条件变

---

① 刘生龙．社会科学研究中的断点回归设计：最新代表性研究及其展望．公共管理评论，2021（2）.

② 胡咏梅，唐一鹏．公共政策或项目的因果效应评估方法及其应用．华中师范大学学报（人文社会科学版），2018（3）.

③ HAHN J，TODD P，VANDERKLAAUM W. Identification and estimation of treatment effects with a regression-discontinuity design. Econometrica，2001（1）.

④ 邓婷鹤，何秀荣．退休对男性老年人健康的影响：基于断点回归的实证研究．人口与经济，2016（6）；张川川．养老金收入与农村老年人口的劳动供给：基于断点回归的分析．世界经济文汇，2015（6）.

⑤ 刘行，赵健宇，叶康涛．企业避税、债务融资与债务融资来源：基于所得税征管体制改革的断点回归分析．管理世界，2017（10）.

⑥ 李卫兵，张凯霞．空气污染对企业生产率的影响：来自中国工业企业的证据．管理世界，2019（10）.

⑦ 李智超，刘少丹，杨帆．环保督察、政商关系与空气污染治理效果：基于中央环保督察的准实验研究．公共管理评论，2021（4）.

⑧ 李晓方，孟庆国，王友奎．绩效信息公开与政府响应：基于政府门户网站建设第三方评估数据的断点回归分析．公共行政评论，2019（5）.

⑨ 李帆，马亮，李绍平．公共政策评估的循证进路：实验设计与因果推论．国家行政学院学报，2018（5）.

⑩ 张俊艳，雷玲，高文．“三权”下放改革试点政策是否促进了科研院所专利技术转移?：基于合成控制法的分析．科技管理研究，2022（4）.

量和结果变量并据此收集合适的案例组成合成池（donor pool）。其中，找到合适的对照组以构造与事实相对应的反事实对照个案是应用合成控制法的一个关键点。值得注意的是，选择案例时要考虑满足较长的时间序列、在样本期间内未受到其他变量重大的冲击影响等条件。

步骤 4～8 涉及的是使用相关软件进行分析，目前研究者主要使用嵌套于 Stata、R 语言和 Matlab 中的合成控制运算软件。在软件分析中，主要完成三项任务 ，一是计算合成池中个案的权重，使得对照个案与干预个案在条件变量作用之前，两者的趋势尽可能地吻合。二是根据权重计算对照个案在条件变量发生后的演化趋势，比较对照个案的趋势与干预个案趋势的差异，根据两者之间的差异程度来判断条件变量与结果变量间的关系。三是对条件变量与结果变量的关系进行“安慰剂”检验，主要目的是说明变量之间的关系到底是真实存在还是由于其他偶然性的因素导致的，即说明由合成控制法得出来的结论有多大的可信度。

步骤 9 涉及的是对软件分析结果的呈现，主要通过图表形式展示研究结果。

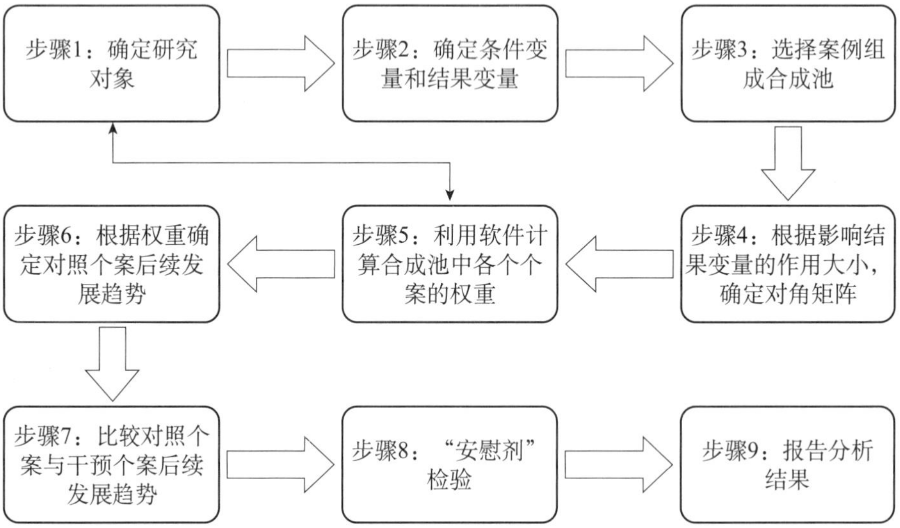

图 7-3 合成控制法的实施步骤

资料来源：蒋建忠，钟杨．合成控制法及其在国际关系因果推论中的应用．国际观察，2018（4）.

作为一种非参数估计的方法，合成控制法在构造对比组的时候，权重的选择是由数据确定的，减少了主观判断，相对于回归模型，该方法具有透明和避免过分外推（extrapolation）的优点①。但同时，这种方法尚未发展到像回归分析那样成熟与应用广泛，在样本数据和选取案例时有比较高的限定要求，且并不一定能够成功构建对照个案②。

2003 年，阿巴迪等首次提出用合成控制法来分析西班牙巴斯克地区恐怖活动所造成的经济负面影响③。2010 年，在研究美国加州控烟提案的实施效果研究时，继续使用了

① 王贤彬，聂海峰．行政区划调整与经济增长．管理世界，2010（4）.

② 蒋建忠，钟杨．合成控制法及其在国际关系因果推论中的应用．国际观察，2018（4）.

③ ABADIE A，GARDEAZABAL J. The economic costs of conflict：a case study of the basque country. American economic review，2003（1）.

这一方法①。随着合成控制运算相关软件的开发，该方法的使用逐渐得到推广。目前我国学者主要应用这一方法研究经济、创新、环保与改革发展等领域中的政策评估。例如，关于通货膨胀目标制有效性评估②、国家创新型城市试点政策评估③等研究，近年来，应用于中国碳排放权交易试点的碳减排政策效应④，西部大开发的净政策效应⑤，以及下面提到的“弯道超车”政策实验研究等。

延伸阅读

合成控制法对政策创新的研究

以2005—2019年中国21个省会城市为样本，2013年贵阳开始实施大数据发展政策为准自然实验，利用合成控制法检验该政策对贵阳发展产生的效应。

假设观测1+M个市的经济发展状况，1代表实验组贵阳市，其余M个市代表控制组未实施该政策的20个省会城市。T_0为大数据发展政策开始的年份，即2013年。$Y_{it,0}$为i市在t年没有受到政策影响时的结果，$Y_{it,1}$为i市在t年受到政策影响的结果，Y_{it}为i市在t年实际的经济增长状况。通过合成控制法的计算，构成贵阳市的各城市权重组合。2013年之前贵阳与合成贵阳的各个预测变量的对比显示二者非常相似，可以进行是否实现“弯道超车”的政策效应分析。结果显示，实施大数据政策创新的真实贵阳的发展水平有所提高，揭示了贵阳发展大数据的政策效应。同时，补充2005—2019年间真实贵阳和合成贵阳之间人均GDP对数值的差距随时间变化的趋势，证明了自2013年贵阳实施大数据发展政策以后，其增长效应较为显著。

在“安慰剂”检验中，选择控制组中的城市（最合适的对象是合成贵阳权重最大的城市），对其进行同样的合成控制分析，考察该城市与其合成对象之间的发展差距。合成城市较好拟合了真实城市，2013年以前各方面的发展特征相似，2013年的时间节点之后没有出现与贵阳市类似的分异趋势，证明研究结论具有稳健性。在排序检验中，在控制组内随机选取城市，假设其在2013年实施了大数据发展政策创新，通过合成控制法检验其政策效应，再比较贵阳的政策效应和控制组的政策效应。结果显示，2013年以前贵阳与其他省会城市差距不大，但自2013年开始，贵阳的政策效应明显高于其他省会城市。再次证明了研究结论具有稳健性。

资料来源：尚虎平，刘俊腾．欠发达地区的政策创新真的促进了“弯道超车”吗?：一个面向贵阳市大数据发展政策的合成控制检验．公共管理学报，2021（4）.

---

① ABADIE A，DIAMOND A，HAINMUELLER J. Synthetic control methods for comparative case studies：estimating the effect of california's tobacco control program. Journal of the American statistical association，2010（490）.

② 苏治，胡迪．通货膨胀目标制是否有效：来自合成控制法的新证据．经济研究，2015（6）.

③ 黄永春，黄湛，邹晨．政府参与创新有助于提高城市创新效率吗：基于国家创新型城市试点政策的实证检验．科技进步与对策，2022（20）.

④ 刘传明，孙喆，张瑾．中国碳排放权交易试点的碳减排政策效应研究．中国人口·资源与环境，2019（11）.

⑤ 谭周令，程豹．西部大开发的净政策效应分析．中国人口·资源与环境，2018（3）.

政策评估就是对政策干预“因果”效应的估计①，在此过程中如何找到一组可信的反事实样本和纠正选择性偏差成为要解决的两个基本问题。对此，传统的政策评估方法在因果推断方面存在明显不足。相比之下，近年来一系列以反事实框架为出发点的因果推断模型不断涌现，在公共政策评估领域展现了巨大的潜力②。这些模型采用基于设计的实验主义实证研究方法和稳健检验的经济计量推断，按照统计假设的严格程度划分，从最强到最弱的假设条件包括：随机试验、基于可观测变量的选择性偏差、基于不可观测变量的选择性偏差三个大类③。

在现实中，解决公共管理复杂性最直接、最有效的方法就是进行社会实验。然而，由于受到资源、伦理、道德、心理、成本及风险等的限制，随机的社会实验并没有在社会科学中得到广泛的应用。研究者常用的是“准实验”或“自然实验”的方法，本章介绍的几种政策实验分析方法是其中的典型代表（见表7-2）。在不能随机化的条件下，如果假设选择性偏差仅仅基于个体的可观察特征，那么可以利用倾向得分匹配法和合成控制法来尝试解决；如果考虑到不可观察特征对参与的影响，可以采用差分法和工具变量法这两种常用的方法来解决。其中，断点回归设计是工具变量法运用的重要领域。

表7-2 五种政策实验分析方法的比较

方法名称	适用范围	样本特征	应用领域	政策类型*
工具变量法	截面数据，满足工具变量外生性等条件	视具体情况而定	制度与经济增长、教育政策、劳动力市场等	视具体情况而定
差分法	面板或重复截面数据，满足平行趋势假设等条件	100～1 000数量的微观数据	改革试点政策（国有企业改革、户籍制度改革、“省直管县”改革）、财税政策（“营改增”、出口退税、房产税试点）等	“先试先行”的政策第二、三阶段
倾向得分匹配法	截面数据，满足条件独立假定和共同支撑假设	大于1 000数量的微观数据	劳动力市场、教育政策、农业政策、扶贫政策等	“先试先行”的政策第二、三阶段
断点回归设计	满足断点假设，局部随机化假设等	大于1 000数量的微观数据	劳动和教育政策、能源与环境政策、扶贫政策等	“一刀切”政策
合成控制法	单个样本受到政策影响、需要政策实施前后的时间序列数据	小于100数量的宏观数据	经济增长、国家或区域发展、社会规制政策等	“先试先行”的政策第一、二阶段，一次性特殊政策

* “先试先行”的政策指的是决策层无法准确预判其社会和经济影响的政策，因容错空间小，需要挑选一些地区或者行业做政策试点。如果试点效果理想，则可以在全国层面推广，反之则不推广。“一刀切”的政策主要是指某些具有门槛的政策，超过（或低于）某个门槛才会进入政策范围。一次性特殊政策是针对某一地区或产业的发展专门制定的相关政策。

资料来源：李帆，马亮，李绍平．公共政策评估的循证进路：实验设计与因果推论．国家行政学院学报，2018（5）；赵婷茹，李世杰，朱沛祺．基于实验设计的政策绩效评估计量方法述评．统计与决策，2021（4）.

① ABADIE A，CATTANEO M D. Econometric methods for program evaluation. Annual Review of Economics Working Paper，2018-10.

② 李帆，马亮，李绍平．公共政策评估的循证进路：实验设计与因果推论．国家行政学院学报，2018（5）.

③ 胡永远，周志凤．基于倾向得分匹配法的政策参与效应评估．中国行政管理，2014（1）.

本章小结

1. 政策实验分析方法的发展历程，既表现出有关识别政策效应因果机制的内在发展演进规律，又受到外界环境条件的影响，从而使得这一重要的政策评估方法在不同的发展阶段具有各自鲜明的特点，且随着实践发展不断丰富和完善。

2. 任何一种研究方法都存在其优势与不足，研究者只有在充分认识与了解的基础上，才有可能真正发挥其作用。因此，在详细介绍工具变量法、差分法、倾向得分匹配法、断点回归设计与合成控制法时，一方面讲解了各种方法的研究思路和基本原理，另一方面细致呈现了各自的适用性和应用情况，以期更加全面、客观地展示每种方法的使用特色和需要注意的地方。

3. 随着数字时代的到来，大数据逐渐普及推广，机器学习算法等数字技术日益得到广泛应用。通过本章学习，在习得和掌握介绍到的政策实验分析方法的同时，也应有意识地与时俱进，对数字技术能够做到融会贯通、灵活高效地使用。

关键术语

政策评估　　政策实验分析　　工具变量　　双重差分　　三重差分　　倾向得分匹配　　倾向匹配双重差分　　断点回归　　合成控制法　　方法检验　　方法适用性

复习思考题

1. 请总结政策实验分析方法三个发展阶段的各自特点与联系。
2. 简述工具变量法的适用性。
3. 简述差分法（包括双重差分、三重差分、倾向匹配双重差分）的适用性。
4. 简述倾向得分匹配法的适用性。
5. 简述断点回归的原理。
6. 合成控制法如何操作？
7. 找一个政策实验分析的研究例子，看看如果换一种分析工具是否可行。

第8章

文献研究

前面讨论的几种研究方法都要求观察者不同程度地介入研究对象。典型的首先是实验法，其次是调查研究法。后面将要介绍的实地研究，在观察的过程中也会改变研究对象。本章介绍的文献研究与其他方法的显著区别在于，文献研究不与对象接触，不直接从研究对象那里获取研究资料，这也是它作为一种研究方法的独特性所在。所以，利用文献的研究也被称为“非介入性研究”①。

从社会科学的发展过程来看，文献研究的历史十分久远。不过，由于文献研究常被误认为文献阅读的过程，所以关于文献研究是否是一种独立的研究方法，目前是存在争议的。但这并不妨碍利用文献记载的信息开展研究，探寻社会事物背后的规律。利用文献的研究，在定量研究和定性研究的环节都有涉及。第5章涉及如何寻找可以利用的二手定量数据，如常用微观数据库、统计数据库等，本章则对文献研究进行相对完整的介绍。

重点问题

- 文献的类型
- 内容分析
- 元分析
- 二次分析
- 统计资料分析
- 互联网文献获取
- 主题建模
- 社会网络分析
- 文献研究的特点

① 巴比．社会研究方法：第13版．北京：清华大学出版社，2020.

8.1 文献的定义与类型

8.1.1 文献的定义

“文献”一词最早见于《论语·八佾》，根据朱熹的注释，“文，典籍也；献，贤也”。这里的“文”指有关典章制度的文字资料，“献”指熟悉这些文献的人。到了近代，“文献”变为专指“古典文籍”或“图书资料”等，也就是包含各种信息的书面材料或文字材料。

在当代社会，知识生产和更新加快，图书馆每天都会收录很多文献，包括不同形式的文献。1984 年《文献著录总则》（GB 3792.1—83）对文献的定义是：“文献：记录有知识的一切载体。”从这个定义中可知，“载体”是知识赖以保存的物质形式，即可供记录知识的某些人工固态附着物，除书籍、期刊等出版物外，载有文字符号的甲骨、金石、简帛、拓本、手抄本、家谱，存有声音和影像资料的缩微胶片、录音、录像、视频资料、冲洗或打印的照片等，皆属文献的范畴。

随着计算机技术的发展，特别是多媒体技术的发展，人类知识或理论的载体更加丰富多彩。“文献”的概念再次发生重大变化。当前，文献通常被定义为：以文字、图像、公式、音频、视频、代码等手段将信息、知识记录或描述在一定的物质载体上，并能起到存贮和传播信息情报与知识作用的一切载体。

综合来看，当代社会中的文献，其基本要素包括：(1) 有价值的知识；(2) 一定的载体；(3) 记录符号；(4) 记录手段。

我们无法穷尽所有的文献形式，这是因为有一些在外人看来再普通不过的物件，在研究者的眼中也是记录了有用知识的载体。例如，在农村调查期间发现的集体化时代的大队记账本，就是特别珍贵的文献资料。另外，随着社会发展，人们可能还会找到新的载体，以新的方式和手段，以一定的符号将有价值的知识记录下来。

8.1.2 文献的类型

文献资料的种类繁多，分类方式各不相同。常用的分类方法有以下几种。

第一，根据文献的加工程度，文献资料可分为零次文献、一次文献和多次文献。零次文献是指未经正式发表或尚未形成正规载体的一种文献形式，如书信、手稿、会议记录、笔记等。其具有客观性、零散性和不成熟性的特点。一次文献是那些作者本人依据掌握的资料而创作、生产出来的原始文献。大多数阅读性图书、期刊论文、科技报告、会议文献、学位论文等，都属于一次文献。多次文献则不同，按照多次文献的加工次数，它又分为二次文献、三次文献等。二次文献包括对一定范围、类型的一次文献进行整理加工、简化、组织而形成的系统化、条目化的文献，包括目录、索引、文摘、报刊复印资料等。三次文献以二次文献为工具，对所需的一次文献内容进行综合分析、筛选而形成。包括综述、述评、动态、年鉴、手册、百科全书等，是参考性检索工具。

第二，根据文献的来源，文献资料可分为公事文件、发表读物、个人文件三种。其中公事文件包括政府机构和有关组织的文件、报告、各种报表、会议记录、公司业务往来、备忘录、档案等，发表读物包括书籍、报刊、通讯稿等，个人文件包括日记、自传、回忆录、书信、手稿等。

第三，根据文献资料的形式，传统上区分为文字文献、统计文献、视听文献。文字文献是文献资料比重最大的一部分，也是历史悠久的传统文献形式；统计文献或称数字文献，因为它便于加工处理，所以在社会研究中有特殊的意义；视听文献或称声像文献，是以磁性和感光材料为介质记录声音、图像等信息的一种文献形式，其优点是存取快捷，可闻其声、见其形，易理解。

第四，电子文献和非电子文献，也成为文献资料的区分形式。随着电子信息技术的发展和互联网的广泛应用，传统纸质文献或声像技术难以满足海量文献的存储、检索及共享，也不便携带。“电子出版物”和“网络文献”逐渐为人们所青睐。其中，电子出版物一般指以数字化形式出版的专门文献，网络文献一般指通过大众传媒可以搜索到的文献，如通过各种搜索引擎检索到的新闻、视频等。

在公共管理研究中，常用到的文献资料主要有：（1）公开出版的文字文献，包括专著、期刊论文、学位论文等；（2）公开的统计文献，包括统计年鉴、统计报告；（3）公事文件，包括政策文本、法律规范、政府工作报告、领导讲话等。目前，这几类文献多以电子资料的形式为人们所运用，可以通过专门数据库、官网进行下载获取。（4）网络文献，如电视新闻、官媒（官网、微博、微信公众号）、专门网站检索的各种信息、资料和数据等。

8.2 文献研究的主要形式

关于文献研究，有一种观点认为是“根据一定的研究目的或课题，通过调查文献来获得资料，从而全面地、正确地了解掌握所要研究问题的一种方法”。这样的定义，未能很好地显示文献研究到底是如何开展的，因为不管哪种研究方法，都是通过对一定的文献资料——所有的数据、文档等都可以理解为文献，来开展研究。这也造成了人们对文献研究是否是一种研究方法的质疑。

文献研究不是指引经据典，也不是日常意义上的文献整理。从本书的角度，我们认为文献研究指收集和分析现存的以文字、符号、图片、视频等各种形式出现的文献资料，并运用特定的技术来探讨和分析各种社会现象，尤其是与公共管理话题相关的现象。从目前的研究看，根据文献资料的类型不同，可以将利用文献的研究区分为内容分析、元分析、二次分析、统计资料分析。文献研究需要面对的是如何巧妙地构建二手数据库或者巧妙地利用二手数据。

8.2.1 内容分析

1. **传统内容分析**

很多研究方法教材都将内容分析（content analysis）作为文献研究的代表。内容分析的确是文献研究中最常见的形态。从字面上看，内容分析就是通过对“内容”进行分析以获得结论的一种研究手段。1952年，美国学者伯纳德·贝雷尔森（Bernard Berelson）出版了《传播学研究中的内容分析》一书，正式确认内容分析法是一种科学的研究手段。人文社会科学的很多领域，如传播学、社会学、政治学等，都对内容分析方法有大量的应用。

“内容分析是一种对传播所显示出来的内容进行客观、系统的、定量的描述的研究技术”①。这一定义被多种教科书所采用。早期的内容分析，主要用于对大众传媒尤其是对报纸杂志、广播、电视信息进行分析，研究对象有歌词、广告、新闻、杂志上的人物形象等。例如，对《人民日报》头版头条的内容进行分析，对某一大众读物的封面文章内容进行分析等。通过对传媒内容的研究，帮助人们发现社会和文化变化的历史趋势。

内容分析法不需要接触和影响研究对象，其任务是对信息内容进行分析。常见的做法是将文本内容转化为数字，计算文本中某些元素出现的次数。内容分析的类型有计词法、概念组分析、语义强度分析等②。它是工具导向的，借由数理统计对传播内容进行量化的分析与描述，其产出结果通常为数据及其说明。因此人们多将内容分析归入定量研究的范畴（虽然存在不同的看法）。

内容分析的过程，传统上是手工编码，人工计数就可以完成，不需要特别复杂的操作。但是，内容分析并不是简单的“主题+频次”。内容分析的程序与调查研究的程序有很大的相似性，都需要抽取有代表性的样本。其步骤一般是：（1）选定研究的分析单位，也就是研究者关注的文献背后的特定问题、特定概念；（2）确定研究范围，一般指文献的时间范围；（3）从研究范围内抽样或进行普查；（4）确定编码体系，包括编码规则等；（5）进行编码和登录，形成数据库；（6）对数据进行分析，得出结果。

通过以上步骤，我们围绕某个分析单位，就构建了关于某一文献的特定数据库。例如，对新中国成立以来社会保障制度的所有政策进行编码，形成符合特定研究目的的数据库，进而可以开展政策内容分析。一般认为，传统内容分析法的重点是通过编码来简化内容，本质上是对文本内容的抽取，通过这种“转化”，研究者可以更加聚焦于文本在某些分析维度上的内容特点。

2. **公共管理领域的文本研究**

内容分析方法，其研究对象是文本，因此天然地与文本研究关联在一起。

文本分析（textual analysis），是人文社科领域常用的方法，在文学、历史、政治、

---

① 阿特斯兰德．经验性社会研究方法．北京：中央文献出版社，1995：186.

② 袁方，王汉生．社会研究方法教程：重排本．北京：北京大学出版社，1997：307-310.

传播、社会、经济等多个学科领域有广泛应用。文本分析从文本的角度入手，分析文本的逻辑结构，辨明其主要的思想和次要的思想，并准确地显示它们之间的关系。长期以来，人们认为文本分析是跟量化的内容分析相对的，是探讨信息内容性质的研究方法。它旨在运用符号学、结构主义和语言学的分析方法来分析文本的结构与意义，对文本内容进行不断的挖掘与发现，探索意义的不同解读方式和文本中所隐藏的意识形态力量。从文本的表层进入文本的深层，发现那些不能为普通阅读所把握的深层意义。按照这种理解，文本分析属于定性研究的范畴。定性的文本分析，具体形式可以体现为话语分析、叙事分析等。

不过，随着时代发展，“文本”开始泛指由数字、文字、图像等一系列符号构成的信息结构体。文本无处不在，文学作品、报刊文章、政策文件、用户评论、网络谣言等等，都可以构成文本。随着文本范围和形式的变化，文本分析也不再局限于定性研究。尤其是随着计算机技术的发展和文本挖掘技术的运用，文本研究呈现出新的面貌。有一种观点认为，随着以算法为基础的各种机器学习技术的发展与普及，社科研究者对文本的探索从传统的以诠释为导向的内容分析法转向以预测和因果推断为导向的大规模文本挖掘①。

在公共管理领域，得益于数据技术的迅猛发展以及数字设备的广泛应用，政策文献、法律文书、档案史料、访谈资料、宣传文案、公众评论等多样化的文本数据逐渐得到发掘，为研究者提供了丰富的素材和更为多元的研究视角。在这些丰富的文本中，政策文献尤其能够反映社会过程的变动和多样性，是社会经济、政治、文化等在某一领域综合影响的结果。政策主体、政策客体、政策目标和政策工具等信息均内化于政策文献之中，通过对政策文献进行分析，可以更加细致、客观地探讨政策科学研究命题，因此对政策文本的研究是十分必要的。

公共管理领域对政策文本的分析，常采取特定分类方法，对政策工具等进行人工编码，并借助一些软件进行操作。在此基础上，对政策文本计量的结果进行内容分析。具体结果的呈现，可以采用频数统计、交叉表、相关性分析、主题词分析、社会网络分析等。例如，在中央各部委网站手工收集中央层面与疫情相关的政策文本，采用内容分析法对政策工具进行分析，发现中央层面对封闭类、混合类、经济响应类和卫生促进类政策工具的组合运用产生了较好的政策效果②。

可见，虽然文本分析在社会科学中有着悠久历史，早期以质性解读为主，但在公共管理领域的文本分析，更符合以定量为特色的内容分析。当然，对于政策文本特征的计算并不能绝对地反映出文本本身的意蕴和内涵，需要发挥现代计算方法与传统质性方法的优势③。因此，公共管理领域对文本内容的分析，也需要借助质性研究的传统，如对意义的解读等，从而体现出定量分析与定性分析的融合。

① 胡安宁．以文本为基础的社会科学研究：从内容分析到算法模型．学术论坛，2022（1）.

② 江亚洲，郁建兴．重大公共卫生危机治理中的政策工具组合运用：基于中央层面新冠疫情防控政策的文本分析．公共管理学报，2020（4）.

③ 黄萃，吕立远．文本分析方法在公共管理与公共政策研究中的应用．公共管理评论，2020（4）.

延伸阅读

关于内容分析法的优势与局限性的认识

内容分析法是通过对“内容”进行分析以获得结论的一种科学研究手段。由于其数据丰富、研究成本低廉等优势，受到了广大社会科学学者的广泛使用。

相比其他科学研究方法，如通过问卷调查进行的定量研究或通过田野调查进行的案例研究等，内容分析法具有一些显著的优势。第一，内容分析法能更为客观地对事实进行分析破解从而获得结论，而不仅仅是对现象或问题进行简单观察。第二，内容分析法是一种非直接介入的分析方法，有助于研究人员在研究过程中保持客观中立的态度。第三，内容分析法可以持续处理大量且长时期的数据，这使得内容分析法能有效地帮助研究者获知研究对象在一个较长时期内的变化趋势。第四，内容分析法是一个允许“试错”的研究手段。在进行问卷调查时，当问卷发出之后便很难对其中的问题进行修改；但在内容分析中，分析人员可以多次使用不同的研究问题与分析建构对同样的数据即“内容”进行重新编码与分析。尤其是当计算机辅助编码发展成熟之后，内容分析变得更为便捷。第五，内容分析法具有资料与数据可获得性上的优势。用来分析的“内容”大多是公开资料，方便获得。第六，内容分析法无须发放大量问卷，也无须进行实地的田野调查，因而其研究成本较低。

内容分析法具有很多优势，但它也存在局限性。第一，内容分析的对象仅限于那些已经被以某种形式记录下来了的东西。任何事物，只有当他们被以某种形式（如文字、录音、图片等）记录下来之后，才可能成为内容分析的对象；而对于未被记录下的事务，内容分析便无从谈起。这个局限要求研究者不要把内容分析当成唯一的工具来使用。很多时候，内容分析可以与访谈相结合，如对访谈内容进行分析。这种结合可以有效地弥补内容分析的这一局限。第二，它无法帮助我们厘清变量之间的因果关系。从这个意义上看，内容分析法更多的是一种描述性的分析方法。因此，学者们同样需要将内容分析法配合其他方法共同使用，推动科学实证研究的深化。

资料来源：刘伟．内容分析法在公共管理学研究中的应用．中国行政管理，2014（6）：93－98.

8.2.2 元分析

在对已有文献的利用方面，元分析近年来引起人们的关注。元分析（Meta-analysis）也称荟萃分析，是美国学者格拉斯（Glass）于1976年提出的概念，是以综合已有的发现为目的，对单个研究结果进行综合的统计学分析方法，可以理解为典型或定量元分析。元分析最早应用于心理学和医学临床领域，以解决治疗有效性的问题，近年来拓展到公共管理等社会科学领域。

作为一种定量分析方法，“元”不是对原始数据的统计，而是对众多现有实证文献统计结果的再次统计，通过利用相应的统计公式，对相关文献中的统计指标进行再一次的统计分析，从而可以根据获得的统计显著性等来分析两个变量间真实的相关关系。

元分析的过程包括研究主题选择、关键词选取、数据筛选以及实证分析。与前面提到的内容分析类似，元分析也需要构建数据库，数据来源是已有实证研究文献，这一点与内容分析主要采集原始文献不同。对于搜集来的有关数据，元分析需要录入统计软件包进行分析。软件包包含大量元分析理论，如 Hedges 的同质性检验，Rosenthal 和 Rubin 的聚合显著性水平分析，以及近似随机化检验及效果量大小计算，等等。该软件包还可以提供大量的程序来帮助完成数据录入、统计分析和图表分析，数据录入的形式既可以依据标准码的形式，也可以依据 SPSS 的固定格式。

元分析方法通过量化方式综合实证研究结果，是推进基础与应用研究、提高政府循证决策水平的重要工具，目前在很多社会科学领域已经得到运用。与传统的定性文献综述相比，元分析不仅可以更为客观地概述现有研究结论，还可以实证检验所提出的新的理论假设和框架，故而也被认为是一种带有综述性质的特殊实证研究。元分析能够高效地处理大量文献，结果更具客观性和可复制性，有很强的应用价值。

元分析能最大限度地减少各种偏向，确保结论的科学性、客观性和真实性。具体体现在：(1) 元分析运用各种手段从一群独立的研究中组织和提取信息，并对这些研究的结果做出总的估计，是一种定量分析方法；(2) 它包含某一研究课题下所有可接受的文献，全面而客观，弥补了单一研究的不足；(3) 元分析给出的通常是一般性的结论，是系统的和可重复的；(4) 元分析方法能发现单一因果分析或关系分析研究所不能发现的潜在规律。

但是元分析的缺点则包括：(1) 由于不同的研究所采用的研究方法和研究实验材料可能存在不一致，因此对其结果进行整合有可能是不适合的，也就是苹果和橘子的问题；(2) 元分析中所引入的研究有可能是低质量的，那么其结果的可靠性就无法保证，即 “garbage in garbage out problem”；(3) 具有统计学显著意义的研究结果较无显著性意义的结果或无效的结果被报告和发表的可能性更大，即发表偏见的问题；(4) 在计算效果量的过程中，某些研究可能会存在多个效果量，如果这些效果量来自同一个样本，那么对这些效果量的整合就会不适合。

延伸阅读

政府绩效的元分析

目的：利用现有研究，考察特定的文化维度（权力距离，power distance）如何影响政府绩效-信任链接。

数据：在 Web of Science 上以 “trust”（信任）和 “performance”（绩效）为关键词，学科范围限制在公共行政和政治学进行检索。排除没有实证结果的文章，获得 66 篇符合条件的研究。通过补充检索 ProQuest 和 SSRN 等网络，获得 6 篇可用数据。由此确定了 72 篇文章作为研究数据纳入分析。这些文章相当于 139 个独立样本，由 1982—2016 年 100 个国家和（或）年份的不同效应量组成。

变量：因变量是政府绩效与政府信任之间关系的效应大小，自变量是国家文化、绩效测量类型、绩效测量内容、分析层次（见表 8－1）。其中国家文化用霍夫施泰德（Hofstede）的权力距离得分来测量，是 1～120 的连续变量。

计算效应值：样本中约31%报告了绩效和信任之间的相关性，以相关系数 r 作为效应大小。对于未提供 r 的样本，基于统计量（t）和自由度（df）的公式进行计算。对于既没有提供 r 也没有提供统计量 t 的研究，则使用标准化回归系数作为效应量。当原始报告仅研究 p 值或显著性时，使用 r 的保守估计。

回归分析：在计算各个变量的效应值后，采用统计软件 R（包含"meta"和"metafor"包）进行分析。

表 8-1 元分析回归结果

	模型一	模型二	模型三
国家文化			
权力距离		−0.003** (0.001)	−0.004*** (0.001)
绩效测量类型		0.036 (0.027)	0.038 (0.03)
绩效测量内容			
投入		0.123*** (0.029)	0.096*** (0.026)
产出		−0.011† (0.006)	−0.011† (0.006)
居民满意度		0.013 (0.011)	0.012 (0.011)
分析层次			
特定政府机构绩效		−0.012 (0.029)	−0.021 (0.026)
地方政府绩效		0.037* (0.016)	0.035* (0.015)
控制变量	控制		控制
连续值	−17.067** (6.075)	0.311*** (0.057)	−23.345*** (6.39)
R^2	0.21	0.13	0.31
F 值	17.33***	6.03***	9.7***

注：N= 875；# of clusters = 132. *** p<.001，** p<.01，* p < .05，†p<.1.

资料来源：ZHANG J，LI H，YANG K. A meta-analysis of the government performance—trust link: taking cultural and methodological factors into account. Public administration review，2022（1）.

8.2.3 二次分析和统计资料分析

1. 二次分析

与内容分析需要专门构建数据库不同，二次分析是指利用那些由他人原先为别的目的收集和分析过的资料来开展新的研究。我们可以利用这些已有数据库进行新的研究，分析新的问题，也就是借用别人的数据去发掘新的课题。还可以用不同的方法技术去分析别人构建的资料，看看能否得出同样的结论。如同样运用某个数据库，得出与他人研究不同的结论，然后进行解释和对话。

二次分析用的资料和数据是别的研究者或研究机构通过实地调查所得到的原始数据。我们在第5章介绍过目前可以利用的多种微观调查数据库，这些可以申请获得的数据库，其数据规模还在不断扩大。很多高校和机构因为拥有自己独特的数据库而在本领域做出了特别的贡献。与此同时，对这些数据的开发利用是十分必要的，数据拥有者也乐意开放给同行和公众，促进共享。这些数据被利用得越多，数据库本身也就传播得越广。

二次分析的步骤，往往会经历这样几个过程：我们对某个数据库的结构有一定的了解，而在选择研究问题的时候，发现可以利用这个数据库的资料，于是对数据库的资料进行必要的加工，往往是重新定义所要研究的各种变量。在此基础上，需要花时间对资料进行重新分析。在具体方法上，可以采用各种统计分析的方法和技术，这与基于调查研究基础上的分析并没有区别。

利用别人收集的资料做研究遇到的现实问题主要是，原始问卷调查中没有我们需要的题项，找不到与研究目的直接相关的数据。解决的办法通常是寻找替代性指标，或者利用多个不同来源的统计数据。另外根据经验丰富人士的看法，运用已有数据库可以回答某个研究问题，写出单篇研究论文；但是一篇博士论文如果仅依赖已有的某个数据库通常是不能接受的，一般来说运用数据库的这部分研究可以构成学位论文的一章。

2. 统计资料分析

现存统计资料与二次分析的相同点是，所运用的资料都是别人已经收集好的；区别则在于，二次分析所用的是原始数据资料，通常是微观调查数据，而现存统计资料分析所利用的则是那种以频数、百分比等统计形式出现的数据资料。

常见的统计资料有《中国统计年鉴》，各行业各部门的分支统计年鉴（如《中国城市统计年鉴》《中国卫生年鉴》等），省市等地方政府部门编辑的统计年鉴，以及各种蓝皮书、研究报告、政府工作报告等发布的统计数据。对这些数据的挖掘和巧妙运用，也可以做出十分有价值的发现。

利用统计资料的时候，需要注意的是对统计资料的内容、对象、范围、特点以及统计指标的实际含义、计算方法等要十分清楚。另外需要注意，统计资料是聚集性资料，反映的是群体而非个体。这是它与微观数据库数据的区别，如要研究以社区为单位的某种现象，一般来说就缺乏现有统计资料可以利用。

3. 用法

学生在写论文的时候，找到能够利用的二手数据，开展二次分析和统计资料分析，通常是比较便利的途径。在已经发表的学术成果中，利用微观数据库和统计年鉴数据进行的学术研究是很多的，如人们对 CGSS、CHARLS、CHNS 等数据库进行了大量的开发利用，或者利用各种已有的官方统计资料，开展截面或者面板数据研究等。

实践中常见的做法是，一篇论文当中涉及的相关变量，其数据获得并非来自同一个数据源，而是可以来自多渠道的统计资料，作者需要在研究设计中对数据源进行必要的交代。对现有统计资料的灵活运用，体现了研究者的研究能力，尤其是在变量定义、数据理解、研究视野等方面具有的能力。如果在研究本土管理实践的过程中，严谨使用相关理论构建特定变量，并巧妙运用已有的多源统计数据进行定义和测量，那么这样的研究往往能达到很好的效果。

8.3 基于互联网的文献研究

8.3.1 必要性

在传统的文献资料之外，我们关注到利用互联网对文献的获取与利用。在数据大爆炸的时代，巨大体量的互联网数据为公共管理研究提供了新的路径。

1. 互联网大数据的产生及开发

大数据包括结构化、半结构化和非结构化数据。结构化数据是由二维表结构来逻辑表达和实现的数据，严格地遵循数据格式与长度规范，主要通过关系型数据库进行存储和管理。而非结构化数据则是没有预定义的数据模型，不适用于由数据库二维表来表现的数据，它包括所有格式的办公文档、XML、HTML、各类报表、图片和音频、视频信息等。这些非结构化数据要比结构化数据多得多，占到互联网数据的80%以上，并且每年都在快速增长。对这些数据的开发利用吸引了很多社会科学研究工作者。

利用互联网大数据开展社会科学研究有很多优势，如可以通过分析多种数据结构的历史数据对未来进行预测。值得注意的是，由于当今社会生活所产生的绝大多数数据都是非结构化数据，传统的数学和统计学方法是无法对这些数据进行计算的[①]。一方面，传统预测方法多基于统计方法，因此无法融合多源数据；另一方面，传统预测方法建立在强假设基础之上，因此无法进行精准的预测。而基于深度学习的大数据预测模型，则可以融合多种数据结构，提高预测的准确性，为相关政策和治理提供更为精准的目标[②]。

2. 公共数据的开发

利用基于互联网的文献更重要的理由在于，政府或公共部门拥有的数据是极其庞大的，如政务平台数据、知识产权公共服务数据、疫情防控数据、网格化管理数据、城市综合执法数据、社会保险数据、公共交通数据等。这些数据有些是公开的，更多的则不公开或有条件地公开。几乎所有展望大数据应用前景的研究都非常重视政府或公共部门相关数据的价值。这在很大程度上是因为这些数据关乎国计民生，分析这些数据有可能得到那些解决重大问题的重要分析结果。有学者认为，把政府数据开放出来，让研究者和创新创业者也可以使用，从而形成一个开放的数据生态体系十分必要。当然，政府推动数据开放需要先制定相关政策和机制，还要防范数据利用过程中的风险。

现代社会已成为一个具有高度复杂性、高度不确定性的复杂系统。通过大数据分析和社会计算，可以发现公共管理的新问题，精确刻画复杂的公共问题，有效降低公共管理的复杂性和不确定性，从而充分认识复杂公共问题的本质和规律，提高公共管理的预测与决策能力，优化公共服务水平，实现公共管理的科学化、智慧化和精准化。这既是

---

① 胡键．大数据技术与公共管理范式的转型．行政论坛，2018 (4).

② 黄欣卓．数据驱动社会科学研究转型的方向、路径与方法：关于“大数据与社会科学研究转型”主题的笔谈．公共管理学报，2019 (2).

公共管理研究方法的拓展，也是公共管理思维与行为方式的深刻变革①。

总之，在互联网时代，文献研究除利用传统纸质文献、购买专门化的电子数据库、利用已经整理的统计数据之外，基于互联网的文献研究也成为重要的途径之一。当我们面对海量网络数据，传统的人工处理方法和信息检索方法已经显得力不从心，准确、快速地从非结构化文本数据中提取出满足研究者需要的知识就需要利用各种文本挖掘方法。

8.3.2 文献获取

1. 渠道

公共管理可以充分利用公共衍生数据来开展相关研究。公共衍生大数据（public generated big data）的概念，指围绕公共话题和公共事务衍生的复杂、多样、低价值密度的海量数据。公共衍生大数据通常主要包含以下三类：与互联网公共话题相关的用户创造内容，政府部门在业务运作过程中产生的大量政策、法规及与其相关的文件和文档数据，政府信息化过程中建设的包括物联网系统在内的各类信息系统在运行中生成的大量数据（如交通、环境监测、网上办事数据）。简言之，就是有三类需要开发的数据：互联网公共话题数据，政府文件与文档数据，政府构建的各种数据库。

一般而言，互联网信息内容，是指互联网向上网用户无偿提供具有公开性、共享性信息的服务活动，以及网民在网络平台自创的公开性、共享性信息活动。其中，与公共话题有关的数据，如讨论、意见征求等，往往显示了公众对公共服务的态度、价值观念以及舆情特征等。

政府文件与文档数据的主要获取渠道为政府官方网站，在上面可以获得政府工作报告、政策文件、领导讲话等材料。如果需要获得某领域的相关政策，可以进入国务院网站，对国家政策和地方政策进行爬取，或者通过北大法宝进行爬取。此外，根据《中华人民共和国政府信息公开条例》，可以获取到的各种政府信息，包括：行政法规、规章和规范性文件，机关职能、机构设置、办公地址、办公时间、联系方式、负责人姓名，国民经济和社会发展规划、专项规划、区域规划及相关政策，政府集中采购项目的目录、标准及实施情况，重大建设项目的批准和实施情况，扶贫、教育、医疗、社会保障、促进就业等方面的政策、措施及其实施情况，突发公共事件的应急预案、预警信息及应对情况，环境保护、公共卫生、安全生产、食品药品、产品质量的监督检查情况结果，等等。借助政府公开的信息，可以进行关于服务型政府、公共政策执行、政府采购服务等多种相关研究。

政府在推进电子政务、数字政府、智慧城市的过程中构建了各种数据库，这些更是丰富的宝藏。伴随着政府数据几何级的扩张，公共管理领域可以进行挖掘的渠道也在不断增多，学者们的研究视角也日益多元。近年来一些地方政府十分重视数据的开发利用。例如，深圳市政务服务数据管理局联合坪山区人民政府、前海管理局共同主办深圳开放数据应用创新大赛，向参赛者开放的政府服务数据包括：交通数据、室内停车、公租房

---

① 范如国．公共管理研究基于大数据与社会计算的方法论革命．中国社会科学，2018（9）．

轮候、卫星遥感、文体公益活动、游客预约、道路积水、深圳图书馆进馆人次统计、龙岗区坂田街道交通流量、企业信用目录、坪山区民生诉求数据、坪山区河流域和易积水道路视频、光明区政府服务办事大厅预约数据等。从 2019 年开始，深圳市政务服务数据管理局每年成功组织举办全球开放数据应用创新大赛，至 2022 年累计开放数据超过 62 亿条，有效营造了政府、企业、社会、市民共建共治共享的数据开放和应用创新氛围，为政府探索开放数据应用树立了标杆①。

在政务数据外，我们还可以利用官方微博、公众号文章，主流媒体的视频、专栏节目等。除了常见的文本形式，短视频也可以作为研究资料。例如，在国内主流视频网站上以“城管执法冲突”为关键词进行检索，人工浏览并进行判断，最后保留 273 个城管执法冲突视频，总时长约 78 小时。据此对这些视频撰写笔记，进行编码研究②。

2. 采集技术

面对海量互联网信息，人工判断显然不是很好的选择。这个时候，需要借助数据采集技术。目前使用最多的编程语言为 Python。Python 是一门简单易学好用，同时功能强大的编程语言，具有丰富和强大的库，开发效率特别高，可为后续的大数据分析、挖掘、机器学习等提供重要的数据源。

如果缺乏编程训练，可借助网络爬虫技术来实现信息的收集。网络爬虫是互联网信息自动采集技术，从指定的新闻门户、论坛、博客、微博等站点抓取相关的信息，借助这种技术有助于从烦冗的信息中抓取有价值的材料，及时、快速地跟踪正在发生的事件，提高对文献资料的研究水平。在爬虫技术方面，常用的数据采集工具有八爪鱼、集搜客 GooSeeker、后羿采集器等。其中，八爪鱼是国内知名度最高的网络爬虫软件之一，可以自定义采集规则，让不懂编程的人也可以采集到自己想要的数据。不管是文字图片，还是贴吧论坛，八爪鱼支持所有业务渠道的爬虫，满足各种采集需求。GooSeeker 通用于国内外网站，能大批量抓取，可作为微博采集工具箱，采集数据一键输出至 EXCEL 表格；软件还可做自动分词和情感分析、报表摘录和笔记等。后羿采集器功能强大，支持无限制免费导出，支持 TXT、EXCEL、CSV 和 HTML 文件格式。

8.3.3　互联网文献处理与示例

1. 常用分析技术

对采集的互联网资料，一般需要通过特定的方式进行处理。一直以来，社会科学家都将文本作为研究社会科学的重要资料来源，并采用各种方式对文本主题和语义内容进行分析，这使得内容分析、文本分析在公共政策领域得到广泛运用。

内容分析通常借用 NVivo 等质性研究软件，并受到社科工作者的欢迎。这款软件支持定性研究方法和混合研究方法，可以收集、整理和分析访谈、焦点小组讨论、问卷调查、音频等内容，最新版本还能协助处理社交媒体和网页内容。但是，时代发展使得传

① 2021 全球开放数据应用创新大赛成果分享汇圆满落幕．深圳特区报，2021－11－28（A02）.

② 赵晨，付悦，高中华，等．城管执法冲突的微观互动过程、诱因与结果：基于互动仪式理论的民族志研究．公共管理学报，2020（4）.

统手工编码无法应对海量的大众媒体新闻报道和公共舆论，如何利用自动化的方式对文本进行分析在此情况下显得尤为重要。

在对网络资料的处理方面，结构化的主题建模（topic modelling）越来越受到关注。目前，主题建模在研究民主议程、政策回应等问题时展现出了良好的效果，同时在分析公共舆论文本数据过程中也有着很好的运用。相对于 NVivo 用人工编码的方式对文本内容进行主观拆解和评估，主题建模使用文本挖掘能够更加有效地处理大量文本，从而更加客观系统地探测潜在的重要主题类别。因此，该过程更加透明和可复制，有助于克服手动分类的主观性和可能产生的歧义。

主题建模是从大量文本信息中发现并提取文本主题信息的一种统计方法，概率主题建模策略是主题建模方法中的一种典型方法。其中，潜在狄利克雷分配（latent Dirichlet allocation，LDA）模型是最常用的算法之一，这种无监督机器学习技术可以用来识别大规模文档集或语料库中潜在隐藏的主题信息。LDA 模型认为，主题是固定词语的概率分布，而文档是特定主题的概率分布，两个概率分布基于先验和后验关系形成一种联合分布，进而决定了一个文本的隐含语义结构。简单来说，LDA 模型认为，词汇的概率分布在一定程度上映射特定主题，而特定主题的概率分布则勾勒整篇文档的语义特征。

在开展主题建模前要进行文本预处理，主要包括几个步骤：第一步是建立语料库。以政策文本为例，将全部政策文件合并，剔除发文字号、附件、表格等信息，创建语料库，将文本内容按照完整的语义段落进行分割。第二步是对每段落进行分词。目前中文文本分析中常用的分词包有 Jieba、ICTCLAS 等。第三步是删除停用词。由于文本数据冗杂，文本数据生成模型的过程中可能会出现由部分不符合整体分布规律的离群样本聚类出的无意义主题。对此，研究人员可以在均衡主题的衔接性和排他性的基础上，合理调节参数，降低无意义主题数量，并在随后对其进行剔除。删除标点符号、数字、连词等，并根据研究主题在停用词典中删除一些经常出现但无实际指向的词汇，以尽可能减少它们对于主题建模的干扰。

在进入资料分析阶段后，运用可视化安装包选取若干个关键词绘制词云图，运用 Python 软件中的 gensim 包将完成预处理的文件转变为词向量集，每一个文档都被表示为由若干词语组成的向量①。LDA 模型的主要作用就是将语料库中大量非结构化的文本数据转换为可供研究人员进行分析的数据，并依据选定的参数进行文档-主题、主题-词的聚类工作。通过集中每篇文档的主题以概率分布的形式输出，根据主题分布进行聚类，较好地起到对主题进行降维的作用，从而使研究者能够在较短时间内从语料库中得到一组可供解读的主题。由于 LDA 模型得到的主题是由关键词构成的主题词向量而非完整主题名称，因此依旧需要研究者根据每个主题中关键词的逻辑联系，以及给定主题下相关度较高的文档，推断每个主题并命名。

在主题建模之外，社会网络分析（social network analysis，SNA）由于其结论可视化强等方面的优势在文献关系及网络舆情分析中得到了广泛的应用，奠定了其在公共管理与公共政策分析领域的应用基础。社会网络分析由四个核心要素组成：（1）结构性视

---

① 和经纬，苏芮．试验性治理与试点嵌套：中国公立医院改革的政策逻辑．社会保障评论，2021（4）．

可能产生的种种反应性误差。(3) 费用低。采用文献法进行研究，省去了问卷调查和实地调查的各种事项，如差旅费、调研费、印刷费，以及各种协调工作等，省事省钱，而且往往能得到大样本数据。(4) 适合做纵贯研究。利用文献的研究，可以采集某一社会现象的历史资料进行分析。包含追踪调查的微观数据库以及各种年度统计资料，这一点上特别适合对社会事物开展纵贯研究。这也是文献法所具有的特别优势，其他方法则不具备。

文献研究的缺点是：(1) 文献的质量难以保证。例如，关于某项政策制定过程中的讨论资料，可能是在一段时间后在当事人的回忆文章中出现的，但对有关信息的回忆没有那么准确。更多的时候我们难以判断文献的质量，可能拿到的是良莠不齐甚至人为编造的材料。基于互联网的信息也是如此，这对后续研究必然产生不好的影响。(2) 很难获取相关资料。有些资料是不易获得的，如对某些特殊对象，目前少有人对其开展研究，或者对象本身是涉密的内容，这样就无法得到必要的足够的文献资料。(3) 编码技术的限制。许多文献资料由于缺乏标准化的形式，因而难以编码和分析。计算机编码技术在公共管理领域得到了运用，但也需要一定程度的人工判断。(4) 信度和效度存在一定的问题，这与编码的过程有关。几个人对同一组资料进行编码，编码过程难免会受到各自主观因素的影响。即使几个人达成了一致的意见，编码结果能否真正反映资料背后的概念呢？这也是存疑的。

8.4.2 文献研究的性质不是单一的

文献研究本身是一种研究方式。从资料来源看，资料既可以是定性的也可以是定量的；从资料分析方法看，方法既可以是定性的也可以是定量的。

传统的文献研究多为结构式定性分析，由于定性研究给人缺乏直观性和系统性的印象，因此基于定量分析的文献研究所具有的优势在当前受到了重视，在一定程度上反映了文献分析方法的发展趋势。

本书第5章介绍过微观调查数据库、常用统计数据库，这类直接以数据形式存在的统计文献，是利用二手资料进行定量研究的好选择。人们可以对收集到的丰富的二手数据开展社会网络分析、知识图谱分析等。因此，一般意义上的内容分析、二次分析、现存统计资料分析等，都被视为利用文献的定量研究。与此同时，在互联网发达的时代，网络提供了大量的非结构化数据，如果没有工具来分析这些海量数据，数据的巨大价值将无法发挥。用于挖掘非结构化数据的分析工具正处于发展阶段，为人们利用非结构化的文献开展定量研究提供了方便。

但文献的定性分析也不可能被取代，许多文献本身就适用于定性分析，如果把这类文献硬性做定量分析，既不必要也容易引发人们的不适应。事实上，当前的文献研究中既有结构式定量分析如内容分析等，又有大量的非结构式定性分析。它们从不同的侧面对文献中所包含的信息进行加工和整理。所以，对文献的定性研究和定量研究，二者相互依存，相互渗透，相互结合，相互补充。

对于利用文献的定性研究，从表面上看，研究者只需要一头扎进故纸堆里，闭门造车就能得出结果。其实利用文献的定性研究并不简单。在传统上，研究者要从大量的文献中找到所需的文献，收集有价值的资料，通过研读和分析，提出一个有创新性的分析框架，对社会事实进行客观的解释和评价，并不是件容易的事情。当我们面对的是利用互联网提取的海量文献时，如何利用这些文献进行定性分析就更不容易了。

所以，利用文献的研究可以呈现出定量研究和定性研究不同的形式。以政策文本为例，既可以对其开展社会网络分析等定量研究，也可以对其进行政策工具分析，还可以连同其他途径获得的资料如实地访谈资料等，用案例研究、扎根理论等开展深入的定性分析。同样的例子还有，面对北京市 12345 热线的资料，可以对海量实时数据（来电数据和回访数据）进行回归分析，探讨超大城市热线问政过程中的市民诉求与政府回应之特征及其关系①；也可以基于 12345 热线的经验，探析政府破解政策过程中信息不对称障碍、有效回应的实现机制，从整体上开展定性研究②。需要注意的是，利用文献开展定性研究，通常需要与访谈法结合，在文档资料的基础上结合实地调查获得的一手访谈数据，通过编码技术等，对某种社会事物和现象进行深入分析。完全依据文献资料开展定性分析，可能会受到信效度的影响，也会影响观点的得出。

本章小结

1. 文献的形式和来源有多种，公共管理领域常用的文献既包含传统的出版文献，也包括可以利用的互联网文献。

2. 公共管理领域对互联网文献的运用，主要是政府官网、官微、公众号的各种文本，政府构建的数据库，互联网有关公共话题的讨论，等等。

3. 利用文献开展研究，目前主要采用定量研究的方式，包括内容分析、元分析、二次分析、统计资料分析等。常用的文献分析技术包含主题建模、社会网络分析等。

4. 利用文献的定性研究，通常需要与访谈法结合，在文档资料的基础上结合一手的访谈数据，对某种社会事物和现象进行深入分析。

5. 文献研究本身是一种研究方式，资料来源既可以是定性的也可以是定量的，分析方法既可以是定性的也可以是定量的。

关键术语

文献　文献研究　内容分析　元分析　二次分析　统计资料分析　文献获取　文献处理　互联网文献　爬取　主题建模　社会网络分析

① 赵金旭，王宁，孟天广．链接市民与城市：超大城市治理中的热线问政与政府回应：基于北京市 12345 政务热线大数据分析．电子政务，2021（2）．

② 张楠迪扬．“全响应”政府回应机制：基于北京市 12345 市民服务热线“接诉即办”的经验分析．行政论坛，2022（1）．

复习思考题

1. 文献研究与其他研究方式的本质区别是什么？

2. 各选择一本代表性中英文刊物，找出几篇利用文献的定量研究，总结它们所采用的具体方法。

3. 如何对政策文本开展内容分析？结合你的研究领域，做一个小练习。

4. 基于互联网的文献研究，适用于哪些场景？

5. 如何理解文献研究？

第9章

定性资料的收集整理

进入本章，我们的目光进入传统意义上的定性研究。根据前面章节的介绍，定性研究方式主要包括实地研究（field research），也包括利用文献进行的定性分析。本章介绍以实地研究的方式开展的定性研究资料的收集及整理。

重要问题

- 实地研究的过程
- 访谈法的类型
- 访谈法的特点
- 观察法的特点
- 定性资料整理的过程
- 三角验证

9.1 实地研究概述

9.1.1 实地研究的概念和形式

实地研究是一种深入研究现象的生活背景，以参与观察和无结构访谈的方式收集资料，并通过对这些资料的定性分析来理解和解释现象的研究方式。

在实地研究的过程中，收集资料的主要方式就是访谈、观察这两种研究方法。其中有正式的采访、座谈、参观，通常是当地部门为调查者专门安排的活动；也有非正式的观察和访谈，如村头旁听、随机与村民的交流等。实地研究的最基本特征就是“到现场”，它需要研究者深入场景，有相当一段时间置身于调查对象之中，甚至与他们一起工作和生活。有的研究者利用假期前往农村蹲点调查，一待就是几个月。有的博士生在论文开题之后，前往调查点如政府部门、企业、街道、社区等进行实地研究，通常会花费几个月甚至更长的时间。还有的采取基层挂职的形式，这样可以更好地为调研提供便利。所以实地研究需要一定的时间和经费保证。

从资料分析方面看，实地研究作为一种定性研究方式，也是一种理论建构型的方式。它强调“实地”，践行没有调查就没有发言权。这种调查不是走马观花的，来了就走的那种，也不是以结构式问卷出现的那种。实地研究认为只有在特定情境中生活一段时间，在观察、感受、领悟的基础上去理解研究对象，才能提出相应的解释框架。隔空式的、缺乏面对面交流和信任的调查，无法得到真正的答案。这也是田野调查倡导者反对通过低水平的问卷调查以及利用现有数据库开展隔靴搔痒式研究的原因。

从研究结果的呈现来看，实地研究通常表现为案例研究，以及在深入调查基础上的扎根理论等。这也是近年来实地研究不断深入的反映。在案例研究中，以社区为分析单位是经常见到的。关于治理重心下移和基层治理实践的研究，实地研究是最好的方式。当然，案例研究和扎根理论的资料，不一定全部来源于实地调查，往往也需要其他来源。

9.1.2 实地研究的过程

实地研究的几个必要阶段：选择研究背景，获准进入，取得信任和建立友善关系，收集资料（主要是观察和访谈），整理和分析资料，报告研究结果。

实地研究的第一步是选择研究背景。主要指选择与研究问题紧密相关，容易进入、容易观察的背景。在设计实地研究计划的时候，一般选择那些符合研究问题（如比较典型的案例社区）同时又具备实地调研条件的社区。

第二步是获准进入。当我们以一个陌生人的身份想要进入一个社区、一个组织开展实地调查时，如何使自己的行为合法化无疑是一个关键的环节。一般需要在出发之前，取得所在单位或者更高级别部门出具的正式介绍信。与此同时，为了使调查能够顺利开展而不是流于其表，通常还需要运用一些朋友、熟人关系，通过这些中间人物的帮助，取得被调查者的信任，使被调查者愿意花一些时间接受我们的访问。中间人物带领我们去现场，给双方做一些介绍，或者提前给被调查者介绍好情况，这些都是十分必要的。

第三步就是取得信任和建立友善关系，这一步至关重要。虽然进入现场了，但后面的工作就全靠调查者的表现了，例如如何开场、如何与对象互动等。能否取得研究对象的信任，决定了后面的访谈、观察等是否顺利进行，决定了能否获得真正有价值的素材和数据资料。为了确保工作的顺利，需要尽快与被调查对象打成一片。

第四步是收集资料。在实地研究中对资料的记录是十分重要的。尤其是通过参与观察得到的资料，还有无结构访谈时聊出来的资料，这些资料有的转瞬即逝，需要及时记录。以最快的速度，最好是以不引人注意的方式简单记下来。在现场无法记录的情况下，需要在最短的时间内及时追记。每天晚上都要对当天的观察和谈话情况进行回忆，并进行记录。专家建议，在笔记本上专门留出 1/3 的空白，记录在访谈和观察过程看到的、想到的内容以及心中的理解和领悟。

第五步是整理和分析资料，后面 9.4 节将对这个步骤做介绍。

第六步是报告研究结果，这个我们放到第 12 章讲解。

9.2 访谈法

访谈法的最大特点在于整个访谈过程是使访谈者和被访谈者互相影响、互相作用的过程。访谈法的另一个显著特点是它具有特定的科学目的和一整套设计、编制和实施的原则。它保证了访谈法的科学性、有效性、访谈结论的客观性，使访谈法完全不同于一般的交谈或日常生活中的“聊天”。

9.2.1 访谈的类型

访谈是从问题提出开始的，根据提问的标准化、自由度，访谈可分为结构式、无结构式、半结构式。结构式访谈是标准化的（定量研究访谈），半结构式访谈是有主题和问题牵引的，但会根据访谈对象做调整。无结构式/深度访谈则是非正式的，没有预设问题。

结构式访谈是按照事先设计好的问卷来进行的一种高度控制的访谈。统一的问卷是结构访谈的主要工具。结构访问要求调查者以相同方式提问、记录。显而易见，结构式访谈所获得的资料易于整理和比较，全部过程都能够进行有效控制，具有较高的信度与效度。

但是，结构式访谈要使用统一的问卷和表格进行调查，这种统一的问卷和表格显然无法包括事件的全部，故而只能从中选取几个方面进行调查，如此就使这种类型的访问很难触及社会生活的深层及其变化过程，难以综合性地、多层次地把握问题，使研究流于表面化。对于问卷回收之后得出的某些统计结果，因为不知道有关的社会背景情况，故而无法进行恰当深入的解释。此外，结构式访谈不能像参与观察那样，提供对研究物件在其中生活和行动的生活环境的感觉。虽然与被访人有一定的交往从而有某种程度的感性体验，但严格的标准化程式使访问者与被访问者的正面促进作用难以发挥，这种感性体验无法深刻。因此，在实际调查中，结构式访谈往往与另一种访谈方法即无结构访谈结合使用。也就是需要在问卷之外，围绕调查的目的，展开无结构访谈，以获取新的资料。

无结构式访谈也即对于如何提问，事先没有统一的标准，只围绕访谈的主题或范围拟定一个粗线条的访问提纲，由访谈员和被访者围绕这个提纲进行比较自由的交谈。无结构式访谈最大的好处就是弹性大，有利于适应千变万化的客观情况，有利于发挥访员和受访者双方的主动性和创造性。受访者能够充分表达自己的意见，在访谈中有可能形成一些新的问题与见解。但是无结构式访谈并不等于漫谈。

在实际研究中，无结构式访谈与“深度访谈”（in-depth interview）联系在一起。深度访谈是无结构的、直接的、一对一的访问形式。在访问过程中，由掌握高级访谈技巧的调查员对调查对象进行深入的访问，不断追问，用以揭示其对某一问题的潜在动机、态度和情感。无结构式访谈所获得的资料主要是质的资料而不是量的资料，所以结果难以做量化分析。此外，无结构式访谈的成效高度依赖于访员的专业素质，初学者不容易掌握。

在实际调查中，大多数访谈采用的是半结构化的。半结构式访谈也就是准备一套问题，逐个向访谈对象提问；同时在访谈中会有一些探索性的问题（根据访谈的情况可能临时起意，并不在之前的设计中）。

半结构式访谈常常与焦点小组访谈（focus groups interview）联系在一起。焦点小组是一种群体访谈方法，围绕一组特定话题来组织群体讨论。焦点座谈由一个经过训练的主持人与一个小组的被调查者交谈，目的是描述和理解选定的群体给该话题赋予的意义及其诠释，从而让研究者能够从该群体的角度来理解特定话题。一般来说，焦点小组会邀请6～10人的群体参与讨论，这些人来自相似的社会文化背景，或者共享某种经历，又或者关注同一问题。这些人会在主持人的帮助下，围绕特定议题进行1～2个小时的讨论。这种讨论不需要达成某种共识，但是要在轻松自由的气氛下进行，以保证每个参与者都有足够的参与和互动。焦点小组与深度访谈的最大区别是：它不仅可以获取个人答案，还能够了解人与人之间的协商过程。焦点小组与深度访谈相比，后者对调查者的要求更严格，对数据的分析和解释也要求由专业人员完成，所占用的时间和所花的经费较多，因而作为快速收集深度信息的一种方式，焦点小组应用得更为广泛。

9.2.2　访谈的程序与技巧

1. 访谈的程序

访谈的程序分为访前准备、实施访谈、结束访谈三个阶段。

访前准备：访谈前有五项工作必须完成。(1) 确定访谈的主要内容。(2) 根据研究目的选择适当的访谈方法并制定调查提纲和所需表格。(3) 确定合适的访谈对象，了解其基本情况。(4) 选择适当的时间、地点和场合进行访谈。(5) 备齐访谈工具。

实施访谈：(1) 获准进入。通常有两种方式，一是通过正式渠道获得组织和单位的介绍信，这种方式可以比较好地解除官员的防范和受访者对访员身份的疑虑；二是启用亲友关系网络，通过熟人介绍，这种方法有助于被受访者接纳。(2) 建立信任。信任是感情交流的基础，有了信任才能相互合作，才能得到真心话，访谈的信度才高。这要求访谈者放下社会研究的态度，通过对日常生活的提问，掌握一些双方得以共同对话的基础，从而创造出一种真正的面对面的我群关系。(3) 正式访谈。访员通过准备的问题向受访者提问，让受访者打开心扉，将其知道的信息一点一点吐露出来。在这里，交谈就成了一门艺术。(4) 访谈记录。访谈记录分为当堂记录和事后记录两种，当堂记录要争得受访者的同意，最好的方式是现场录音；事后记录必须在访谈后尽可能短的时间内追忆。所有记录都必须忠实于受访者的所述所讲。一般在当天晚上将文字、音频等整理出来，并在文档旁边做必要的点评，包括研究者本人的直接判断、感情、评价、认识、猜想、理解等主观内容。

结束访谈：判断访谈过程是否应该结束，访员可以通过三个问题进行把握："问题是否问完?”“回答内容是否充分?”“能不能、有无必要继续谈下去?”同时也要注意控制访谈的时间。最后告辞时，除了要认真整理好问卷等各种资料，还应该对受访者表达真诚的感谢。如果访谈分为几个阶段，那么在第一次访问结束时还需要约好下次访问的时间地点，并请对方确认，交换联系方式。

2. 访谈的技巧

从访谈的程序可以看出，访谈需要通过与陌生人的交流，得到自己所需的资料，所以特别需要讲究交往和谈话技巧。访谈本身也是一种人际沟通的艺术，访员必须运用各种访谈技巧并做到游刃有余，才能实现访谈调查的成功。研究者常用的技巧包括提问、倾听、回应的技巧以及非语言技巧。访谈法所具有的强烈的个人色彩，披露了访谈技巧的实质是访谈控制。而一般来说，提问控制和表情控制是访谈控制最基本的两种手段。

（1）访谈的语言控制。

如何提问：提问控制意味着访员主导访谈方向，使话题始终紧靠主题。为此，提问控制的一条不变的法则是，访员以吃透调查目的为前提，一环套一环循序渐进地提问。要照顾问题之间的逻辑关系，尽量保持问题的连续性。忽左忽右，东一榔头西一棒槌，受访者会无所适从，便无提问控制可言。由于访谈必须让受访者打开话匣子，从而把知道的信息尽可能多地挖掘出来，所以提问控制更多要解决的是技巧问题。在访谈的过程中，要让受访者打开心扉，提问的方式有很多，有开门见山式、投石问路式、顺水推舟式、顺藤摸瓜式、借题发挥式、循循善诱式等等。具体何种方式更合适，取决于以下三方面因素：1）问题本身的性质和特点。对于复杂和敏感的问题，提问时应小心谨慎，尽量采用委婉迂回的方式；而简单、普遍的问题则可不必顾虑，直接从正面提出。2）被访的具体情况。对那些性格孤僻、思想上有顾虑、理解能力较差的受访者，提问不能过于直接，而应该采用耐心诱导、逐步深入的方式提问；对那些性格开朗、无顾虑或教育程度较高、理解能力较强的受访者则可以开门见山、单刀直入地提问。3）访员与受访者之间的关系。在访员与受访者互不熟悉、彼此之间尚未建立起信任感的情况下，应该耐心、慎重地提问；相反，如果双方已熟来熟往，则可直截了当地提问。总之，提问作为一种谈话的艺术，没有一成不变的模式，访员应该在综合考察以上三方面因素的基础上，因地制宜地选择最恰当的提问方式，顺其自然、随机应变，以期取得良好的访谈效果。

如何追问：在提问过程中，为了帮助受访者加深对问题的理解，以取得预期的回答效果，访员还要善于对问题进行追问。追问不是引导，也不是提出新的问题，而是对已经谈过的问题中不清楚的地方进行再次询问，目的是使问题的回答更具体、更准确、更完整，追问是对提问的延伸或补充。访谈过程中如果发现被访者的回答有虚假、前后矛盾、含混不清、过于笼统、残缺不全的时候就需要追问。对于一些重要的问题，特别是问卷当中的开放式问题一般都要进行三度追问：“有吗?”“还有吗?”“您认为没有了吗?”由此确定被调查者已经完全彻底地表达出了全部的真实想法。追问的意思是访员帮助受访者回答问题，以尽量取得完满的资料。追问的方式多种多样，如正面追询、侧面追询、系统追询、补充追询、重复追询、激将法追询等。对问题的追询要做到适时与适度。适时是指要把握好追问的时机，以不妨碍访谈的顺利进行为原则；适度是指要掌握好追问的分寸，以不伤害受访者的感情为原则。

如何引导：引导一般出现在两种情况下。一种是当访员需要将正在问的题目转向一个新的题目时，在转换过程中，受访者可能会由于思路的转向而出现停顿，或者因为缺乏心理准备而产生困惑，这时便需要访员启发、诱导。此时，引导的意思是内容转换，即当访谈题目从一个转到另一个时，访员要有意识地帮助受访者实现这种转换。另一种情况是，当受访者答非所问、欲言又止、语塞或漫无边际扯得太远的时候，也应巧用引导，使访问能够围绕相关问题继续进行下去。此时，引导的意思是防止跑题，即使受访者特别健谈，气氛非常热烈，但访谈的方向、内容自始至终都应由访员来牢牢把握。受访者和访员两者的角色不可错位，以使访谈在每一种情况下都取得成功。而且，访员对访谈的控制不能明显地表现出来，只能以受访者不易察觉的方式来自然进行。

善于倾听和回应：善于聆听，是访谈成功的一个要诀。研究者只有通过倾听受访者的回答，才能切实了解他们的真实想法。尽管倾听更多是一种无声的形式，但它却传达了情感，人的情感很容易产生共鸣。研究者在倾听过程中应该明显表现出对对方的重视、接纳、理解。这样，受访者就会受到感染，与你进行比较畅快的交流；回应是指研究者对被访者在访谈过程中的言行做出的反应。回应的目的是使研究者与被访者建立一种对话关系，及时地将自己的态度、意向和感觉传递给被访者。回应会影响到被访者的积极性和谈话内容。

（2）访谈的非语言控制。

社会语言学家勒克曼（Thomas Luckmann）指出："语言成为主要的和最重要的社会交流系统，并取代了过去作为主要代码的原始形式。但社会交流中一些古老的组成要素，如与手势、姿态、面部表情相联系的那些最重要的成分，继续与语言并存。"因此，访谈过程除了"访"和"问"的言语交流，访员还应该随时通过各种非语言交流方式，包括肢体语言、目光、表情等的互动，来控制访谈过程。

9.2.3 访谈法的优缺点

社会研究有一系列的数据收集技术。可以通过开展问卷调查、分析官方数据以及开展实验等手段回答很多重要的问题，但它们存在一定的局限性：统计结果不容易与人沟通。因为数字不能讲一个人们易于理解的故事。此外，将答案转化为数字的过程，抽空了情境，这就损失了很多使得现实问题得以发生的具体条件。

与其他数据收集方法相比，访谈法的优势在于它收集数据的厚度和深度。它能够揭示事物的变化过程和原因，因此适合描述社会和政治过程；同时它能够披露人物的内心世界，有助于深入探索个人问题。其中，无结构式访谈的最大长处是交谈的时候弹性大，灵活性强，有利于发挥双方的主动性和创造性，在互动中增进信任，获得有价值的资料，甚至引发令人激动的发现。此外，通过半结构的焦点小组访谈能够同时访谈多个对象，节约人力物力，在较短时间内相对高效地获得有关社会现象的基础资料。因此，访谈法在社会科学研究中有着比较广泛的运用，尤其是在对事物的各种因素缺乏了解的探索性研究中。很多混合式研究也会在资料收集阶段采用访谈法。

但是访谈法显然也有不少缺点，如无结构式访谈对于访谈者的个人技巧有一定的要求。如果缺乏训练，上来就问“你幸福吗?”，很显然是没法获得真正有用信息的。缺乏对话技巧，不能控场，总是跑题，也不能获得有价值的信息。语言技巧不够，一聊就死，或者尬聊，那样也只能匆匆结束访谈。

此外，当进行焦点小组访谈的时候，容易产生和形成“团体压力”和“从众行为”，使得参加小组访谈的对象有意无意地隐瞒一些情况，或者附和他人的看法。基于同样的原因，对于某些敏感问题的访谈，也就不适合集体式的访谈。这是前往社区、企业尤其是对组织层面开展研究的时候需要注意的。

延伸阅读

深度访谈与公共服务动机量表的开发

抽取20名中国人民大学在职MPA学生进行深度访谈。对访谈对象所来自的地区、部门、层级以及工作年限进行了策略性的选取。他们分别来自15个不同省份，覆盖东、中、西部不同地区，其中在政府部门工作的10人，在事业单位工作的7人，在非营利组织工作的3人，覆盖从基层到中央不同层级，较大程度上保证了测量内容的完整性。他们在公共部门的平均工作年限达6.4年，对公共部门的实际工作有较深了解。

在访谈开始前，首先向受访者确保访谈内容的保密性，在收集访谈对象的基本信息后，受访者会被询问两个问题：(1) 在您的工作中是不是会遇到有些人存在较强的公共服务动机，而有些人相对较弱？(2) 您是怎么看出来（某些人具有较强的公共服务动机）的呢？能不能举几个例子？若在提问过程中受访者有所疑问（如询问什么是“公共”？什么是“动机”?)，调查员会进行反问（如您认为“公共”或“动机”是什么呢？您的看法是什么呢?)，避免引导性的语言。每位受访者的平均访谈时间约为两小时。

访谈形成了12万字左右的记录，收集到与公共服务动机相关的描述286条，每条描述都进行了编码。首先对所有描述进行初步筛选，筛选标准为：(1) 描述有清楚的含义；(2) 描述体现公共服务动机的内容。初步筛选剔除了27条不可用的描述，保留了259条有效描述。由于受访者提供的描述可能存在含义重复或者含义不单一的情况，如同一描述包括两到三个不同含义，通过对描述基本相同的含义进行合并，对描述不单一的含义进行拆分，整合后剩下81条有效描述。随后，根据描述内容的类似性，对81条描述进行归纳和分类，最后得出公共服务动机的六大类描述。根据分析出的六大类共81条描述，在充分反映每类描述内容的基础上，以语言表达的合意性为原则，同时参考国外量表中的相关表达，从每一类描述中选出代表性条目，进行量表编制。邀请来自北京高校、政府部门及非营利组织的相关专家对初步形成的量表进行了深入讨论。结合专家意见及对内容效度、文字表述以及是否符合中国的实际情况的综合考虑，在调整相关题项后，得到了量表初稿。随后，将初稿交予北京市4名资深公务人员填写，并在填写结束后征求他们的意见，根据反馈对几处用词进行了调整，最后形成了初步的中国公共服务动机量表。

资料来源：杨开峰，杨慧珊．公共服务动机量表的中国化．治理研究，2021 (6).

9.3　观察法

9.3.1　观察的类型

根据观察的情境条件，可以将观察法分为两种：自然观察和实验观察。自然观察指在自然发生的条件下观察研究对象。所谓“自然发生的条件”，是指对观察对象不加控制、不加干预、不影响其常态，因此是在现实生活中对研究对象进行观察。实验观察则是要对观察的情境条件做严密的人为控制，然后就研究对象观察其结果。实验观察适用于可重复进行、多次再现的被研究对象，由于加入了人为的控制，所以人的主观能动性也往往能得到比较充分的发挥。在社会科学研究中，社会工作、心理学等领域的课题，常采用实验观察。但由于实验观察有一定的条件要求，所以社会科学中最常采用的是自然观察。

根据观察方式的结构程度，可以将社会科学中的观察法分为结构观察和无结构观察。所谓结构观察，是指观察者根据事先设计好的提纲并严格按照规定的内容和计划进行观察。这种观察方法的特点是结构严谨，计划周密，观察过程和记录标准化，但它缺乏弹性，容易影响观察结果的深度与广度。无结构观察是没有统一的、固定不变的观察内容和表格等，是依据实际情况进行的自然观察，主要采取参与观察的方式。

根据观察过程中研究者的角色，即是否直接介入被观察者的活动，可以将社会科学中的观察法分为参与观察和非参与观察。非参与观察也称旁观观察、局外观察，观察者不介入观察对象的生活，而仅仅是旁观者。参与观察则与此相反，要求研究者在进行研究时深入研究客体的生活，在与研究客体共同生活之中进行观察和研究。

1. 非参与观察

这是一种经常采用的观察方法。其主要特征是：

（1）观察者不介入观察对象的生活，而仅仅是旁观者。

在实施旁观观察法的时间内，观察者和观察对象并没有“打成一片”，观察者无法成为观察对象在生活中的伙伴，观察者无法成为观察对象生活中的重要部分。其标志是，观察者对于观察对象而言是可有可无的，观察对象并不知道观察者作为观察者的存在，观察者并没有影响观察对象一贯的生活方式、生活规律。观察者进行的观察并没有在长时期内影响观察者的生活方式，观察对象对于观察者而言也只是生活中的一个小插曲。

（2）观察的时间很短。

由于旁观观察法要求观察者不介入观察对象的生活，所以观察者对于观察对象的观察往往在很短的时间内进行。如果观察者长时间对某个观察对象进行观察，势必会形成对于观察对象的尾随，从而势必介入观察对象的生活。一般来说，采用旁观观察法的观察时间不超过一个月，甚至只有几个小时或者更短。

（3）观察的地点一般是公共场所。

由于观察者和观察对象之间没有建立密切的关系，观察者知道观察对象而观察对象不知道观察者，从而使得观察者往往只能在公共场所进行观察。

（4）观察者一般不告知观察对象他/她在进行观察。

为了避免观察对象因为观察者的观察而有行为上的变形，观察者实施旁观观察时往往尽可能不使观察对象察觉。

总之，非参与观察是观察者在公共场所实施的、时间很短的、不进行告知的、不介入观察对象生活的观察方法。它能够在较短的时间取得观察的结果，节省观察的时间，节省调查的资金。这种方法适宜观察在公开场合发生的社会事件或社会现象，适宜观察那些行动者动机明显的社会现象和那些发展过程较简单的社会现象。相应的，非参与观察的局限性则包括：（1）观察取得的信息较少，因为观察者与观察对象没有深入的语言交流；（2）观察的误差较多，因为观察者在很短的时间内进行观察，往往会以偏概全；（3）不适宜观察在私人场合发生的社会现象，因为观察者没有介入观察对象的生活；（4）不适宜观察行动者的动机不明显的社会现象，因为观察对象的动机往往在公开场所是不公开的；（5）不适宜观察发展过程很复杂的社会现象，因为复杂的社会现象往往需要观察者长期跟踪观察。

2. 参与观察

旁观的、非参与式观察法的弊端之一，是观察的时间太短以至于观察者难以对观察对象进行深入的了解。当某些社会现象比较复杂时，特别是一个文化背景的成员在了解另一种截然不同的文化时，往往需要观察者进行长期的观察。参与观察法正是为了解决这个问题而产生的。

这时候，观察者介入观察对象的生活，而不仅仅是旁观者。融入观察对象的生活，是参与观察法的本质特征。因为参与观察法的实施者要对观察对象进行长期观察，所以必须融入观察对象的生活之中，成为观察对象生活的一部分。观察的地点既可以是公共场所，又可以是私人场所。参与观察法的观察者与观察对象建立了比较密切的关系，从而使观察者可以在许多私人场合对观察对象进行观察。

参与观察往往需要研究者“先融进去”，“再跳出来”。这是参与观察者角色的转换过程。在参与观察法中，观察者虽然与观察对象建立了比较密切的关系，但一般不告知观察对象自己正在进行观察。

相应的，参与观察法具有如下特征：

（1）能够了解社会现象发展的全过程。

由于参与观察法要求研究者作为研究客体的一个成员深入研究客体的生活进行长期的观察，这就使参与观察与一般的观察产生了不同的结果。一般的观察给研究者提供了一个静止的画面，而参与观察则给研究者提供了一个连续的动画；一般的观察只能使研究者了解在某个时点研究客体的状况，而参与观察法则使研究者了解在某个时期研究客体的发展、变化的过程。

（2）观察者时常面临角色冲突。

参与观察法既要求研究者深入研究客体，又要求研究者不能够影响或者改变研究客体自身的发展规律；否则，研究者了解的情况就有可能是与研究者到来之前不同的情况，得出的结论就有可能是虚假的。这对于使用参与观察法进行研究的人来说，确实是一个难题。一方面，他如果不积极地参与研究客体的活动，不积极地发表自己的看法，不在关键时刻表明自己的态度，他就有可能永远被看作外来人，从而就有可能永远无法了解到最隐秘的情况。另一方面，如果他表现得太积极，他个人的行为就有可能在很大程度上影响他的研究客体的发展轨迹，影响了研究客体的“本来面目”，他就有可能无法说明他使用的研究方法的科学性。参与观察的研究者的角色问题显然比一般的观察的研究者的角色问题要复杂得多。

（3）观察者有更多的道德难题需要解决。

由于参与观察法需要进行融入研究客体的观察，使研究者常常需要面对一些伦理道德问题。不能说一般的观察就没有这些伦理道德问题，但由于参与观察法要求研究者进行长期深入的观察，要求研究者融入研究客体，就会使这些伦理道德问题变得更加严重。

9.3.2　观察的实施

（1）确定观察的目的、必要性和可行性。

确定观察的目的，实质上是提出某种假设，观察者试图通过观察来验证这种假设。提出假设通常会带有某种倾向，既观察者倾向于认为“事物是怎样的”、“事物是如何发展的”或“某个事物是会引起某种结果的”。“认为”这种倾向可能是来自以往的经验，可能是来自他人的理论。这种倾向性可能是一种理性的倾向性，也可能是一种情感的倾向性。但是，这种倾向性不应该影响到观察的客观性。假设是有待证明的，只要在观察中能够客观、准确地进行，观察之后能够客观地分析观察的结果，假设的倾向性对于观察是无害的，因为观察的结果既可能肯定这种倾向性，又可能否定这种倾向性。在个别情况下，观察者确实对于某种社会现象没有倾向性，不知道事物是怎样的，或不知道事物是怎样发展的。在这种情况下，观察者就需要做出“相关假设”，即假设“社会现象……是有联系的”，虽然这种联系是什么暂时还不知道。

确定观察的必要性，就是要说明这种观察有助于解决哪些理论问题或有助于解决哪些实际问题。通常需要说明，设计中的观察对于观察者验证其所提出的假设是必要的，是无法用其他研究方法加以验证的。

确定观察的可行性，就是要说明这种观察需要哪些条件，自己是否具备这些条件。如果观察需要出入某些特殊的场所，或需要持有某些特殊的证件，或需要具备某些特殊的身份，或需要具备某些特殊的观察仪器，而观察者尚未具备这些条件，那么设计中的观察就是不可行的。

通常，观察的目的、观察的必要性和观察的可行性，可以用观察备忘录的形式加以记录。

（2）确定观察的项目。

确定观察的项目，就是确定观察中要了解哪些具体内容或具体社会现象。观察者要根据观察的假设来设计观察项目，哪些具体社会现象对于证明或证伪理论假设能够有帮助，就观察哪些社会现象；哪些对于证明或证伪理论假设没有帮助，就不观察哪些社会现象。观察项目一般用观察提纲的形式加以记录。

对于观察项目的设计，应该做到：逻辑清楚，即观察项目与观察目的之间存在着明确的逻辑关系；层次分明，即应该分层次将各个观察项目进行一定程度的分解，使观察内容细化，便于实施；重点突出，即要说明当条件不允许观察所有的项目时，优先保证的观察项目是哪些，以此作为应对特殊情况的对策；保持稳定，即观察项目一经确定，在实施观察时就要尽可能不改变，除非遇到“不可抗力”的干扰使原有的安排无法实施。

（3）制订观察计划。

观察计划是对于观察的完整的设计，它不仅把前两个步骤的成果即观察备忘录和观察提纲涵盖在自身之中，还有许多进一步的内容。观察计划主要包括以下内容：说明观察的目的，以及观察的必要性和可行性；提出观察的项目，尽量将观察项目具体化、指标化，并加以明确的限定；确定观察的对象；确定观察的时间和地点，以及对于观察结果进行处理的完整的日程安排；确定观察的方式，是参与式观察还是非参与式观察；确定观察记录的方式方法；对于观察的信度和效度可能存在的问题进行说明；确定观察结果的表现方式，如观察记录、观察日志或观察报告；确定观察的资金安排；确定观察的组织领导。

（4）为观察创造必要的条件。

包括事先了解观察对象的活动规律，购置观察所需要的仪器设备，为观察的记录准备有关的表格，进行观察仪器设备的调试，进行记录方法的训练，等等。总之，做好前往观察的准备。

（5）实施相应的观察。

进入实地之后，开始实施观察计划。可以从计划当中比较容易观察的项目开始，然后逐渐推进范围。

（6）对于观察的结果进行处理。

观察者在实施观察时，由于记录匆忙或担心观察对象发觉而有漏记、错记的情况。当观察者离开观察现场后，要赶紧补充、修正记录，以尽可能提高记录的质量。在观察者采用机器记录（录音、录像等）的场合，为了便于对观察记录进行分析，也为了使读者了解当时的情况，观察者需要把机器记录转化为文字记录。

（7）对观察的结果进行分析。

对观察的结果进行分析，往往不是一次性完成的，而是需要多次、反复地进行。通常，观察者可以采用观察备忘录的形式，随时对观察的结果进行分析。积累的观察备忘录越多，撰写观察报告时就越省力。

（8）撰写观察报告。

在观察报告中，要对观察计划中的诸项内容加以说明，要用事实说明观察前的理论假设是否得到了验证，要说明观察中遇到的问题，说明观察的信度和效度，说明进一步研究的可能方向。通常，观察法总是与访谈法相结合，基于观察基础上的报告，与访谈资料进行印证，引导我们在实地研究之中逐渐得出某种结论。

9.3.3 观察法的优缺点

通过观察法记录和整理的资料，对于实地研究来说是十分必要的。它不仅能够丰富实地研究的一手资料，而且能够对访谈获得的资料进行检验。

在社会调查中，运用观察法的突出优点是：（1）由于使用这种方法的调查者与他研究的对象处于同一情境之中，而且收集资料的活动与调查对象的运动是同步的，所以能比问卷法、访谈法得到更直接的原始资料，没有时差。（2）这种方法收集到的资料生动具体。客观事物是丰富多彩的，仅靠语言、文字很难把它们生动、具体地描述出来。俗话说“百闻不如一见”就是这个道理，眼见为实。

但是与此同时，人们对观察法的批评，则与观察所得资料的信效度有关。

信度是指测试结果的可靠性，观察法的信度包括三个方面：不同观察者观察的相关度，同一观察者在不同观察时间观察的符合度，不同观察者在不同观察时间观察的符合度。观察的信度很难保证一致，但会随着时间的增加而递增，而且有较多记录的行为类别的观察，其信度也较高。一般提高观察信度的方法有重复观察，以及选择有经验、受过专业训练的观察者。

观察的效度是指观察的有效性，涉及观察的每一个环节：在准备阶段，观察方法和观察范畴的选择和操作化；在实施过程中，观察者本人的价值、期望和记忆力等；在资料处理阶段，观察者的偏好等等，这些都会影响到观察整体的效度。在每个阶段注意消除干扰因素的影响，才能保证观察的效度。

所以，观察法的缺点是：（1）对于收集调查对象主观原因方面的资料，观察法不如问卷法和访谈法。观察法可回答“是什么”，一般回答不了“为什么”。例如，看到一个人购买高档烟酒，这并不代表他本人的消费习惯和消费态度。或许他本人并不抽烟喝酒，而是为家庭当中的其他成员购买的；又或许平时他自己只会买一般牌子的烟酒，这次是碰巧帮单位同事代买的。（2）观察者与观察对象之间的人际关系，有可能对观察对象的行为产生影响，从而影响观察结果。这一点在参与式观察中已经分析过。（3）人的观察能力、经验以及心理等，将影响观察结果。例如，时空条件限制会影响观察结果。就空间范围来说，观察法只能进行微观局部的观察，做不了大量观察，毕竟人的眼睛只能看到一定范围内的东西；就时间条件来说，对于已经过去的社会事件及不能预见的突发事件也是无法观察的。

9.4 定性资料的整理

9.4.1 基本过程

实地研究收集的资料主要是定性资料。对这些资料的整理，主要是实现资料的分类、建档和编码。

首先是整理实地研究的笔记，建立文字档案。实地研究过程中的及时记录、初步整理是十分必要的。对这些记录的整理，传统的做法是手工操作，将材料分别写在卡片上，进行归类。现在一般都需要将访谈记录、观察所得的各种零散思考、随手写的材料等录入计算机，录入时不要做任何修改。原始手写文字以及卡片等尽量保留，以备核对。将音频转化成文字，图片和视频下载到计算机，注明相应的时间、地点、人物等，并对它们进行文字描述。

其次是对定性资料进行编码。第一种编码方式是纯手工简单编码。例如，对访谈资料按照人物类型、时间、地点等进行编码，通常是英文大写字母与数字的组合。案例研究经常采用这种方式。访谈的核心内容将在最后完成的论文、报告中出现。一般在文后附录人物访谈信息表，附上对应的人物编码。第二种则是借助软件进行编码。目前有多种软件可以采用。NVivo 是知名度较高的支持定性研究方法和混合研究方法的软件。

NVivo 可以帮助收集、整理和分析来自访谈、焦点小组讨论、问卷调查、音频等的内容，能够有效分析多种不同类型数据，包括文字、图片、录音、录像等。使用该软件可以将人们从以往的资料分析过程诸如分类、排序、整理等繁杂手工作业的劳累中解脱出来。它支持导入、排序和分析多种格式文件，包括语音、视频、图片、Word 和 PDF 文件，支持突出关键字。通过 NVivo 的编码操作，将原始资料组织成概念类别，创造出主题或概念，然后用这些主题或概念来分析资料。该软件能够挖掘潜在理论模型，生成并导出专业模型及图表。通过开放式编码、轴心编码、选择编码的过程，建立理论模型，最终获得研究问题的结论。NVivo 软件已经广泛运用于定性研究，如对访谈资料的编码以及扎根理论的建构等。

在编码过程中，研究者还需要建立关于编码的想法和观点的备忘录或讨论记录。例如，几名专业人士分别单独编码，在之后的讨论中对某个概念的编码提出某种理由或意见等。每一个编码主题或概念都是形成一个单独的备忘录的基础。在此基础上形成具体资料或粗略证据与较为抽象的理论思考之间的链条。这些备忘录将为正式成文过程中的模型分析以及讨论环节等提供充分的依据。

9.4.2 三角验证

在定性资料的处理及应用过程中，需要考虑三角验证（triangulation），也叫三角检验、三角互证。

三角验证的概念起源于航海学。在茫茫的大海中人们很容易迷失方向，因此不能仅凭着一个坐标物体来确认位置和方向，而是需要多种证据。一般需要三个参照点，那就是海平面、格林尼治线以及赤道，来确定物体的具体位置：高度、经度（东经或西经）、纬度（北纬或南纬）。目前，通过三角验证确保数据的效度已经成为学界共识。这种方法可用来检验不同的资料来源或不同的资料收集方法。

三角验证的“三”，代表多种研究资料的组合。在研究同一经验性单位时，需要采用多种资料的研究策略，比较不同来源的信息，以确定它们是否相互证实，从而评价资料的真实性。

在实际研究中常用的三角验证途径是：对于同一个研究对象，在不同的时间和空间分别进行采访；对不同的研究对象，在相同的时间和空间中分别进行采访。

实地研究中的访谈资料和其他来源的资料之间存在矛盾，其原因通常有很多，在很大程度上是因为所选择的被访谈者在访谈中有所顾虑。在没有被访谈人员真正信任前，他们很有可能不会说出真实的意见，而是说一些套话，因此对访谈资料进行三角验证的过程也是甄别访谈资料可靠性的途径。我们可以通过改变时间或空间重复收集资料，或者通过增加调查对象的方式来增加资料的范围。

对资料的另外一种三角验证途径是，让其他研究者（同行专家）对同样的资料进行分析检验，看看研究结果是否一致。实地调查费时费力，如果不能够重返现场再做调查，或者对另外的研究对象（如增加案例对象）补充调查，那么仍然利用已有的调查资料，让不同的研究者对这些资料分别进行编码，则是比较可行也是采纳较多的做法。也可以将研究资料随机分出两部分（比如70%和30%），让同一组专家对两部分资料分别进行编码，如果后面一部分资料的编码结果没有新的发现，则认为对前一部分资料的编码结果是可以接受的，可以在此基础上运用这些编码结果。

此外，对资料的三角验证，还可以体现为用不同的研究方法对多途径的资料分别进行分析。如果多种方法得出的结果是一致的，“殊途同归”，也就意味着不同途径的资料相互印证，形成了“证据三角形”，那就不仅证明了资料的可靠性，也更加证明了结论的可靠性。这种验证不仅对自然科学是有价值的，在社会科学中也同样如此。社会科学常用的资料是多来源的，例如历史档案、见证人记录、政策文本、统计资料等。可以采用多种方法进行三角验证，如在对访谈资料和观察基础上的资料进行分析的同时，可以结合统计资料进行数据分析。

延伸阅读

实地调查基础上的定性研究

为了系统地获得新乡贤公共服务供给的一手数据，作者在2个月的时间里深入某镇，通过实地观察、走访调查，对该问题形成了一定的感性认识，获得了大量的研究素材。其间，多次前往县政府和镇政府，在工作人员的帮助下，获得了各新乡贤的详细竞选资料、各新乡贤实践活动的具体材料、县和镇政府相关规划及管理文件等。与此同时，以某社区新乡贤馆为据点，通过滚雪球抽样的方式对25位新乡贤进行了半结构式访谈，并在深入走访调查中，对新乡贤公共服务供给中相关的利益主体进行了非结构式访谈，包括5位村民、3位村干部、3位乡镇人员以及2位县政府工作人员。收集到的资料包括访谈音频930分钟、文件218份、书籍3本、视频107分钟、图片632张。

在数据处理过程中，先将访谈的音频、视频以及图片转换成文本信息；然后借助NVivo软件对随机抽取的45位新乡贤相关的材料以及其他访谈者的材料进行开放式、主轴以及选择性编码，从而不断提炼概念并予以范畴化，同时根据各概念和范畴之间的联系构建新的新乡贤公共服务供给行为的触发机制模型；最后用其他18位新乡贤相关的材料和其他文件、书籍、视频及图片等材料来对理论的饱和性及模型的一般性进行检验。

资料来源：朱侃，郭小聪，宁超．新乡贤公共服务供给行为的触发机制：基于湖南省石羊塘镇的扎根理论研究．公共管理学报，2020（1）．

本章小结

1. 实地研究是一种深入研究现象的生活背景，以参与观察和非结构访谈的方式收集资料，并通过对这些资料的定性分析来理解和解释现象的社会研究方式。

2. 实地研究的几个阶段：选择研究背景，获准进入，取得信任和建立友善关系，收集资料（主要是观察和访谈），整理和分析资料，报告研究结果。

3. 实地研究中对资料的记录是十分重要的，尤其是通过参与观察得到的资料，与人们无结构式访谈得到的资料，这些资料有的是转瞬即逝的，需要及时回忆和记录下来。

4. 深度访谈是无结构的、一对一的访问形式。焦点小组是一种群体访谈方法，围绕一组特定话题来组织群体讨论。这两种方法都是实地调研中常用的访谈方法。

5. 参与观察往往需要研究者“先融进去”，“再跳出来”。这是参与观察者角色的转换过程。

关键术语

实地研究　访谈法　深度访谈　焦点小组访谈　观察法　自然观察　实验观察　结构观察　无结构观察　参与观察　非参与观察　定性资料的整理　编码　三角验证

复习思考题

1. 简述开展实地研究的基本程序。

2. 简述访谈法的优缺点。

3. 简述观察法的优缺点。

4. 对实地研究、调查研究、实验研究进行比较，说明它们所具有的不同特点。举例说明适合不同研究方式的例子。

5. 实地研究资料如何进行整理？

6. 对定性研究资料如何进行三角验证？

第10章

定性资料分析

面对各种主要以文字形式存在的、无法直接以数字形式输入计算机的定性资料，我们仍然可以从表面杂乱的资料中寻找到某些可以依据的线索和脉络，总结出一般性的经验性知识。定性资料分析是透过现象看本质的很好体现。本章介绍定性资料分析的常用方法，主要是比较研究、案例研究、扎根理论。不过，这并不代表它们仅仅是资料分析技术，实际上这些方法本身就能够构成完整的研究设计。特别是扎根理论，更是被理解为一套完整和独立的研究方法论。另外，在实际研究过程中，资料分析的过程与收集资料的过程不是绝对分开的。对于资料分析中发现的问题，往往需要补充新的资料。

重点问题

- 比较分析的步骤
- 比较分析的注意事项
- 案例研究的设计要素
- 案例研究的质量标准
- 扎根理论不同学派的区别
- 扎根理论的一般操作步骤

10.1 比较研究

10.1.1 比较研究概述

1. 什么是比较研究

比较研究是对事物或者问题进行区分，以认识其差别、特点和本质的一种辩证逻辑思维方法。从操作过程来说，比较研究是寻求研究对象之间相同点和不同点的一种方法，是运用科学的思维过程对研究对象的详细信息进行逻辑加工和分析整理，通过对研究对象进行比较，对研究结果进行进一步分类，从而达到反映事物内部联系和本质特征的目的，为解决科学问题提供一定的支持。

在政治学领域，比较方法由来已久，最早可以追溯到古希腊亚里士多德所著的《雅典政制》一书中。该书对158个城邦政制宪法进行了比较。当前比较政治分析已经成为一个重要的子领域，特别是第二次世界大战以来，研究者从区域或国别出发，尝试探索不同国家政治体系、结构与功能之间的异同。

在社会学领域，学科在创立之初就十分重视比较法的运用。迪尔凯姆（Durkheim）认为，社会现象显然不能由观察者所左右，所以只有比较方法适合于社会学。我们只有一个方法来证明一个现象是另一个现象的原因，这就是比较它们同时出现或同时消失的情况，考察它们在不同环境下结合时表现出来的变化是否能证明它们是相互依存的①。韦伯作为社会学领域比较法的坚定支持者，用比较法分析得出导致资本主义出现的种种因素，迄今依然备受学科研究者的推崇。

因此，比较分析方法一直是公共管理学科中重要的研究工具之一。很多知名大学都开设了“比较公共管理”课程。尤其是，要在研究中国道路中确立中国社会科学的自主性，一方面需要检视已有社会科学理论和方法的中国适用性，批判性地看待西方理论和方法；另一方面，也不能认为每个社会之间无法相互度量，否则所有比较研究都不能成立②。在对国家制度进行研究时，需要考虑国情差异、文化差异，从治理能力、治理效能等方面对不同的国家治理进行综合比较研究，这样的研究才更有解释力和说服力③。

2. 比较研究的不同类型

比较研究根据不同的标准可划分为不同的类型。

（1）按研究对象属性的数量可划分为单项比较和综合比较。单项比较是选择研究对象的某一种特定的属性进行的比较，综合比较是按研究对象的部分或全部属性进行的比较。单项比较与综合比较相比操作简单，但是往往在认识事物的过程中，仅通过一种属性的认识和比较很难达到认识事物本质的目的，因此该方法一般只作为综合比较研究法的前提和基础。在科学研究过程中，一般都需要采用综合比较研究法对事物的多种属性进行分析和研究，只有将研究对象的全部或大部分属性都拿出来一起进行比较，才能获得对事物本质和规律性的把握。

（2）按时空区别属性可划分为横向比较和纵向比较。横向比较是对空间上同时并存的事物的既定状态进行比较，是对多种相关事物的同层次所进行的比较，通过比较可以了解同类事物的优缺点，以便对管理和决策起到一定的参考作用。对不同研究对象进行横向比较的前提条件是，它们必须是同类的或具有相同性质的，而且必须是处于同一时间区间的。纵向比较是某一事物在不同时间状态下的比较，即比较同一事物在不同时期的形态，以此来了解和掌握事物的变化过程和发展历程，揭示事物的发展规律。

---

① 迪尔凯姆．社会学方法的准则．北京：商务印书馆，1995：138.

② 推动新时代公共管理学科高质量发展．光明网，2021－12－15.

③ 杨光斌．在比较研究中彰显治理效能．人民日报，2021－10－25（9）.

对于比较复杂的问题的研究，为了更加全面和客观地认识事物并以此为基础把握事物的本质和发展规律，往往既需要横向比较也需要纵向比较。例如，通过对新中国成立以来不同的历史时期内公共管理所包含的特定的社会公共事务管理模式和方法进行比较，对公共管理的不同变化和特点进行分析，从而寻找出这种变化的历史原因和实质，加深对现阶段公共管理的认识。又如，通过对不同国家和地区同一时期或不同时期内公共管理系统和过程的横向比较分析，可以发现各个国家或地区在不同时期的公共管理特色，尤其是总结发现其成功的经验或失败的教训，从而择优弃劣，取长补短，为提高我国的公共管理水平提供有益的借鉴①。

（3）按比较的性质可划分为定性比较和定量比较。定性比较是对研究对象之间的本质属性进行比较和研究，以此来认识事物的一种分析方法。定量比较是对研究对象的属性在数量上进行分析比较的一种方法，以便更好地掌握事物在数量上的变化情况。任何事物都包含着质和量两个方面，因此在科学研究过程中既要通过定性比较研究来了解事物的本质，又要通过定量比较研究来掌握事物在数量上的特性。定性比较与定量比较是对同一研究对象的多个层面和在不同研究对象之间进行分析和比较的两种方法或手段。

（4）按比较的范围可划分为宏观比较和微观比较。在公共管理研究领域，我们通常把从整体及大的方面去研究和掌握事物的本质和规律，对研究对象的相同点或不同点进行的比较称为宏观比较。而把从局部或小的方面去研究和掌握事物的本质，对研究对象的相同点或异同点所进行的比较，称为微观比较。要想全面和系统地认识和掌握一个事物，不仅要从宏观上认识其整体概况，也必须从微观上对事物的本质有所了解。

（5）按目的不同可划分为历史比较和类型比较。历史比较是指将有一定关联的历史现象和概念，进行比较和对照，从而判断其异同并分析其原因，进而取得对历史发展过程的普遍规律和特殊规律的掌握，最终实现对历史现象的本质和特点的认识。类型比较法是指在已建立起来的一般规律和原则的基础上，通过对研究对象进行分类与归纳，从而实现对事物现象的本质和规律性的认识。

（6）按因果的逻辑关系属性可划分为多种比较法。英国逻辑学家穆勒在《逻辑体系》一书中，系统整理和说明了关于确定现象因果联系的五种归纳方法——求同法、求异法、求同求异并用法、共变法和剩余法。

求同法是指如果在被研究现象出现的若干场合中，仅有一个共同的情况，那么这个共同的情况就是被研究现象的原因（或结果）。求异法是指如果在被研究对象出现和不出现的两个场合中，仅有一个情况不同且仅出现在被研究现象存在的场合，那么，这个唯一不同的情况是被研究现象的原因（或结果）或必不可少的部分原因。求同求异并用法是指如果仅有某一情况在被研究现象存在的若干场合中出现，而在被研究现象不存在的若干场合中不出现，那么这一情况是被研究现象的原因（或结果）或必不可少的部分原因。共变法是指如果在被研究现象发生变化的若干场合中，唯有一个情况也发生变化，那么这个唯一变化的情况便是被研究现象的原因或结果。剩余法是指如果已知某一复合的被研究现象中的部分是某情况作用的结果，那么这个复合现象的剩余部分就是其他情

---

① 蔡立辉，王乐夫．公共管理学．3 版．北京：中国人民大学出版社，2022：31．

况作用的结果。“五法”对于探求现象间的因果关系起到了重要的作用，表明了各种发现是怎样受到实验或直接观察的支持，可以使我们更好地认识到事物发展的普遍性与特殊性。

穆勒提出的逻辑思想，尤其是求同法和求异法，形成了当前定性资料分析中比较分析方法的基础。前者是将注意力集中于各个不同个案所具有的共同特性上，并通过运用一种排除的过程来进行比较和分析；后者则是面对多方面相同、只有少数方面不同的个案，找出具有相同的原因和结果的那些特性。在五种逻辑方法中，穆勒认为求异法是最重要的方法。求异法通过对研究对象之间的不同点进行比较，可以更好地反映研究对象之间的差异，从而探求事物发生和发展的特殊性，是对求同法的双倍运用。在表 10-1 中，假设群体 5 和群体 6 都有结果 A，根据求同比较，很难找到哪个因素是真正的原因。引入群体 7 和群体 8，这两个群体都不具有特性 A，这时进行差异性比较，找到群体 7 和群体 8 缺少的、而群体 5 和群体 6 中却具备的特性，唯有特性 B。

表 10-1　两种常见的比较分析方法的例子

群体 1	群体 2	群体 3	群体 4
A	A	A	A
B		B	B
C	C	C	C
D	D	D	
	E		E
F		F	
	G		G

a 求同法

群体 5	群体 6	群体 7	群体 8
A	A	X	X
B	B	D	P
C	C	E	C
F	F	F	F
H	G	N	M
O	O	O	K

b 求异法

资料来源：风笑天．社会研究方法．5 版．北京：中国人民大学出版社，2018：377-378.

比较研究的方法很多，具体选择哪种研究方法还需要根据研究的内容、要求以及客观条件等来做具体的决定，但大多数都采取多种研究方法综合运用来达到对事情全面、公正、客观的把握。

10.1.2　比较研究法的步骤

1. 确定比较的问题是进行比较研究的前提

首先，选定比较的主题。如“收入差异对居民消费观念的影响”“中央部门高校与地方普通高校在创新型人才培养方面的比较研究”等。其次，确定比较的内容，也就是选择比较的具体项目。例如，“中国高等教育与美国高等教育在创新型人才培养方面的比较”这个主题，可以从学生的角度在“业余兴趣爱好的广泛程度”“好奇心和求知欲”“与外界学习交流的机会”“自我学习和探索的能力”“道德修养与合作能力”“心理素质”等方面加以比较。最后，确定比较的范围。要明确是在哪种层面上进行比较，如是国际层面的比较还是国家层面的比较、是区域内的比较还是区域外的比较等等。

2. **制定比较的标准是进行比较研究的依据**

在进行标准制定之前首先应该确保研究对象的可比性，即要保证研究对象必须在两个或两个以上，同时又要保证他们之间必须具有一定的内在联系。其次，必须将研究对象的比较内容按照一定的要求和形式进行排序，使得比较更方便和易于操作。此外，还需要确保研究对象所展示的各种内容必须真实、可靠。在满足以上条件下研究才能得以顺利开展，在具体研究过程中，究竟选择什么进行比较、选择哪些方面进行比较，以及如何进行比较等问题都与研究者要达到的目的有关，同时也与研究的认知能力和理论素养有关。比较研究通常是从对现象的比较开始的，但随着对认识的逐渐加深，分析和比较也在逐步向本质的比较转化。

3. **收集资料并加以分类和解释是进行比较研究的基础**

尽可能广泛地收集研究对象的各种相关资料是比较研究得以顺利进行并取得满意结果的重要基础。应该采用多渠道广泛地进行资料收集，如通过文献的查找、问卷的调研、深度访谈等形式并运用现代化的信息工具对所有收集到的资料进行整理和加工，同时要去伪存真，保证所要运用的资料的真实性和客观性。然后，对这些资料按照比较的标准进行整理和分类，并做出进一步的解释，即解释所有资料的现实意义和历史意义。在整个阶段，必须保证研究人员一直保持应有的谨慎、客观、公正的工作作风，避免带有任何主观偏见以及个人的感情色彩。

4. **比较分析是进行比较研究的重要环节**

比较分析阶段作为科学研究的重要阶段主要是对前面加工及整理过的所有资料进行逐项的比较，在既定的评判标准上寻找它们之间的相同点和不同点。在此阶段，我们不仅要反映出研究对象之间表现出来的不同现象是什么，还要进一步分析和挖掘导致不同现象的内在原因及形成过程，从而进行客观和公正的描述和评价。

5. **得出比较结论并从中得到借鉴或启示是进行比较研究的最终目的**

我们从一开始就围绕着比较的内容和主题按照一定的比较标准进行数据的收集、整理、筛选、比较和解释，并通过挖掘深层次的原因找到事物为什么会是这样的本质规律，所有这些都是为了最终的研究目的。在比较的每一步，都要围绕一个明确的目的，即探索事物的本质规律，找出合乎客观实际的结论，而不是为比较而比较。

比较研究法的各个步骤之间是相互联系、相互依存、不可分割的统一整体，每一个步骤的研究都是建立在上一个步骤的基础上进行的，并为下一个步骤打下基础，所有的步骤都是比较研究得以顺利实施的必不可少的环节。选定要比较的问题和研究对象是运用比较研究法的前提，制定比较的原则和标准是运用比较研究法的依据，运用比较研究法的基础是对所有资料进行的整理、分类与解释。运用比较研究法的重心是在完成以上环节的基础上所进行的比较分析，其目的是获得比较的结果从而掌握事物的本质。

10.1.3　比较研究法的应用及注意事项

1. **比较研究法的应用领域**

（1）区域比较。

区域比较是指对一个国家或地区的制度等问题所进行的研究和比较，这种研究最大的优点是所收集到的资料的真实可靠性较高，但研究者本人必须要对所研究的国家或地区的问题有一定程度的了解。通常，为了获取第一手资料，需要研究者本人有过参观和访问该国家或地区的经历。

（2）问题比较。

问题比较是对两个及两个以上的国家或地区的制度等问题所进行的研究。问题比较又可分为专题比较和综合比较。所谓专题比较是指把各国的同一问题摆在一起所进行的比较。例如，对中西方公共服务合同外包在改革目标、策略、工具、效果方面的差异进行比较，可以发现现阶段中国的政府购买服务并非纯粹的“公共服务民营化”，而是为解决中国特殊问题而进行的本土创新①。综合比较则是指对国际的现状和趋势所做的全面和系统的比较。

（3）政策过程比较。

对某一领域的政策发展也可以进行过程的比较。就此而言，目前我国学者的研究范式不一、角度多样，但迄今整体上是对政策过程特征进行概括，缺乏对因果机制的严谨表述。若对政策扩散的过程进行案例比较研究，则能够有助于化解这一困境。例如，对2000年以后水治理政策的过程进行比较，发现虽然政策扩散结果受到多种因素的共同作用，但是主要影响因素是政策本身的特征因素（见表10-2）。由此也可以看出，比较分析与案例研究有着紧密联系。

表10-2　三项水治理政策的比较

政策名称	政策制定	理论基础	扩散路径	扩散结果
一提一补	地方政府政策创新	经济学的价格杠杆机制	“条”主导、“块”主导	一般
用水户协会	引进国际先进经验	自主治理理论	层级推动、策略相应	较好
河长制	地方政府政策创新	争议较大、褒贬不一	地方自发、中央强制	迅速

资料来源：王亚华，陈相凝．探寻更好的政策过程理论：基于中国水政策的比较研究．公共管理与政策评论，2020（6）：3-14.

2．运用比较研究法需满足的条件

比较研究法作为一种科学研究方法虽然在许多领域都得到了广泛的应用，但也不是在任何时候都可以随便使用该方法来进行科学研究，只有在满足同一性、双（多）边性以及可比性这三个条件的基础上才可以运用该研究方法。

（1）同一性。

同一性是指运用比较研究法的研究对象必须是同一类事物，必须属于同一个范畴和标准，否则就不可以进行比较。

（2）双（多）边性。

比较研究法的研究对象必须在两个或两个以上，换言之，只有在两个或两个以上的研究对象之间才可能发生比较。同时，比较研究法还要求从不同的角度对研究对象进行分析和比较。

① 吕芳．我国政府购买服务的特殊制度逻辑：基于中西方公共服务合同外包实践的比较．中国行政管理，2019（9）.

（3）可比性。

比较研究法还要求被比较的研究对象之间必须具有本质上的共性，内部之间必须具有一定的关联，这样才能进行比较。为了确保可以顺利进行比较研究，我们还应注意概念上的统一，必须保证读者对于研究对象的理解一致。

3. 运用比较研究法的注意事项

一是资料的可靠性与解释的客观性。运用比较研究法所采用的资料最好是第一手资料，同时，必须保证资料的真实性、权威性以及代表性。为了满足对资料的要求，我们必须保证获取资料过程的科学化、资料整理和分类过程的程序化以及资料收集人员有较强的理论素质和人文修养。此外，在对资料进行解释时必须结合具体的客观实际，运用科学的理论加以全面和系统的分析，并且不应带有任何的个人偏见和主观色彩，以保证解释的公正性和客观性。

二是全方位多角度进行比较。制约事物发展的因素都有很多，并且任何事物都不可避免地与其他事物之间存在着千丝万缕的联系。因此，在进行比较研究的时候我们必须坚持进行全方位和多角度的比较。在运用比较研究法时，任何割裂事物之间的联系而选择片面或者孤立地进行比较都是不正确的。

三是比较事物的本质。事物不仅有现象的异同，更有本质的异同。比较研究法要求我们既要抓住事物的表象也要抓住事物的本质，否则就难以准确地对事物进行全面的认识。也就是说，我们要透过现象抓住事物的本质，要能看出异中之同和同中之异。因此，要运用历史学、社会学、经济学等各种科学知识从不同的角度对研究对象进行本质的比较，以挖掘和分析他们的内部联系并获得本质的认识。

21世纪以来，在全球化和信息技术快速发展的背景下，公共管理学科中的比较分析方法存在方法运用不当导致的“比较法的失灵”。虽然比较公共管理面临着政策扩散等研究议题的分析需求，能起到规范化学科发展和促进因果机制探索的作用，但未来若要更好地实现比较分析方法的运用，亟须在比较分析中确立一致性的分类准则、一致性的比较单位和案例选取标准。同时，研究者还可以通过设立多重的比较目标和混合使用不同比较方法来实现多维度揭示研究对象本源，进而实现方法与议题有机结合的中国研究实践，促进中国公共管理学科的知识积累、方法理论创新和实践政策创新①。

延伸阅读

如何更好地实现公共管理研究中的比较分析

首先，确立一致性的分类准则。比较的前提是规范分类，比如在案例比较中，不同案例的选择标准和分类标准对于案例成功比较至关重要②。分类标准不一致，会带来对理论分类法描述较不准确的风险，降低比较方法的使用成效。

其次，确立一致性的比较单位和案例选取标准。公共管理研究者既可以国家为单位来比较各国公共行政的差异或政府绩效，也可以县、市等为单位来比较不同研究对象的

① 臧雷振．公共管理研究中比较分析方法的诉求、价值及完善路径．中国行政管理，2020（6）.

② 在定量分析中，技术层面的分类方法如临界阈值（critical thresholds）、因子分析（factor analysis）和聚类分析（cluster analysis）较为常用。

行政效率。在研究中需要通过确立一致性比较单位或案例选取标准，在涉及不同公共管理层级部门比较的时候，适当的区分有助于更加精准验证或发展创新学科理论，有助于更好地识别案例内在的异同，有助于在实证研究中发现更令人信服的因果机制。

最后，复合设立比较的目标和复合使用比较方法。比较分析研究的目标既包含对公共管理研究对象的解释，也包含理论或特征的归纳；既包含截面研究对象信息的比较，也包含历时性的比较；既包含定性比较分析和形式模型，也包含哲学思辨和概念诠释。而在比较方法运用的过程中，特别需要将定量与定性研究结合起来。混合研究方法在解决单一方法所存在的缺陷方面，具有较强的实用性，这也是面对复杂公共管理议题时，学者所说的采用三角互证法的必经之路。在具体使用中，包含如下三种类型：一是数据三角互证法，即在一项研究中采用政府、社会组织、国际机构等不同的数据源进行比较分析验证；二是理论三角互证法，即通过采用多种角度和理论来比较和解释研究结果；三是方法论三角互证法，即采用多种方法来对公共管理的研究对象进行比较。

资料来源：臧雷振．公共管理研究中比较分析方法的诉求、价值及完善路径．中国行政管理，2020（6）.

10.2 案例研究

10.2.1 案例研究概述

1. 什么是案例研究

罗伯特·K. 殷（Robert K. Yin）认为，案例研究定义的核心精神在于其研究的范围。案例研究是一种实证研究，深入研究现实生活环境中正在发生的现象（“案例”）；尤其是当待研究的现象与其所处环境背景之间的界限并不十分明显时[①]。案例研究旨在“通过寻找社会构成成分间的规律和因果关系来解释和预测社会现象”[②]。研究者将每个案例视为一个独立实验，通过复现逻辑在各案例之间反复寻找模式并进行验证，进而建立理论[③]。

通俗地说，案例研究是运用访谈、观察、历史档案、自然实验等方法收集资料，并通过严谨规范的质性分析，对当代某类现象进行考察，得出带有普遍性结论的一种经验性研究方法[④]。案例研究是通过对案例进行调查、研究、分析、概括、总结而发现新知的过程。案例研究由于其研究结论具有现实有效性以及较易创造出新理论和验证理论等优点而被广泛应用于各种学科领域中，目前，作为一种常用的工具已经被广泛应用于政

① 殷．案例研究：设计与方法：原书第5版．重庆：重庆大学出版社，2017：21.

② 毛基业，苏芳．质性研究的科学哲学基础与若干常见缺陷：中国企业管理案例与质性研究论坛（2018）综述．管理世界，2019（2）.

③ 井润田，孙璇．实证主义 vs. 诠释主义：两种经典案例研究范式的比较与启示．管理世界，2021（3）.

④ 侯志阳，张翔．公共管理案例研究何以促进知识发展：基于《公共管理学报》创刊以来相关文献的分析．公共管理学报，2020（1）.

治学、经济学、社会学以及管理学等多种学科领域，在公共管理中的应用也越来越广泛，相关的研讨活动引起多方关注。

2. 案例研究的类型

案例研究可分为描述性案例研究、解释性案例研究和探索性案例研究。不过在实际情况中较少见到纯粹的描述性案例研究。

根据研究设计中的案例个数的不同，可将案例研究分为单案例、双案例、多案例、跨案例。单案例研究一般应用于以下几种情况：一个案例可以代表关键案例进行理论测试，一个案例可以代表一种极端或独特的案例，研究此案例可以加深对同类事件的理解，研究此案例可以为后续研究带来启示，研究纵向案例在不同时间节点的比较。以上均可采用单案例研究。

多案例研究能够更好、更全面地反映案例背景的不同方面，从而大大提高案例研究的有效性。多案例研究分为案例内研究和跨案例研究两个阶段，案例内研究是指将一个单独的案例或某一个主题作为独立的整体来进行深入细致的剖析，而跨案例分析是指在案例内分析研究的基础上，对所有的案例进行进一步的归纳和总结，并得出全面系统的研究结论。虽然多案例研究相比单案例研究得出的证据更有说服力，但是，在运用多案例研究的过程中需要花费更多的人力、物力和财力。因此，在选择单案例研究还是多案例研究时需要根据具体的研究要求和资源状况进行合理的选择。

3. 案例研究的性质

案例研究有两种典型的范式。实证主义范式侧重于现象研究，致力于探索事物的普遍规律并解释其中的因果机制。诠释主义范式侧重于深入案例情境，了解事物的差异性与多样性，以便更好地理解现象。从认知真实世界的角度看，两种案例研究范式各有优缺点，可以相互弥补。在整体上，案例研究具有以下性质。

（1）案例研究不是一种纯理论性研究，而是一种经验性研究，属于现象学的研究范畴。案例研究的对象是社会经济现象中的事例证据及其变量之间的相互关系，它是处理复杂问题的有力工具，能够帮助人们全面系统地了解复杂的社会现象，从而弥补单纯依靠统计数据进行决策的不足。

（2）案例研究具有真实性，不能随意杜撰。案例研究提供的真实场景应当是全面和开放的系统，所提供的问题应该存在可以从不同侧面进行研究、分析和解释的可能性。人们读完案例，通过案例中所展示的数据和资料，能够掌握所述事件的大概全貌，从而为开展下一步的研究、分析和讨论奠定坚实的基础。

（3）案例研究来源于实践，没有经过理论的抽象与精简，是对客观事实全面而真实的反映，作为一项科学研究的起点能够切实增加实证的有效性，有助于拓展新的理论或是为填补理论认识空缺提供实例①。

（4）案例研究包含真实情境中的各种要素及特殊现象、突发现象，研究者在进行案例研究的过程中可能会发现一些前人没有觉察到的原因、现象或者结果等变量，这往往

① EISENHARDT K M，GRAEBNER M E. Theory building from cases：opportunities and challenges. Academy of management journal，2007（1）.

会成为案例研究中隐含的、有待检验的假设，成为以后研究的基础①。

10.2.2 案例研究的设计

1. 研究设计的要素

公共管理的案例研究，较多采用实证主义的范式，强调在研究过程中秉持科学的研究原则或研究程序，践行科学的研究步骤。与其他研究方法一样，案例研究在研究设计中需要确定研究问题、研究假设、分析单元、样本选择、数据收集和数据分析等。

（1）研究问题。

与其他类型的研究设计一样，案例研究也是从研究问题开始的。尽管研究问题的实质各不相同，但研究问题的形式却只有“什么人”“什么事”“在哪里”“怎么样”“为什么”几种类型。案例研究最适合回答“怎么样”和“为什么”的问题。因此，在进行案例设计时首先应该对所要研究的问题的性质进行准确的分析和界定。不同的研究命题会将你的注意力引导到在研究范围内所应该审视的事情上。

（2）研究假设。

仅仅知道能否通过案例研究法找到答案还不足以指导如何进行研究。只有明确提出某种具体的研究假设后，研究才会有的放矢。与此同时，提出的假设越具体，研究的范围就越小，也越具有可行性。

比较规范的案例研究通常是在已有研究和相关理论的基础上构建一个理论框架，有的还会给出模型图或分析框架图，这个分析框架的背后就包含着全文的研究假设。不过，有些研究可能无法在研究过程中提出假设，如一些探索性问题的研究一般情况下就很难在开始提出假设，这也是合乎情理的。但是，对于此类研究仍然需要在研究开始时提出具体的研究目的和判断研究是否成功的标准。

（3）分析单元。

分析单元是指研究要聚焦的主要对象，也就是指研究数据收集的边界。一个设计好的分析单元能够为数据收集确定边界，从而使得案例研究更有针对性和更有效率。

通常的指导原则是，对分析单位（以及个案）的尝试性界定是与所要研究的问题类型的界定联系在一起的。对分析单位的不同界定，会导致采用不同的研究方法或者不同的资料收集方法。在界定分析单位时，必须保证所选择和界定的分析单位是优于其他分析单位的，只有这样才能对研究问题做出精准的分析和掌控。同时，如果某种分析单位已经被选择和界定，也并不意味着这是一成不变的，随着研究的不断深入以及资料收集过程中出现的新问题和新发现，分析单位应该随着研究的过程做出不断的修订和完善。有时在研究过程中会遇到分析单位已被前人所明确界定，但当前的研究却需要对之重新进行界定的情况。为减少可能出现的混淆，需要在界定和选择分析单位时对该问题进行详细的解释和说明，并分析重新界定的理论和现实意义，这可以帮助我们避免错误地界定案例研究的分析单位。最后，无论研究哪方面的问题，都需要明确界定研究对象的时

---

① 乔坤，马晓蕾，论案例研究法与实证研究法的结合．管理案例研究与评论，2008（1）.

间范围，确定研究的开始时间点和结束时间点。有关分析单位的所有这些问题，都需要提前考虑并做出回答，这样才能确定资料收集、资料分析的范围。

（4）样本选择。

被选定的样本应该与所研究的主题具有较强的相关性。案例研究的样本被称作“理论样本”，不遵从统计意义上的样本数量规则，以样本数量为标准，可划分为个案研究、多案例研究、双案例研究等。个案研究强调研究案例的极端性和启发性，通过对现实情境的整体概述，描绘了一个有趣的故事，使人身临其境，增强对案例的新的理解和启发。多案例研究即选取多个案例，重复性采纳的样本更多，运用复制逻辑，依据一致性的重复试验结论，排除非必要因素对结果的影响，使研究的结论更准确和客观，理论构建更加清晰，归纳出的新理论也更有普遍适应性和客观性。双案例研究是前两种方法的结合，这种方法将数量少而深入的案例研究与多案例研究相结合，克服了单独采用一种方法带来的弊端。

（5）数据收集。

案例研究的数据收集手段比较广泛，一般有：文件、档案、记录、访谈、直接观察、参与性观察和实物数据。案例研究的数据收集需遵循“使用多种来源的资料”“案例研究数据库”“形成一个证据链”原则。此外，还有三角测量法，通过多种数据的汇聚和相互验证来确认新的发现，避免由于访谈双方的偏见影响最终判断，这种方法为理论和假设提供了更强有力的证据。

（6）数据分析。

数据分析是案例研究方法构建新理论的关键环节，同时，数据分析又是最困难和最没有现成规范的。一般地，数据分析包括数据提炼、数据展示和数据推导。常用的分析方法为类型匹配和时间序列，其中类型匹配可以分三步：一是在案例资料分析前建立一个对变量间关系的理论预测模型或类型，二是通过资料的分析建立一个经验性或实证性的类型，三是将经验性的类型与理论预测类型进行比较。时间序列分析是对一段时间内的相关事件进行跟踪，描述事件是如何发生的，分析事件变化的原因。

罗伯特·K. 殷将案例研究的简明设计分为三个步骤：界定案例、选择案例研究的类型、对理论的运用。可见这几个环节的重要性。其中，案例的选择是案例研究的核心和基础。只有选择合适的案例进行研究，才能取得对客观事实及规律性的掌握。从穆勒的《逻辑体系》所延展出的“最大相似设计”（most similar systems design）和“最大差异设计”（most different systems design）的操作性步骤，实现了比较方法的理论固化，进而逐渐扩展到不同学科研究中。这在案例分析中体现为通过对不同类型的案例进行比较来发现差异或共性，这类比较的思维和意识一致构成了公共管理研究中的主题，为陈述实证的规律以及评估和解释与案例相关的理论奠定了基础①。

运用案例研究方法研究管理问题时，在研究步骤上应有所侧重，一般来说，研究的目的不同，其步骤的侧重点也不尽相同。

2. 研究设计质量的衡量标准

对于案例研究的设计质量，我们可以从建构效度、内在效度、外在效度以及信度四

---

① 臧雷振．公共管理研究中比较分析方法的诉求、价值及完善路径．中国行政管理，2020（6）．

个方面来进行衡量。

建构效度也叫构念效度，是对所要研究的概念形成一套正确的、可操作性的测量。一般多用于多重指标的测量情况。内在效度是反映因变量与自变量因果关系的程度，它表明因变量的变化在多大程度上来自自变量的变化，即有效性。外在效度是指案例研究的成果是否可以归纳成理论，并具有推广性，可以将其研究成果应用到其他案例中。如果案例研究具有外在效度，就说明其结果可以推广到其他案例研究中；案例研究的结果如果没有外在效度，则说明其研究结果不具有普适性，不能进行推广。

信度是指案例研究的结果具有一致性、稳定性及可靠性的程度，信度越高则表明该案例的研究结果越一致、稳定并且可靠，即案例研究的每个步骤都具有可重复性，且重复研究的结果具有很好的一致性。

案例研究在研究设计质量方面可能面临一些问题。首先，在外部效度方面，由于案例研究非常耗费时间和人力，所以采用该方法进行研究时，通常不会调研大量的案例，而是采用小样本研究，其结论对较大的群体的有效程度是难以测量和令人信服的。其次，在内在效度上，案例可以说是一个真实的故事，其中包含的信息极其丰富，这对研究者把握重要情况、提炼变量的能力提出了更高的要求。案例研究的归纳不是统计性的，而是分析性的，这使得归纳具有一定的随意性和主观性。另外，在信度问题上，如果研究者采用多案例进行研究，案例间可能会是矛盾的，难以对案例进行归纳，这是信度上的不足。

3. 案例研究的质量特征

案例研究的质量主要反映在研究结果的信度与效度上。判断案例研究质量的依据在于：一是所选案例是否具有代表性，资料来源是否客观真实，是否是第一手资料；二是案例调查与访谈的构思是否严密、细致、全面。在案例研究的各个阶段，如调查设计、资料收集以及论证方法等方面都应秉承客观、科学、公正、严谨的工作作风，据此所推导出来的研究结论也应具有一定的可信度和说服力。

在案例研究方法中，决定效度的因素首先是案例（研究对象）的选择。假如研究农村公共服务供给均衡问题，选择的却是城市公共服务供给的案例，则研究结论就会失去意义。其次是资料，一是资料的系统性（能否反映案例的全貌），二是与研究问题的联系。合理选择案例，运用多重资料反映案例的全貌，将被研究问题适度展开并收集有关资料，是提高效度的主要途径。

研究的信度取决于资料的真实性，在研究中规范参加人员的调研行为，建立案例资料库（以免资料的丢失）都是提高信度的途径。

为提高信度和效度，需要周密地设计研究方案。在撰写案例的研究方案时，必须以公正、客观、科学和严谨的作风，运用客观数据和准确的语言来描述，避免运用含糊不清或带有明显主观偏见的语言，这样的案例研究才具有真正的说服力。

10.2.3 案例研究的特点及最新发展

1. 案例研究与其他研究方法的比较

案例研究始于研究者对某个特定现象的兴趣，通过观察所有变量及其相互作用关系而不是控制变量来理解这种现象。案例研究是在自然情境中而非人为控制的环境中对研究对象进行研究，这也是它与实验法的区别所在。

案例研究无须像实证研究那样必须提出理论假设，但对于理论验证型案例研究来说，提出理论假设就有其合理性和必要性。

案例研究数据收集方法多样，可以通过观察、访谈等方式获得一手数据，也可以通过对档案、资料等的整理获取二手数据，但无论采用哪种方式收集数据，案例研究需要采用的是理论抽样而不是统计抽样。

在验证因果关系时，案例研究能够对自变量之间以何种方式结合、互动以及如何导致特定结果等问题进行解释。而统计方法或相关关系分析方法对自变量变化导致因变量变化的原因及具体作用机制不做解释。

案例研究同其他定性研究方法一样，重视研究者与研究对象之间的联系，而研究过程就是双方彼此了解、持续互动的过程。

2. 案例研究的优缺点

案例研究引导研究者关注那些没有明确答案却很重要的研究问题，成果通常更加有趣且富有理论创新性①。案例研究法的重点不在于对量的准确把握和严格要求，而是对现象透彻的“质”的领会，最大的贡献在于其深度的解析，能挖掘深层次的原因，因此适用于发展不完善的领域。

由于管理实践的复杂性，用个别事例或情境来说明和反映出来的理论未必能够具有普遍的规律性。案例研究因此常受到科学性的质疑，被批评为难以量化、缺乏客观性和严密性。事实上，如果通过增加同类案例研究的数量也可以获得同样的研究结论或理论时，一般可以说明这种研究结论具有归纳性。同时，通过严密的案例研究设计也可以确保案例研究结论具有推广性。

案例研究方法的有效性是指研究结果在多大程度上反映了预先假定的事件和变量之间的关系。案例研究由于其方法的特殊性，因而存在着有效性差的问题，主要表现在内部有效性不高、因子有效性不高以及可靠性差这三个方面。内部有效性不高是指研究变量之间因果关系的可信性远不如在实验室这种可控性较好的条件下获取的效果好。案例研究的因子有效性不高主要表现在由于案例研究设计的情境比较复杂因而很难区分因素之间的联系。案例研究的可靠性差主要指数据收集方法的透明度较差，如果使用同样的方法对两个以上研究的同样主体进行对比，能得到同样的或近似的结论则说明可靠性高。

案例研究的效果还在很大程度上受到研究者的专业背景、个人素养与喜好、案例选择是否合适、资料是否可靠等因素的影响。该方法也对研究者的素质提出了较高要求，需要研究者拥有广泛的数据搜寻方式和良好的沟通技巧，还要对特定环境和数据有足够的敏感性，随时根据事态的发展处理各种不确定性因素，调整研究的方向。

案例研究只是社会科学研究的众多方法中的一种，每一种研究方法都不是十全十美的，都有各自的优点、缺点以及适应性和局限性等，案例研究也不例外。在具体选择何

---

① BARTUNEK J M, RYNES S L, IRELAND R D. What makes management research interesting, and why does it matter? . Academy of management journal, 2006 (1).

种研究方法时主要考虑需要解决的问题的类型、研究者对研究对象的控制能力、关注的中心是历史现象还是当前问题等。

3. 案例研究的适用性

殷认为，与其他研究方法相比，案例研究更适用于三种情形：研究的问题类型是“怎么样”和“为什么”，研究的对象是当前正在发生的事件，研究者对当前发生的事件不能进行控制或仅能进行极低程度的控制①。结合目前已有的观点，案例研究有助于研究者把握事件的来龙去脉和本质②。在了解和描绘现实以及对现实的深入解释上，案例研究具有较大优势。案例研究的适用性以及适用情况可以概括如下：

第一，当所研究的问题处于理论空白，需要设计一个有待发现的因果机制时，案例研究法更易得出新结论。此时需要从实践中总结、归纳出理论框架和概念模型，最佳的研究策略应该是一种定性的归纳方法。与其他的方法相比，案例研究就是通过深入的案例调研和系统的资料分析，更加充分地贴近现实，对现实产生足够的敏感和全方位的理解，能够将案例中生动的“故事”转化成理论元素，建立一个有效的探索性的理论框架。

第二，当问题具有复杂性和时效性时，案例研究法更有助于系统地把握问题的全貌和本质，进行深入的全方位的理解。它建立在研究者与被访问对象更加全面和深入了解的基础之上。在这种情况下，如果采用其他方法，以问卷调查法为例，问卷往往预先将问题加以简单化和标准化，通过大量样本的数理统计分析得出结果，就容易限制观察的视角，也难以应付复杂性和动态性的问题③。

第三，当研究对象是处于当代现实环境中的某一现象，并要求研究者对研究对象不予控制或不能控制时，案例研究法是一种非常合适的研究方法。

第四，以样本特征为标准来判断：(1) 当已有的数据是小样本，如仅有一个样本时，没有足够的数据支撑进行复杂的梳理统计，此时可能适合进行个案研究。(2) 当对相关案例了解得很深入，掌握的信息很密集时，更适合做案例研究④。研究者都想走出案例，得出一般性、普遍化的结论。受到定量研究范式的影响，有些案例研究者也追求多案例研究，试图追求类似定量的大样本，获得具有普遍意义的结论。事实上，在促进知识生产尤其是理论发展方面，多案例未必比单案例有优势。换言之，并不是只有大样本研究才可以形成一般化理论。(3) 当样本信息是开放性的、不标准的信息时，也更适合采用案例研究的方法。

4. 案例研究应用中存在的问题

首先，过于依赖“定量研究”范式的问题。识别因果关系并且揭示其背后的机制，是社会科学研究的重点。但如果分析过程过分强调自变量影响因变量的因果机制，则会导致一部分既有现实意义又具备理论价值的案例研究被忽视。其次，样本选择陷入“代表性陷阱”。这主要是指案例研究的研究者经常用定量研究的标准来总结自己的研究不足⑤。也

---

① 殷．案例研究：设计与方法：原书第5版．重庆：重庆大学出版社，2017：19.

② 叶康涛．案例研究：从个案分析到理论创建：中国第一届管理案例学术研讨会综述．管理世界，2006 (2).

③ 宋程成．超越公共行政案例研究中的“定量范式”：与于文轩教授商榷．中国行政管理，2020 (8).

④ 于文轩．中国公共行政学案例研究：问题与挑战．中国行政管理，2020 (6).

⑤ 张翔．基层政策执行的“共识式变通”：一个组织学解释：基于市场监管系统上下级互动过程的观察．公共管理学报，2019 (4).

会被批评者以此为由对方法提出质疑。事实上，案例研究的案例选择重点在于典型性，关注有趣、特殊或反常的社会现象，尤其是能够涵养现有理论或者能够催生新理论的社会现象，讲的是案例特征的代表性，而不是案例本身的代表性。

另外，如何构建中国情境的公共管理案例研究，还缺乏专门系统的阐述。随着中国公共管理实践的不断成熟，出现了很多以往理论难以解释的现象，人们期望通过案例研究构建适合本土情境的管理理论。但目前人们关于案例研究的讨论仍然停留在一些基础性的话题上：什么是案例研究，案例研究的目的，案例研究的类型、步骤、方法、品质检验，等等①。

5. 案例研究的最新发展

近年来，公共管理学界越来越重视案例研究法，国内学者的案例研究质量也取得了长足进展，部分学者从方法论角度展开了对案例研究的总结与反思②，认为并非只有采用了高难的定量的数学工具才能证明研究水平的科学性。从本质上讲，方法的选择必须和想要得到的结果、产出相适应，理论框架模式适合变量复杂、关系复杂的研究，它易于找出变量之间的联系、变量之间作用的方向等。数学模型将很多现象的鲜活的情境过滤掉了，案例分析更有利于研究其忽略的变量和重要参数的动态特性。

从案例研究范式出发，公共管理案例研究要达到促进知识发展的目标，就必须走出案例本身，通过案例提炼事物发展的一般规律。案例研究应走向“结构-过程”分析范式：善于将抽象理论与经验现象有机结合，提升案例研究品质；选取典型案例，走出“代表性陷阱”；采用组态比较方法，揭示复杂世界的因果机制；注重案例研究的情感转向，深入理解真实世界，“要带着想法与观点进田野，才能带着发现与收获出田野；空着脑袋进田野，通常只能空着双手出田野。”③

案例研究基于严谨的案例筛选、细节深描的方式呈现因果作用机制，适用于本土化公共管理理论的构建，有助于深刻理解中国政治、经济、社会问题背后的运作逻辑④。一方面，研究要体现中国公共管理的价值取向，重视人文关怀与科学精神的融合；另一方面要构建中国的管理理论体系，服务于中国的现实实践。例如：关注本土的管理实践中有趣的现象，在进行研究设计时，对本土案例进行深层次的剖析；分析各种构念之间隐藏的相互联系时，考虑被研究者所处的独特社会情境和动机，逐渐形成新的中国理论。

虽然案例研究的受重视程度以及规范化程度都在提升，但案例研究的发展也面临值得注意的一些问题。《公共管理学报》在“中国案例，中国方案”专题编者按中指出，总的来说，我们在治理上的实践积累也到了做出理论总结的时候了，特别是公共管理学科丰富多彩的案例研究，都是鲜活的治理故事，为中国本土的理论构建提供了坚实的证据。但是，现有的案例研究也面临对理论建构贡献的挑战，如理论与案例的两张皮、西方理论解释中国案例的适用性、案例的特殊性与理论的普遍性的关系、案例解释框架的输出

---

① 侯志阳，张翔．作为方法的“中国”：构建中国情境的公共管理案例研究．公共管理学报，2021（4）．

② 蒙克，李朔严．公共管理研究中的案例方法：一个误区和两种传承．中国行政管理，2019（9）．

③ 渠敬东．迈向社会全体的个案研究．社会，2019（1）．

④ 同②．

与原有理论的对话（特别是如何从案例中讲好中国故事）①。

延伸阅读

中国情境公共管理案例研究的本体论意义

进行中国情境公共管理案例研究，要注意处理好局外人与局内人的关系。局外人采用的是“outsider-in”的研究视角，直接搬用西方理论解释中国公共管理现象，这样容易产生知识生产的殖民主义问题，所得到的研究发现与本土实际不相匹配，也难以得到一线工作者的认可。与局外人不同，局内人采用的是“insider-out”的研究视角，研究者先以局内人的角色深入田野，了解当地民俗、文化，再转换身份，以局外人身份，反观本土现象的理论独特性。也就是说，从文化主位出发，自下而上建构概念，将情境化因素理论化。基于中国情境的公共管理案例研究显然采用的是“局内人”逻辑。从更深的理论层次来看，中国情境公共管理案例研究甚至可以在“局内人”逻辑的基础上，突破实证主义与诠释主义的界限，进而搭建“中国问题”与“公共管理案例研究”的互嵌空间。这意味着，中国情境公共管理案例研究也隐喻着一场新的方法论变革。从本体论的角度分析，这种方法论变革包含三个层面。

(1)“好问题”是案例研究的开端，只有找到好问题，才有可能生产出好的案例研究成果。中国在世界体系中具有很多“例外”特征。作为案例研究的对象，中国公共管理实践中的这些“例外”无疑可以成为“好问题”的起点。(2) 公共管理学的研究边界尽管还不够清晰，但是它是一门治国理政的学问，这一点基本还是学界的共识。案例研究对于理解中国国家治理体系与运行机制，具有独特的方法论优势。(3) 中国情境公共管理案例研究不是说要完全抛弃传统案例研究的知识谱系，也不是说不要借用西方公共管理理论。它是对传统案例研究的扬弃，强调基于中国公共治理实践来构建、发展理论，探索中国自己的公共管理学术话语体系，构建公共管理理论的“中国话语”。

资料来源：侯志阳，张翔．作为方法的“中国”：构建中国情境的公共管理案例研究．公共管理学报，2021 (4)：126-136.

10.3 扎根理论

10.3.1 扎根理论概述

1. 扎根理论的缘起与发展

由于逻辑实证主义的兴起，到 20 世纪 60 年代中期，实证和量化研究成为美国学术界的主流方法，在此背景下社会学研究领域存在两极分化的问题。一种是专注变量分析的经验性研究，在这种范式的影响下，研究者注重从逻辑和经验上来验证那些由现有理

① “中国案例，中国方案”专题编者按．公共管理学报，2021 (4).

论演绎出的假设，从而使得现有理论变得更为精致，但很少有研究者致力于构建新理论。另一种则是缺乏经验数据的巨型理论，当时的定性研究大多属于现象学范畴，拘泥于对研究现象进行印象式的描述，而不愿形成明确的理论阐述。此时，学者研究的现实是普通人借助常识就可以感受的、通过社会建构形成的世界，且在分析中并不涉及任何因果性或发生性的假设，也不涉及对分析现象本体状态的理解。这类故事性研究虽然生动有趣，但研究结论平常，很难与其他理论对话①。

1967 年，格拉泽（Glaser）和斯特劳斯（Strauss）在《发现扎根理论：质性研究的策略》（*The discovery of grounded theory：strategies for qualitative research*）一书中共同提出“扎根理论”（grounded theory）的概念，明确指出定性研究的目的应该是从经验数据中生成理论，而不只是描述现象或分析研究对象的叙事结构、话语特征或生活史。他们提出扎根理论的主要目的就在于“填平理论研究与经验研究之间尴尬的鸿沟”。同时，基于两位不同背景学者的合作，扎根理论嫁接了实证主义和诠释主义这两种看似矛盾的研究范式，在定性研究领域具有重要的意义②。

不过，因为格拉泽和斯特劳斯对扎根理论的不同理解，他们的学术方向发生了分离，由此催生出了不同的扎根理论学派。1978 年，格拉泽以独立作者身份出版著作《理论敏感性》（*Theoretical Sensitivity*），这也是经典扎根理论的代表。基于经典实证主义，格拉泽强调理论应当来自独立于研究者的数据之中。研究者在研究之前不应有任何理论预设和价值判断，应该保持“纯真心灵”，通过层层编码从原始数据中发现理论，这样的观点被称为经典扎根理论学派。

1987 年，斯特劳斯以独立作者身份出版著作《质性资料分析》（*Qualitative Data Analysis*），该书成为程序化扎根理论的代表。在斯特劳斯等其他学者看来，研究者在着手任何研究之前都必然带有业已存在的前见，尽量避免“先入为主”的观点是对的，但在现实中将研究者的头脑视为一块“白板”则过于理想化，应该强调合理运用个人经验。

进一步，卡麦兹（Charmaz）吸收了经典扎根理论中有关归纳、对比、涌现和开放性的方法，同时借用了程序化扎根理论中的因果假设逻辑，形成了以其为代表的建构型扎根理论。卡麦兹认为，数据和理论都不是被发现的，研究者是研究世界以及所收集数据的一部分，“通过我们对过去和现在的参与，以及与人们、视角和研究实践的互动，我们建构了自己的扎根理论”。

扎根理论被西方社会科学界公认为是过去几十年中，质性研究发展中最重要的却也是最受争议的方法论基础之一。实证主义、诠释主义、建构主义，不同学派之间既相互区别又存在密切的联系，共同推动了扎根理论的发展。

2. 扎根理论在中国的发展

从 20 世纪末开始，扎根理论开始得到中国学术界越来越多的关注，也有学者对扎根理论进行了梳理、总结和发展。陈向明最早将程序化扎根理论引入中国社会科学的教育

---

① 陈向明．扎根理论的思路和方法．教育研究与实验，1999（4）.

② 井润田，孙璇．实证主义 vs. 诠释主义：两种经典案例研究范式的比较与启示．管理世界，2021（3）.

研究领域；费小冬最先向公共管理学界介绍经典扎根理论；贾旭东等最早向工商管理学界介绍经典扎根理论，并探索性地提出了“中国管理扎根研究范式”；李志刚等在管理学界最先发表了运用扎根理论的研究论文。

从已有研究来看，扎根理论在我国得到了一定程度的发展，并为部分学者所认可。但是仍然需要注意的是我国扎根理论研究与国外相比仍然存在较大的差距。近年来，国内应用扎根理论的研究数量有一定的增长，但总体上并不多，涉及的领域也比较有限。另外，一些宣称使用了扎根理论的研究也存在一些问题，主要有：部分文章依然停留在介绍扎根理论的基本思想与操作流程阶段，使用这一方法真正展开研究并实现理论建构的成果并不多，取得的研究成果有限；部分研究在扎根理论应用与操作流程方面规范性不足，存在数据收集不到位、编码不完整、不做备忘录等问题，在一定程度上影响了研究结论的准确性和可信度，存在一些“名为扎根，其实并不扎根”的现象。把编码技术等同于扎根理论研究是常见误解之一。

这些问题的出现一方面是因为扎根理论本身对于研究者的学术水平要求较高，研究者自身对扎根理论的训练不足，无法满足扎根理论的需要；另一方面则是因为“质性研究”基本功底有所欠缺，如深度访谈、参与观察、文本分析的使用本身就存在问题。

10.3.2 扎根理论的操作步骤及思路

1. 常见操作步骤

扎根理论的主要宗旨是从经验资料的基础上建立理论，是一种从下往上建立实质理论的质性研究方法。虽然扎根理论需要有经验证据的支持，但是它的主要特点并不在于其经验性，而在于它从经验事实中抽象提炼出了新的概念和思想。从哲学思想上来看，扎根理论是从后实证主义范式基础出发的研究方法，强调对目前已经建构的理论进行证伪。

主流三大派扎根理论在编码步骤和含义上有较大不同，区别与联系如图 10－1 所示。以在中国应用最多的程序化扎根理论为例，其操作程序一般被概括为开放性编码（open coding）、轴心编码（axial coding）、选择性编码（selective coding），即三级编码过程。

开放性编码的过程是将所有的资料按其本身所呈现的状态进行登录。这是一个将收集的资料打散并赋予概念，然后再以新的方式重新组合起来的操作化过程。登录的目的是从资料中发现概念类属，对类属加以命名，确定类属的属性和维度，然后对研究的现象加以命名及类属化，这一过程能够通过不断地比较、归类和分析，提炼出更抽象、更深层次的概念。

轴心编码的主要任务是发现和建立概念类属之间的因果联系，以表现资料中各个部分之间的有机关联，该部分能够在初始编码的基础上进一步提炼。

选择性编码是在所有已发现的概念类属中经过系统的分析以后选择一个“核心类属”，分析不断地集中到那些与核心类属有关的码号上面，以“故事线”的形式将已经发现的概念和范畴联系起来，从而形成一个核心范畴，建立起实质性的理论，实现由故事化的案例向抽象化的理论的转变。核心类属必须在与其他类属的比较中一再被证明具有统领性，能够将最大多数的研究结果囊括在一个比较宽泛的理论范围之内。

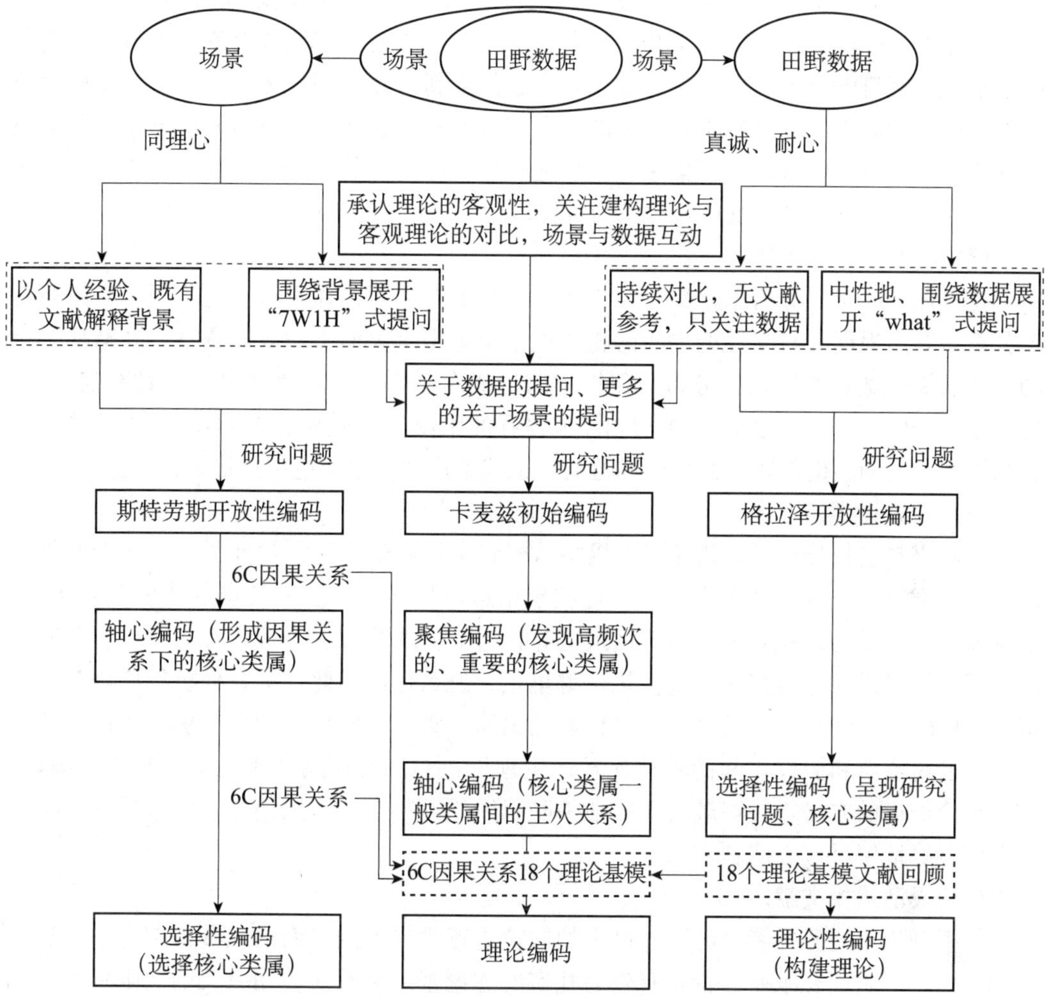

图10-1　扎根理论三大主流学派编码程序的区别与联系

资料来源：贾旭东，衡量．扎根理论的“丛林”、过往与进路．科研管理，2020（5）.

2. 基本思路

三级编码是对扎根理论的简单概括，其完整过程实际上包含了复杂的程序：开放性编码和选择性编码，不断比较，理论性采样，理论性饱和，理论性编码，写备忘录和整理备忘录①。因此，扎根理论的基本思路可以概括如下②：

（1）从资料中产生理论。

为了使得研究结果更加具有客观性，扎根理论不对研究者自己事先设定的假设进行逻辑推演，而是从资料本身入手进行归纳分析。理论一定要可以追溯到其产生的原始资料，一定要有经验事实作为依据。这是因为扎根理论认为，只有从资料中产生的理论才具有生命力。

---

① 费小冬．扎根理论研究方法论：要素、研究程序和评判标准．公共行政评论，2008（3）.

② 陈向明．扎根理论的思路和方法．教育研究与实验，1999（4）.

（2）对理论保持敏感。

扎根理论的主要宗旨是建构理论，因此特别强调研究者对理论保持高度的敏感性。不论是在设计阶段，还是在收集和分析资料的时候，研究者都应该对现有的理论、前人的理论以及资料中呈现的理论保持敏感，注意捕捉新的建构理论的线索。理论敏感性不仅可以帮助我们在收集资料时有一定的焦点和方向，而且在分析资料时能够帮助我们集中注意力来寻找那些可以比较集中、浓缩地表达资料内容的概念，特别是当资料内容本身比较松散时，理论敏感性就显得尤为重要。

（3）不断比较的方法。

扎根理论的主要分析思路是比较，在资料和资料之间、理论和理论之间不断进行对比分析，然后根据资料与理论之间的相关关系提炼出有关的类属及其属性，并对所提炼的类属及属性做更加深入的分析，使得零散的概念联系起来，更加具体和具有连贯性，更好地诠释研究者的“故事”。通过对不同过程的比较，形成涵盖更全面信息的概念，一直到无法发现明显的新颖初始概念和范畴，也就是达到了理论饱和的状态为止。

（4）理论抽样的方法。

在对资料进行分析时，研究者可以将从资料中初步生成的理论作为下一步资料抽样的标准，循序渐进地推动研究开展。这些理论可以指导下一步的资料收集和分析工作，如选择资料、设码、建立编码和归档系统等。当下呈现的每一个理论都对研究者具有导向作用，都可以限定研究者下一步该往哪里走、怎么走。因此，资料分析不应该只是停留在机械的语言编码上，而是应该进行理论编码。研究者应该不断地就资料的内容建立假设，通过资料和假设之间的轮回比较产生理论，然后使用这些理论对资料进行编码。借助理论抽样的方法，能够最大限度地关联起原始资料中的不同语境，使得研究结果最终能够更好地解释核心问题。

（5）灵活运用文献。

扎根理论不对研究者自己事先设定的假设进行逻辑推演，而是从资料本身入手进行归纳分析，但是其要求研究者具有较为扎实的理论基础。灵活使用有关的文献可以开阔视野，丰富研究者自身的阅历，从而为资料分析提供新的概念和理论框架，奠定坚实的理论基础。但与此同时，研究者一定也要注意不要过多地使用前人的理论，而是要将分析的重心置于资料本身，学会从资料中获取有效信息并且建构理论。否则，前人的思想可能会束缚我们的思路。

（6）理论性评价。

扎根理论对理论的检核与评价的标准，可以归纳为：（1）概念必须来源于原始资料；（2）理论内部应该包含很多复杂的概念及其关系；（3）理论中的每一个概念应该与其他概念之间具有系统的联系；（4）由成套概念联系起来的理论在实际研究中应该具有较强的运用价值，应该适用于比较广阔的范围，对现象具有较强的解释力。

10.3.3 扎根理论的方法特点及适用性

1. 扎根理论的方法特点

扎根理论连续比较、理论采样和强调理论触觉的独特特征，是区别于其他研究方法的重要标准①。与此同时，扎根理论连接了实证研究与理论建构之间的鸿沟，为质性研究提出了具体的研究策略和分析程序②。可以说，扎根理论为此后 30 多年间的定性研究奠定了合法性地位③，也为前期定性研究提供了处理和分析大量数据资料的系统方法，强调了学者对于构建理论的敏感性。在公共管理研究领域，扎根理论的受重视程度在提高，成为协助学者解决复杂研究问题的重要方法。作为一整套方法体系的扎根理论，具有以下特点：

一是扎根理论非常重视数据的收集。相比观察手记、个案研究等只针对某一具体对象收集资料以及文本分析更多地关注“文本”或“内容”，扎根理论几乎使用所有质性研究常用的数据收集方法，如深度访谈、焦点小组访谈、观察法等，还会使用其他各种类型的资料（如档案、文本、通告、手稿），多样化的数据收集方法及资料来源使得扎根理论研究的数据基础非常扎实。

二是扎根理论讲求对数据的整理与分析。扎根理论对所收集来的数据进行三个层次的编码，重视资料之间的比较与关联。这种基于数据的归纳、提炼与比较，贯穿研究始末，能够最大限度地挖掘数据与资料的内涵，确保每一项理论的建构都来源于数据。

三是扎根理论能够融合或借鉴多种质性研究的思路与方法。例如，从民族志研究中学习进入现场、文化礼仪与伦理，借助文本分析的思路挖掘“文本”潜在的意义，将多个个案研究成果作为基础，借鉴历史分析来理解各类政策或经济数据。正是这种较为开放、包容性极强的特点，使得扎根理论能够实现更有洞见、更为深入的研究。

四是扎根理论重视“建构理论”。其他的质性研究更重视的是“描述”，它们并不以产生理论为己任，所以探索性研究较多。而扎根理论以“建构理论”为其第一要义，即通过质性资料的系统分析，对社会现象或问题做出普遍解释，探索事物之间的关联并预测规律与趋势，弥补了质性研究在理论建构方面的不足。

五是扎根理论的操作相对规范。与其他质性研究相比，扎根理论具有一套完整、相对规范的操作流程，既提高了质性研究的科学性，也具有较强的实用性。

2. 扎根理论的适用性

（1）因素识别类问题。

扎根理论适合的情形包括研究者试图从数量庞大的基础资料中发现影响某一问题的几类因素，并探寻变量间的因果关系，从而构建关于研究问题的中层理论。政策分析、危机管理、政治参与、政府治理等领域都有大量与“因素识别”有关的议题，这也是应用扎根理论最多的一类。

（2）解读过程类问题。

解读过程类问题的目的是通过对烦琐、细致的社会现象与资料的总结与概括，从而发现动态过程、变化规律、互动关系，主要集中在公共组织研究领域与“历时性研究”领域。对于组织研究来说，人际互动、升迁过程、决策过程、沟通过程等都可以运用扎

---

① 张敬伟，马东俊．扎根理论研究法与管理学研究．现代管理科学，2009（2）.

② 孙晓娥．扎根理论在深度访谈研究中的实例探析．西安交通大学学报（社会科学版），2011（6）.

③ 对于是否将扎根理论理解为质性研究，也存在着不同的看法。

根理论。

（3）分析不易掌握的问题。

如果在公共管理研究中遇到研究对象情况复杂、难以接近研究对象、数据不易获取、研究对象具有争议性、所涉及条件或关系过多的问题，扎根理论可能是最适宜的研究方法。扎根理论能够帮助研究者更好地厘清研究思路，深入问题本质，通过“步步扎根”获得结果。

（4）对新生事物进行探索性研究。

随着信息社会的飞速发展，社会要素变化催生了一系列新现象与新事物，产生了一些新的研究领域，也为公共管理带来了新的研究机遇和挑战。扎根理论能够跳出已有理论框架和研究思路，并且强调灵活性、多元性和不断的比较，诸多优势使其能够有更多的机会取得新的突破。扎根理论可以用来执行对这些新生社会事实的质性分析，探索重要的类目与概念，建立解读的理论框架，从而实现对新生事物的探索性发现，从新生事物中获得启发，包括对互联网政治、网络治理、舆情治理、数字化政府、网络社群、新媒体政府、新公共关系等展开研究。

本章小结

1. 比较研究的使用有其特定的满足条件，只有在满足同一性、双（多）边性以及可比性这三个条件的基础上才可以运用该方法。

2. 根据研究设计中的案例个数不同，可将案例研究分为单案例研究、双案例研究、多案例研究、跨案例研究。

3. 案例研究的设计质量，要考虑建构效度、内在效度、外在效度以及信度四个方面。

4. 扎根理论的主要宗旨是从经验资料的基础上建立理论，是一种从下往上建立实质理论的质性研究方法，虽然扎根理论需要有经验证据的支持，但是它的主要特点并不在于其经验性，而在于它从经验事实中抽象提炼出了新的概念和思想。

关键术语

比较研究　求同法　求异法　案例研究　单案例　双案例　多案例　跨案例　扎根理论　开放性编码　轴心编码　选择性编码

复习思考题

1. 比较研究需要满足哪些条件？有哪些注意事项？

2. 从代表性期刊中找出一篇案例研究。该案例研究可以是关于任何主题的研究，但必须是使用了某些实证研究方法，并呈现了一些实证（质性的或量化的）资料。为什么这是一个案例研究？与使用其他社会科学研究方法得出的研究发现，有什么区别？

3. 简述扎根理论的一般操作步骤。

4. 分析一下案例研究与扎根理论两种研究方法的区别所在。

5. 结合自己的研究计划，看看如果采用定性研究的方法，从资料的收集到资料的分析，具体过程该如何开展。

第 11 章

定性比较分析

定性比较分析（qualitative comparative analysis，QCA）被理解为超越定性和定量的研究方法，所以具有一定的特殊性。目前 QCA 已广泛应用于管理学、社会学和经济学研究中，公共管理领域也有较多应用。结合一手问卷或二手数据，在案例资料的基础上均有可能采用这种方法。本章结合公共管理研究的特点，介绍定性比较分析的特征、分类及如何进行 QCA 研究设计。

重点问题

- QCA 与案例法、回归分析法的联系及区别
- QCA 的主要类型及布尔代数逻辑
- QCA 的研究设计
- QCA 的优缺点

11.1 概述

11.1.1 方法的提出及适用性

定性比较分析最早由美国加州大学欧文分校校长、讲席教授查尔斯 · C. 拉金（Charles C. Ragin）于 1987 年提出，用以探索多因并发的社会问题的因果机制，并引入政治学与社会历史学的研究范畴①。1987 年出版的《比较方法：超越定性和定量策略》是 QCA 出现的标志性成果。此后拉金陆续出版了《模糊集社会科学》《重新设计社会科学研究》《QCA 设计原理与应用：超越定性与定量研究的新方法》等一系列方法论图书，

① 杜运周，贾良定．组态视角与定性比较分析（QCA）：管理学研究的一条新道路．管理世界，2017（6）．

为 QCA 在社会学、政治学等学科的广泛应用提供了方法论支持与参考[①]。由于 QCA 在社会科学研究方法上的突破，美国社会学协会（ASA）主办的《当代社会学》（*Current Sociology*）期刊于 2009 年刊文称 QCA 方法为“拉金革命”；拉金本人也于 2014 年获得了美国社会学协会授予的旨在表彰在社会学方法论上做出公认贡献的奖项——拉扎斯菲尔德奖。

QCA 是一种运用多种不同层面的案例，从组态和整体性视角，通过布尔逻辑运算，探究复杂问题间的因果关系，从而找到具有等效性结果的不同路径的研究方法。

与传统研究方法相比，QCA 既不同于案例研究强调的对个别案例的深度描述和总结，也不同于定量研究的大样本的统计分析。案例研究和传统统计分析存在固有的缺陷。首先，案例法基于单案例或个别案例的特定情境知识来发展理论，优势在于结合因果分析、解释性分析和新概念生成等进行深入分析，关注到了案例的独特性和整体性。但案例法只适用于少量案例分析，不便于处理过多案例，因此结论的推广也受到一定的限制。其次，传统的统计方法是基于自变量相互独立、因果对称的假设进行计算，在控制其他影响变量的情况下，分析自变量对因变量的边际效应。然而在现实中，研究的要素间是相互影响、共同作用导致的结果，前因变量是多重并发的。因此传统的统计分析无法解释自变量间相互依赖等复杂的因果关系。

QCA 旨在克服案例研究和传统统计分析的这些不足，尤其是尝试规避定量研究在深度和定性研究在广度方面的局限，力求整合质性研究和量化研究的长处。定性比较分析的基本出发点是，变量的设定需要有理论基础，使用布尔算法和集合论的计算技术，从而成为一种超越定性和定量研究的“第三条道路”和新方法。

与传统研究方法相比，QCA 具有的优势主要是：第一，从变量的独立效应拓展到变量的组态效应；第二，整合案例与变量研究的优势，为案例研究提供了新思路和新方法；第三，提升理论的切题性；第四，为开展思想实验提供条件；第五，有利于开展多层次动态研究的新视角[②]。总之，组态视角下的 QCA，将研究对象视为条件变量的组态，通过变量的集合分析得出组态与结果的关系。这样有助于发现多重并发的因果关系，解决因果非对称性和多种组态方案等因果复杂性问题。这样处理的案例研究也可以不再局限于少数案例以及由此产生的外界质疑。

当前，QCA 已从社会宏观层面的研究，逐渐拓展至管理学、社会学、传播学、营销学等诸多学科领域，特别是在组织管理研究领域大放异彩。

关于 QCA，研究者需掌握以下七个关键命题：

第一，QCA 不仅是一种研究方法，同时也是一套分析工具。在方法论上，QCA 兼具组态比较（CCMs）和集合论的理念。

第二，QCA 的运用需要基于参考案例的信息。QCA 需要利用案例的信息展开分析，

---

① RAGIN C C. Fuzzy-set social science. Chicago：University of Chicago Press，2000；RAGIN C C. Redesigning social inquiry. Chicago：University of Chicago Press，2008；RIHOUX B，RAGIN C C. Configurational comparative methods. Chicago：Thousand Oaks，2009.

② 杜运周，贾良定．组态视角与定性比较分析（QCA）：管理学研究的一条新道路．管理世界，2017（6）.

但由于 QCA 基于计算机的算法很强大，因而它可以处理大量的案例。QCA 对于跨案例分析中发现系统的相似性和差异性提供了强大的分析工具支撑。

第三，QCA 可以为检验案例的前因因素（条件变量）提供核心组合。

第四，QCA 的研究是“结果驱动”的。基于这一命题，研究者可以利用 QCA 分析实证对照观察的研究（如一个系统的衰减与生存、一家组织的成长水平、一项社会运动的爆发与否等）。

第五，QCA 可以识别出导致同一结果的不同情境的因果路径，以评估“多重并发的因果关系”，即可以输出“殊途同归”的路径结果。

第六，QCA 可以输出简约型的解释路径，降低研究结果的复杂性。

第七，QCA 是一个高强度的研究，好的 QCA 研究需要以迭代的方式使用，在分析的连续阶段不断引入新的案例和理论。

经过 30 多年的迭代和发展，QCA 相较于初期已取得了很多进展，主要有：可以依据案例数量和条件数量的最佳比例来定义“阈值”；相关软件的发展可根据案例和理论设定阈值即集合隶属度“校准”；QCA 的程序和步骤不断更新，必要性、充分性和集合关系更加精细；可测试复杂的模型，特别是多层次和嵌套的情况①。

综上所述，相较于传统的统计分析和案例研究，QCA 对于研究案例的适用范围更加广泛。在研究层面上，QCA 适用于多个层面的案例：从微观层面的个体、行动小组，到中观层面的社会组织、企业、政策流程，以及宏观层面的整体大规模系统如国家、政治制度等。在案例规模上，QCA 适用于不同数量的案例样本：少量样本（五六个）的案例可通过深层次、案例导向的方式用 QCA 进行分析，大样本的数据集（宏观经济数据、大型调查数据库）可利用 QCA 的集合理论杠杆进行分析。在功能方面，QCA 在实际应用中可以为探索数据、产生分类、验证因果关系理论或假设、测试命题及猜想，甚至是开发新的理论方面提供方法支持。在技术应用方面，QCA 既可以生成一些简单的如维恩图（Venn diagram）式的集合关系，也可以通过数学表达式的形式来使用②。

公共管理学从方法论上就是强调比较的学科。比较公共管理、比较公共政策、比较公共治理等，都是公共管理研究的前沿方向③。QCA 研究能够推进我们对公共管理领域多案例的比较研究。与此同时，完整、准确、全面贯彻新发展理念，必须坚持系统观念，加强前瞻性思考、全局性谋划、战略性布局、整体性推进④。因此，对于公共管理研究而言，运用 QCA 方法对已有的公共治理实践经验进行比较性总结和提炼是十分有价值的。同时，相关数据的分析结论也可对未来系统性、整体性视角下的公共管理实践提供参考。

---

① 谢智敏，王霞，杜运周，等．创业生态系统如何促进城市创业质量：基于模糊集定性比较分析．科学学与科学技术管理，2020（11）．

② 杜运周．组织与创业领域：组态视角下的创业研究．管理学季刊，2019（3）．

③ 杨开峰．学习党的百年历史经验，推动公共管理学科发展．公共管理与政策评论，2022（2）．

④ 完整准确全面贯彻新发展理念 确保“十四五”时期我国发展开好局起好步．人民日报，2021－01－30（1）．

11.1.2 定性比较分析的特征

1. 适度的普适性

普适性是实证科学研究中的重要部分。社会科学研究的目的不仅在于对某个现象的详细描述，更重要的在于探究和确定“明确的关系”（explicit connection）以及“特殊的关系”（specific connections）。特别是“明确的关系”，它既可以用来形式化描述数据中可观察的规律，也可以用来形式化描述事物背后的内在机制，进而判定可能的却还没有被观测到的特征和行为，即描述和预测的作用。因此，一直以来，考察一项研究解释新案例的能力，被看作是评价研究质量的重要指标①。

QCA 的分析结果具有适度的普适性特点。通过对多个可比案例的系统比较，研究人员可以形成一些供后续研究参考的命题，而妥善地调整这些命题，则可用于分析其他类似的案例。但是，QCA 方法中的普适性要比传统统计推断中的普适性有限得多。

2. 可复制性和透明性

相对于其他定性分析方法而言，QCA 的分析是程式化和可复制的。程式化是指 QCA 以布尔代数和集合论为基础，具有明确的规则和适当的定义方法，并可以由此转换为形式运算和算法。正是由于其形式运算和算法的固定性，QCA 具有可复制性，即对于同一数据库使用同一方法，所有研究者都可以得到相同的结果，从而消弭了研究中的模糊性和主观的解释性，这也是 QCA 科学性的体现。这一点与传统定量方法是类似的。

与传统的统计分析方法相比，QCA 更具有透明性的特征。QCA 方法包括变量选取、变量处理、分析工具选择和分析过程，研究者要迭代地“与案例对话”：回到原始案例中核对和确认其丰富且独特的内容。相较于其他统计分析工具直接输入代码和数据并得到结果（result）的过程，QCA 要求研究者必须在分析过程中，既要有意识地选择，还要对其做出解释。这一过程可以使研究者更加主动、批判地把握操作过程和实现证实或证伪的目的。

3. 兼具理论与案例

QCA 的认识论以组态理论为基础。QCA 对案例的选择与处理过程，也是归纳-演绎-丰富的过程。QCA 对于案例，需要从其中识别出要考察的关键内容，同时理论可以指导研究者选择出重要、典型、对立等不同类型的案例；QCA 对于各种异常值和“例外”的案例的解释，对于研究者理解某个特殊机制有一定的启示，这就是归纳式研究的过程。研究的条件变量和结果变量需要基于已有理论来选择，即 QCA 的理论演绎。相较于具有普适性和宏观的研究而言，QCA 的理论在社会科学中应定位于“中观”和情境敏感的理论层面。QCA 通过其独有的形式语言，以丰富的形式体现，并转化为理论语言，本质上是集合论。QCA 对于未观察到的案例即逻辑余项的处理，则为研究者对于整个研究过程的开展提供了新机遇。因此，通过归纳-演绎-丰富的过程，QCA 为研究者实现案

---

① 张明，杜运周．组织与管理研究中 QCA 方法的应用：定位、策略和方向．管理学报，2019，16（9）．

例与理论的对话提供了条件①。

4. 因果关系特征

与基于数理统计的主流统计方法相比，QCA 在因果关系表达方面具有以下特征：

第一，打破可加性假设。QCA 方法解决的重点问题是跨案例的“多重并发因果关系”。所谓“多重并发因果关系”，通常是指以下几种情形：（1）多个条件组合共同作用导致的结果（$A*B \rightarrow Y$）；（2）多种不同的条件组合都可能导致相同的结果，即殊途同归（$A*B+C*D \rightarrow Y$）；（3）在不同路径导致同一结果的条件组合中，某个条件既可以出现也可以不出现。从“多重并发因果关系”的几种常见情形可以看出，“多重”是指路径的数量，“并发”是指指向同一结果的每条路径都是由不同的条件组合形成的。因此，不同因果路径是等效的（equifinality），同一要素在不同案例中对结果的边际递增效应都是相同的。这与传统统计分析中可加性假设的命题是不同的。

第二，不存在恒定不变的因果关系。从 QCA 的结果表达式可以看出，因果关系是存在于特定情境和组态中的。因此，区别于定量统计方法，QCA 的因果关系在不同比较案例之间不是恒定不变的。

11.2 定性比较分析的研究设计

定性比较分析方法通常需要完成以下过程：通过理论分析提炼条件变量，采集数据，变量校准与集合隶属分数，设定案例频数和一致性的阈值，构建真值表，QCA 标准化分析，区分核心条件和边缘条件，汇报 QCA 分析结果，对研究结果进行讨论。

11.2.1 案例和变量的选取

QCA 是一种跨案例的比较研究方法，案例和变量的正确、科学选取，直接影响到研究结果的质量。QCA 目前在社会科学研究中，主要用于小样本和中等样本案例分析的情境。由于案例研究需要从相对较低的理论建构开始，因此 QCA 的案例和变量的选取是一个分析-归纳-系统检验的过程②。

1. 案例的选取

在实证社会科学研究中，案例的选取需要有明确的理论基础，哪怕是较低层次的理论建构。因此，案例的选取需要遵循以下两方面的要求：

一是案例总体的同质性。案例的选择需要首先确定界限和“调查范围”即研究区域的最大相似性（MDSO）。研究所选取的案例需要有相同或相似的背景和特点，并且这些特点在分析时是被看作常量的，以确保我们要解释的结果具有清晰的定义。但这并不意味着，案例的总体或样本是确定不变的，在研究过程中，QCA 允许在符合基本要求的前

---

① 拉金．重新设计社会科学研究．北京：机械工业出版社，2019：4.

② 王凤彬，江鸿，王璁．央企集团管控架构的演进：战略决定、制度引致还是路径依赖?：一项定性比较分析（QCA）尝试．管理世界，2014（12）.

提下增减案例。对于中小规模的 QCA 分析，要首先考虑案例的相似结果作为案例的区域。如果是大样本的研究设计，对于案例的种类，研究者需要有充分的了解。

二是案例总体内的异质性。根据 QCA 相关软件的计算原理，案例选取的标准是在最小规模的案例中最大限度地实现案例结果的异质性（MSDO）。也就是说，需要比较的案例的结果既要有“正向”结果，也要有“负向”结果。只有这样，才能实现最好的比较分析。

2. 条件的选取

与案例选取类似，条件的选取也要基于一定的理论基础。在实际研究中，对于同一社会问题，往往有多个理论可以解释，甚至是具有竞争性的理论。这样一来，研究者就可能会将很多条件纳入分析模型，加之 QCA 是探索多重并发因果关系的，条件变量的删减就会更加困难。通常我们会使用归纳法和演绎法。

归纳法主要用于探索性研究，即在研究前不清楚会产生哪些组态、条件。归纳法通过对以往研究和经验知识的总结，识别与研究相关的重要条件变量，这是由于已有的研究只关注了自变量单独的作用，没有探讨它们在组态中的并发效应。演绎法则是基于一定的理论构建框架，确定研究的组态类型及其条件变量。

对于条件变量的选取与调整，需要注意以下两点：

第一，避免将案例间不变的条件纳入研究模型，即对于常量的条件，则不必纳入研究。

第二，控制条件变量的数量。在 QCA 分析特别是小样本的研究中，需要最大限度地把条件变量的数量控制在最小范围内。因为 QCA 分析的结果是条件变量的组合，条件变量和可能的组合的数量是以指数形式增加的，如 2 个条件，则最多可能有 4（2^2）个组合；3 个条件，就有可能出现 8（2^3）个组合，以此类推。在跨案例比较中，条件数量如果过多，则可能导致案例的“个体化”，得到的结果难以上升为理论解释。反之，解释现象的变量越少，则越能接近因果机制的核心，我们也越能从其他案例的检验中发现结果。对于案例的数值，尚没有一个绝对的范围，通常情况下，4～7 个条件变量可以用于 10～40 个的案例分析①。

11.2.2　清晰集定性比较分析

根据变量类型的不同，QCA 分为 csQCA（清晰集定性比较分析）、mvQCA（多值集定性比较分析）和 fsQCA（模糊集定性比较分析）。csQCA 专门用来处理二分类变量，mvQCA 适合处理多类别的变量，fsQCA 可采用模糊集方法统一校准定距或定比变量，具有定性和定量分析的双重属性。

csQCA 最早是由拉金和德拉斯于 20 世纪 80 年代开发的 QCA 技术，这也是第一代 QCA 技术。csQCA 因此也是迄今为止 QCA 方法中应用最广泛的技术，最早用于处理二

---

① 万筠，王佃利．中国邻避冲突结果的影响因素研究：基于 40 个案例的模糊集定性比较分析．公共管理学报，2019（1）．

进制数据集。QCA 的计算基础是布尔代数原理，其分析结果的表达式也是通过布尔代数来体现的。因此，要学习 QCA 方法、读懂结果，首先需要掌握布尔代数的特征和符号含义。csQCA 的分析步骤包括：构建二分数据表，构建真值表，处理矛盾组态，布尔最小化，纳入逻辑余项，解释结果①。

1. 布尔代数

布尔代数是 19 世纪由英国数学家乔治·布尔（George Boole）首次提出的二进制代数语言。基于这种二进制语言，布尔代数在包括计算机科学在内的许多实验和应用科学中得到广泛应用。在 QCA 中，布尔代数的表达有以下几点特征：

表达式中字母的含义：大写字母用以表示值为“1”的二进制变量，如 B 表示变量 B“存在、是”等肯定性含义；小写字母用以表示值为“0”的二进制变量，如 b 表示变量 B“不存在、否”等否定性含义。

表达式中符号的含义：“—”表示与给定的二进制变量无关的值，既可能不相关、也可能是数据缺失等；“且”“和”等表达“And”含义，用“ * ”符号表示；“或”等表达“Or”的含义，用“+”表示；条件和结果间的关系（因果关系）用“”表示。

利用布尔代数语言，QCA 可以构造出很长很细致的表达式以及复杂的运算集。为了使研究结果简练、易于解释，需要进行布尔最小化运算。

（1）布尔最小化。

如果两个布尔表达式有一个因果条件不同，但产生了相同的结果，那么我们可以去掉这个条件，得到更简单的条件变量组合。例如：

表达式 1：$A * B * C \rightarrow Y$

表达式 2：$A * B * c \rightarrow Y$

在以上两个表达式中，无论 C 的取值是 0 还是 1，都会得到结果 Y。这就意味着，在推理中，C 是多余的，因此可以从表达式中删除。这样，原来两个复杂的表达式就可以简化为：$A * B \rightarrow Y$。

通过布尔最小化，我们还可以得出条件变量的必要性和充分性关系。A 和 B 对于结果 Y 是必要的。但这两个条件对于 Y 却不是充分的，因为要使二者中任何一个都足以满足结果，必须以组合的形式才能导致结果 Y。因此 A 和 B 共同作用可能是 Y 的充分必要条件组合。

（2）维恩图与布尔最小化。

对于以上表达式，我们还可以用可视化的方式——维恩图（软件 Tosmana 可自动生成）来进行更直观的表达（见表 11-1、图 11-1）。

表 11-1　原始数据

案例名称	条件 A	条件 B	条件 C	结果
案例 1	0	0	0	0
案例 2	1	0	0	0

① 拉金．重新设计社会科学研究．北京：机械工业出版社，2019：2.

续表

案例名称	条件 *A*	条件 *B*	条件 *C*	结果
案例 3	0	0	1	0
案例 4	1	0	1	0
案例 5	0	1	0	0
案例 6	0	1	1	0
案例 7	1	1	1	1
案例 8	1	1	0	1

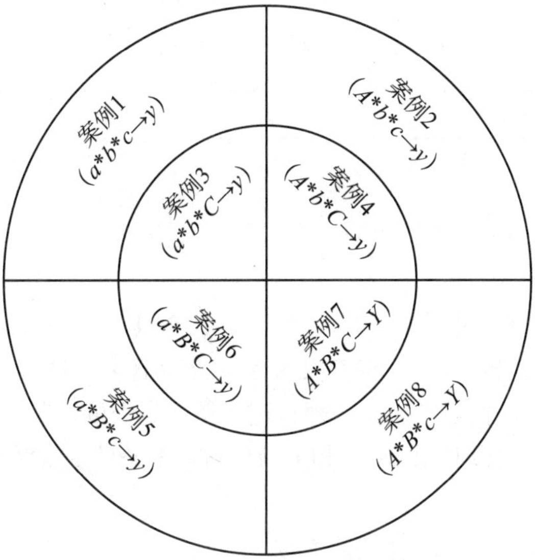

图 11－1　原始数据维恩图

由图我们可以得出，图中右下方部分的所有案例组成了 Y 发生的条件组合集：$A*B*C+A*B*c\rightarrow Y$。根据布尔最小化的算法，只要 $A*B$ 存在即可使得 Y 存在，因此，最简表达式就是 $A*B\rightarrow Y$。

2. 构建二分数据表

经过严格的案例和变量选择后，研究者基于充足的理论和实质性知识，对数据进行二分处理。为实现定性比较分析，研究者在对数据进行二分处理时必须基于相关阈值。对于阈值的设定，要注意三点：阈值的设定与调整尽量基于理论和实质性的证据支持；如无法做到，可采用技术方法如聚类法，机械分割点如平均值、中位数等；避免人为将相似值的案例分割开来。

3. 构建真值表

（1）真值表的构建。

所谓真值表，就是 csQCA 运算时对应的原始数据的合成表（见表 11－2），真值表在本质上是一个组态表。组态的类型有以下五种：

第一种是 1 组态：在所研究的案例中，具有“1”结果的组态；

第二种是 0 组态：在所研究的案例中，具有“0”结果的组态；

第三种是无关组态：在所研究的案例中，具有“—”结果的组态，这种组态是结果不确定的组态；

第四种是矛盾组态：具有“C”结果的组态，这种组态既有结果为“0”的案例，也有结果为“1”的案例，在逻辑上是矛盾的，在 QCA 计算前就要解决；

第五种是逻辑余项组态：结果是“L”或“R”，这类组态是在观察案例中没有出现，但逻辑上可能存在的条件组合。

表 11－2　真值表示例

案例	条件 1	条件 2	条件 3	条件 4	结果
1，2，6	1	0	1	1	C
4，8	0	0	1	0	1
5，7	0	1	1	1	1
3	0	0	0	0	0

（2）检查真值表。

构建好真值表后，研究者需要对真值表质量进行检查和评估，以保证结果可靠、可用。

要检查结果是否具有“1”和“0”的案例。检查是否存在有违常理的组态，比如所有条件都是“0”，但结果是“1”。检查交叉条件是否有多样性，比如，某些条件是否在所有案例中都显示相同的值，如果是，那么这些条件是否可以考虑合并。

同时，这一阶段也可以利用 QCA 相关软件对单个条件变量对于结果变量的必要性和充分性进行检验。

（3）处理矛盾组态。

矛盾组态的出现，并不意味着模型设计的失败。通过 QCA 迭代的方式解决矛盾组态，恰恰也是思想与证据对话的过程。处理矛盾组态，可通过以下方法进行尝试：逐个添加其他条件到模型中去；用其他条件替换模型中的条件变量；对数据进行调整和操作，如调整阈值或补充修订数据；重新定义结果变量；补充或删除案例；对相互矛盾中的组态进行重新编码。

4. 布尔最小化与纳入逻辑余项

利用 QCA 软件，提取布尔最小化的解，即简单解。在 QCA 软件中，允许结果包括逻辑余项，并对逻辑余项进行简化。这时，需要读取结果的原始一致性（consistency）、覆盖度（raw coverage）、唯一覆盖度（unique coverage）和解的覆盖度（solution coverage），以评估模型的合适性。

5. 解释结果

对于 QCA 输出的路径结果，研究者需要返回案例对其进行解释。要考虑案例内的故事和案例间的交叉点，对有关结果的成分和机制围绕因果关系进行解释，而不是仅仅解释单个条件和结果间的关系。

延伸阅读

清晰集定性比较分析在公共管理研究中的示例

该研究以我国 27 个老龄社会治理案例为研究对象，讨论中国特色老龄社会治理体制的生成逻辑和实现路径。

在变量选取与赋值方面，该研究将“治理结果”作为结果变量，若所选案例达到目标则视为“治理成功”，记为“1”，否则记为“0”。条件变量包括：(1) 锦标赛效应：政策文本符合“晋升冲动”标准的记为“1”，晋升锦标赛效应弱，标记为“0”；(2) 行政发包程度：地方政府充分发挥自主性的记为“1”，中央政府主导并严格控制、地方起辅助作用，记为“0”；(3) 周期时效：将直接解决养老问题的政策记为“1”，否则记为“0”；(4) 价值取向：基于“效率”的建设性政策记为“1”，其他诸如体现公平与人道的兜底性政策记为“0”；(5) 合作范围：将单一单位发文记为“1”，将多地、多部委联合发文记为“0”。

该研究进行了单项前因变量的充分性和必要性分析，讨论单一因素是否可以导致治理的成败。研究将单项因素对治理效果充分性影响的阈值设置为 0.9，合作范围变量符合该条件。在前因条件构型（条件变量组合）方面，利用 QCA 软件得出了结果变量分别取 0 和 1 的 8 条路径组合，并构建表格展示。在此基础上，据其设计的理论框架分析老龄社会治理成败的前因构型及其生成逻辑（见表 11－3）。

表 11－3　失败治理的和成功治理的前因构型表

	失败			成功				
				“低-低”的相互配合			“高-高”的相互促进	
	选择执行	镣铐起舞	合法伤害	统筹前瞻	父爱兜底	全国一盘棋	八仙过海	短期突进
行政发包				⊗	⊗	⊗		
锦标赛效应	⊗	⊗		⊗	⊗	⊗		
周期时效			⊗	⊗	⊗			
价值取向			⊗		⊗	⊗		
单进合作			⊗			⊗		
典型案例	4，6，7，10，15，16，20，21，22，26	1，16，20	7，22	5，12	5，8	5，11，13，25，27	3，9，14，18，24	2，3，17，19，23
一致性	1	1	1	1	1	1	1	1
覆盖度	0.818 182	0.181 818	0.272 727	0.125	0.125	0.312 5	0.312 5	0.312 5
唯一覆盖度	0.545 455	0.090 909 1	0.090 909 1	0.062 5	0.062 5	0.25	0.25	0.25
一致性	1			1				
覆盖度	1			1				

资料来源：刘芷含，吴玉洁．“收放何度?”：中国特色老龄社会治理体制的生成逻辑及实现路径：一项清晰集定性比较分析（csQCA）研究．中国行政管理，2021 (1).

11.2.3 多值集定性比较分析

多值集定性比较分析（mvQCA），实质上是清晰集定性比较分析的扩展。与 csQCA 相比，mvQCA 同样执行综合的数据集，让具有相同结果值的案例被简约解覆盖。但 csQCA 只能用于二分变量，可以被认为是 mvQCA 的子类型。使用二分变量的问题在于具有信息丢失的风险并会产生大量的矛盾组态，增加了分析的难度和挑战。这主要是由于 csQCA 强制使用二分类变量：一是原始值不同的案例被赋予同一布尔代数（0/1）；二是很多条件的原始值很相近，但由于统一设置了阈值就被分到了不同的两组（0/1）。这样，我们如果将多值变量编码为多个二进制的虚拟变量，就可以减少和避免矛盾组态的出现，再使用 csQCA 技术对其进行处理。mvQCA 对于多分类的变量在处理上提升了定距、定比变量的布尔赋值的精确性。mvQCA 阈值设定的原则与 csQCA 相同。在实际操作中，mvQCA 条件的取值通常不超过 4 个。

mvQCA 与 csQCA 主要有以下两点区别：

首先是符号语言的区别。mvQCA 可以表达定类、定序、定距数据中设定多个阈值获得的分类的数据，每个值表示特定的类别。例如，对于区域（region）而言，可以使用 0、1、2 分别代表东部、中部、西部。那么，东部、中部、西部就被分别表示为 region{0}，region{1}，region{2}。在表达式中，若某个条件蕴含了多个值的情况，如东部和中部地区，则被写成 region{0，1} 或 $region_{0,1}$。需要注意的是，QCA 中多值条件量表的值必须以 0 为起点①。

其次是布尔最小化规则不同。对于 mvQCA 表达式而言，如果某个条件的所有值都包含在表达式中，那么这个条件就可以认为是无关的。假如在一组条件中 A 是三分变量，B 是二分变量，得出 $A_0B_1+A_1B_1+A_2B_1 \rightarrow Y$，无论 A 的取值是多少，与 B_1 组合都会产生结果 Y，那么可以认为 A 是多余的。这样表达式就可以被简化。

11.2.4 模糊集定性比较分析

无论是 mvQCA 还是 csQCA，它们的方法基础都是清晰集和真值表，二者决定了它们只能处理分类变量的问题，即案例只能被分配到某一类中，如 csQCA 就将案例归入 0 或 1。

随着数学模糊集理论的发展，QCA 也开发出模糊集定性比较分析（fsQCA）方法。相较于 csQCA 和 mvQCA，模糊集可以通过校准集合的部分隶属程度，建立相应的布尔代数真值表（0 到 1 之间的值），并进行一系列计算分析，得出因果关系。这样一来，fsQCA 不仅可以处理分类问题，还可以处理程度变化和部分隶属的问题。例如，某一案例介于 0 和 1 之间，就可以对其进行隶属得分的赋值加以分析。此外，fsQCA 还可以将

① 陈宇，闫倩倩．“中国式”政策试点结果差异的影响因素研究：基于 30 个案例的多值定性比较分析．北京社会科学，2019（6）；高新宇，秦华．“中国式”邻避运动结果的影响因素研究：对 22 个邻避案例的多值集定性比较分析．河海大学学报（哲学社会科学版），2017（4）．

模糊集的数据转化为真值表，从而处理定性数据、简化组态，具有定性和定量分析的双重属性。

在 csQCA 中，案例的每个条件需要被二分（0 不隶属，1 完全隶属）到隶属上去。fsQCA 允许在 0 到 1 之间取部分隶属分数，即模糊集隶属分数（部分隶属分数）。在实际研究中，可参考表 11－4，确定隶属关系。

表 11－4　模糊集分值与隶属关系

三值模糊集	四值模糊集	六值模糊集	连续模糊集
1 完全隶属	1 完全隶属	1 完全隶属	1 完全隶属
0.5 既非完全隶属，也非完全不隶属	0.67 偏隶属	0.9 非常隶属	0.5～1 偏隶属
0 完全不隶属	0.33 偏不隶属	0.6 部分隶属	0.5 既非完全隶属，也非完全不隶属
	0 完全不隶属	0.4 部分不隶属	0～0.5 偏不隶属
		0 完全不隶属	0 完全不隶属

模糊集的校准是 fsQCA 的关键操作，对于集合的操作要基于充分的实践或理论基础设定临界值。对于模糊集的校准，除了参考 csQCA 和 mvQCA 设定临界值（特别是确定 0.5 交叉点），还可以使用 fsQCA 的校准功能（calibrate）将定距和定比尺度的变量转换为模糊集分数进行计算，只需提前设定好 0、1 和 0.5 交叉点即可。

1. 模糊集运算

fsQCA 的运算及符号有“非”（negation）、“或”（or）和“与”（and），分别用“～”、“＋”和“*”表示。

“非”（～）的含义是指将隶属分数转为原隶属分数与 1 的差，～A＝［1］－A。例如，H 省在“经济发达（A）”集合的隶属分数是 0.33，那么它在“经济不发达（～A）”的隶属分数就是 0.67（1－0.33＝0.67）。综合起来，H 省就偏隶属于经济不发达集合。

“或”（＋）的含义是两个或多个集合的并集。在“或”的运算中，案例在并集的隶属分数是集合的最大分数。例如，H 省的“经济发达”隶属分数是 0.33，“生态良好”隶属分数是 0.9，那么 H 省在“经济发达或生态良好”集合的隶属分数是 0.9（0.9＞0.33）①。

“与”（*）的含义是构成集合的交集部分。案例在交集的隶属分数是构成集合的最小分数。例如，H 省的“经济发达”隶属分数是 0.33，“生态良好”隶属分数是 0.9，那么 H 省在“经济发达且生态良好”集合的隶属分数是 0.33（0.33＜0.9）。

2. 模糊子集的充分性

在因果复杂性的研究中，子集关系是集合理论关系的关键。如果几个案例表示出相同的前因条件，那么这里的案例就构成了结果案例的子集。子集关系可以解释前因条件

① 张明，陈伟宏，蓝海林．中国企业“凭什么”完全并购境外高新技术企业：基于 94 个案例的模糊集定性比较分析（fsQCA）．中国工业经济，2019（4）．

的特定组合对结果的充分性。对于充分性的解释，可以通过求解一致性的方法。一致性越高（通常大于 0.75），越能支持充分性的论断。一致性的计算公式是：

$$\text{Consistency}\ (X_i \leqslant Y_i) = \sum (\min\ (X_i,\ Y_i))\ /\ \sum (X_i)$$

其中，X_i 是条件组合中的隶属分数，Y_i 是在结果中的隶属分数，当所有 X_i 小于 Y_i 时，一致性为 1①。

3. 构建真值表

在构建模糊子集真值表时，一致性分数超过临界值（通常大于 0.75）的前因组合被认定为结果的模糊子集，并将其编码为“1”；低于临界值的组合不构成模糊子集，编码为“0”。

4. 模糊子集的必要性

必要条件是导致结果发生必须存在的条件，但必要条件存在时，结果并不必然发生。必要性模糊子集关系的一致性可用以下公式评估：

$$\text{Consistency}\ (Y_i \leqslant X_i) = \sum (\min(X_i, Y_i)) / \sum (Y_i)$$

公式的含义是 Y 作为 X 的子集的一致性等于它们的交集占 Y 的比例。如果所有的 Y 都小于等于 X，那么结果为 1，以此判断条件的必要性。

5. 结果的解读

fsQCA 软件的分析程序可产生复杂解（没有逻辑余项）、简约解（使用所有逻辑余项）、中间解（有意义的逻辑余项被纳入）。相较于复杂解和简约解，中间解不允许消除必要条件，因而优于另外两种。

通常，简约解和中间解同时出现（嵌套）的条件变量被视为核心条件，只在中间解中出现的条件被视为边缘条件或外围条件。

6. 稳健性检验

fsQCA 方法的稳健性检验，主要根据阈值调整后组态的变化来评估结果的可靠性。通过适当调整参数，没有导致组态的组成部分、一致性和覆盖率的实质性变化，或组态之间的子集关系同样清晰，则该组态通过稳健性检验，可认为组态结果可靠。调整的参数通常包括：案例频数阈值、一致性阈值、PRI 阈值等。具体可根据研究的样本数量和组态整体情况，做适度调整。

延伸阅读

模糊集定性比较分析在公共管理研究中的示例

在应急管理研究中，fsQCA 方法同样适用。下面基于 2010—2020 年 10 年间全国 38 起安全生产事故挂牌督办案例，应用 fsQCA 探究实现挂牌督办有效性的核心影响因素及其复杂因果机制。

首先，按照一定的标准选取样本案例。该研究利用爬虫软件获取了 2010—2020 年在

① 里豪克斯，拉金．QCA 设计原理与应用：超越定性与定量研究的新方法．北京：机械工业出版社，2017：93.

应急管理部、安监总局、安全管理网网站上发布的 678 条挂牌督办主题信息，在剔除要素缺失以及重复案例之后，共提取 9 个安委办明令挂牌督办案件形成案例池。遵照典型性原则，在考虑地区差异和相关条件变量缺失的基础上最终确定了 38 个案例样本。在变量及赋值方面，将“督办效果”作为结果变量，根据亿元 GDP 生产安全事故死亡率进行赋值。条件变量包括科层压力、规制压力、舆论压力、政府响应、企业响应，并用相应的连续数值予以赋值。

关于变量校准与真值表构建，选择四分位数作为校准临界值点，即分别设定为案例样本描述性统计的上四分位数（75%）、中位数与下四分位数（25%）。在此基础上，将一致率的阈值设置为 0.8，案例频数阈值设置为 1.00，输出真值表。

在校准并构建真值表的基础上，该研究对数据结果进行分析。第一是单变量必要性分析。该研究将一致性的阈值设为 0.9，即当条件变量的一致性≥0.9 时，认为该变量为督办结果发生的必要条件。根据其运算结果，没有条件变量达到必要条件的标准。第二是条件变量组态分析。组态分析主要以揭示多个条件变量组合并引发致挂牌督办结果发生的路径（见表 11－5）。作者使用不同形状和大小的符号，表述变量在组态中的情况。●表示条件变量存在，⊗表示条件变量缺席（该变量不能出现）。大黑点（●）表示核心条件，小黑点（•）表示边缘条件，空格表示条件变量无关紧要（既可以出现，也可以不出现）。根据该研究的理论分析和条件变量组合，作者依据体制性权威在挂牌督办效力释放过程中发挥的作用，将条件变量组合划分为内部主导驱动模式、外部主导驱动模式以及内外联合驱动模式三种模式。第三是稳健性检验分析。该研究将一致性门槛值 0.8 调高至 0.85 后，重新对调整后的数据进行分析，并得出了没有实质性差别的结果。

该研究就此对三种模式的特征进行论述，并提出相应的政策建议。

表 11－5　条件变量组合

条件变量	内部主导驱动（H1）		外部主导驱动（H2）					内外联合驱动（H3）
	H1a	H1b	H2a	H2b	H2c	H2d	H2e	
科层压力				⊗	•	•	•	●
规制压力	⊗	●	⊗	⊗	⊗			●
舆论压力	⊗	⊗	●	●		●	●	●
政府响应	●	•	⊗	⊗	⊗	•	⊗	•
企业响应	●	●	●		●	●	●	⊗
公众参与	⊗	•		●	●	⊗	●	●
一致性	0.944	0.885	0.945	0.889	0.891	0.941	0.919	0.876
原始覆盖度	0.129	0.142	0.271	0.140	0.151	0.172	0.152	0.135
唯一覆盖度	0.045	0.108	0.059	0.030	0.005	0.058	0.010	0.100
一致性	0.899							
覆盖度	0.659							

资料来源：武永超．挂牌督办何以有效：基于 38 起安全生产事故的 fsQCA 研究．中国行政管理，2021（11）：100－107.

11.3 定性比较分析的发展方向

11.3.1 特点及应用中的问题

与定量研究相比，QCA 的优点主要在于样本处理和数据结果两方面。对于 QCA 研究，一般样本数量在 12 个以上的都可以使用，特别是对于分类变量、定序变量的中小规模样本。研究者有条件对总样本进行再次细分，形成多个维度的样本子集，并在此基础上进行条件组合分析。这样一来，研究者可得出更加精细的结果，使研究结论更具针对性。同时，多重因素路径组合分析，为挖掘变量间的作用机制及其对结果的影响提供了可能。

与案例研究相比，QCA 的优点体现在样本分布方面。QCA 可以对超过 10 个案例的样本库提供比较分析，避免了单一或几个案例在样本选取方面的代表性问题，因此可以更充分地考虑案例的异质性和整体复杂性。

从统计分析的角度来看，QCA 在样本抽样以及研究结论的一般性方面存在一定的缺陷①。

首先是案例在理论抽样方面的误差。虽然 QCA 可以同时满足大样本和中小样本的研究需要，但相对于统计分析的抽样方法和样本规模而言，QCA 方法在实际应用中更多是以 40 个以下案例的样本量居多。此外，实际应用中所选的案例通常没有经过概率抽样（甚至总体的情况尚不明确），因而样本在多大程度上能代表总体、是否是最适合研究问题的案例，都是 QCA 方法在案例抽样方面需要解释的问题。

其次是研究结果一般性的问题。已有研究认为，如果 QCA 的操作没有理论指引，其结果只是对已有数据的重新描述，没有因果推断的意义，就无法演绎已有的理论②。加之可能有遗漏变量等统计分析中常见的问题，QCA 方法没有对此进行识别和检验，导致一些 QCA 的研究由于没有为变量的选取提供充分的理论解释，只停留在对真值表和条件组合的分析上。在这种情况下，归纳出的理论结论及其价值就容易受到质疑。

11.3.2 QCA 方法的最新进展

已有的清晰集、多值集和模糊集定性比较分析方法，对于因果关系的探讨，均在迁移条件和结果静态的条件下讨论，缺乏对前因条件的顺序和动态性考虑。而时间对结果产生的影响，在其他定量研究方法中被证明是重要的影响因素。基于日益复杂的动态管理现状对传统静态的 QCA 带来的挑战，国内外学者提出了 QCA 方法在未来的发展方向

①② HUG S. Qualitative comparative analysis：how inductive use and measurement error lead to problematic inference. Political analysis，2013（2）：252－265.

和重点要解决的问题①。

1. 时序定性比较分析

相较于传统 QCA，时序定性比较分析（temporal qualitative comparative analysis，tQCA）解决了条件之间时序的问题，这一方法由 Caren 和 Panofsky 于 2005 年首次提出。

tQCA 引入了“—”符号表示条件发生的顺序。“A—B”的含义就是 A 条件发生在 B 条件之前。如果“A—B”=1，则 A 发生在 B 之前；反之，如“A—B”=0，则 A 发生在 B 之后。如果 A 或 B 都没有出现，则“—”代表“do not care”②。但是，相关研究发现，向真值表中添加新条件可能会产生很多没有意义的序列。特别是在分析大样本时，往往会产生大量的逻辑余项，增加研究的复杂性。例如，要对 5 个条件考虑时序问题，则需要在真值表中加入 10 个条件（[(5—1)*5]/2=10），那么就会产生1 024（2^{10}）个可能的组合，但按照排列问题理论上只有 120 个（5!）组合是有意义的，其他的就是无意义序列。

2. 时间序列定性比较分析

为分析变量随时间变化导致的对结果的影响，相关学者提出了时间序列定性比较分析（time-series qualitative comparative analysis，tsQCA），包括汇总型 QCA（pooled QCA）、固定效应型 QCA（fixed effects QCA）和时差型 QCA（time differencing QCA）。

汇总型 QCA 将每个对象每个时点的观测作为分析对象，在每个变量上汇总观测统一校准。汇总型 QCA 不区分研究对象内和对象间跨时间的变化。

固定效应型 QCA 对每一个研究对象不同时点的均值进行分别校准，可解决研究对象异质性的问题。但如果研究对象较多，需要对每个对象选择阈值并校准，研究将更加复杂且结果解释难度较大。

时差型 QCA 将每个研究对象两个时间节点的差值作为一个案例，案例数量与研究对象数量保持一致。这样首尾跨时间的变化可以被表示，但其他时间节点就会被忽略。

目前，学界对于时间序列定性比较分析的使用范围仅在清晰集 tsQCA 内，未来需要拓展至模糊集，并将分析时点予以拓展，探讨总体变化趋势。

3. 多时段定性比较分析

多时段定性比较分析就是将整个研究的时间轴划分为多个时段，对每个时段进行单独的 QCA 分析。多时段 QCA 可以帮助我们发现组态或条件变量随时间变化的演进规律，以及不同组态对应的案例如何变化及其原因。但如果各时段案例数量分布不均匀，特别是某个时段的案例数量很少时则会出现有限多样性问题。

11.3.3 QCA 的未来研究方向

第一，细粒度复杂因果关系。对于必要性因果关系的分析，QCA 虽能够定性地判断

---

① 杜运周，李佳馨，刘秋辰，等. 复杂动态视角下的组态理论与 QCA 方法：研究进展与未来方向. 管理世界，2021 (3).

② RAGIN C C，STRAND S I. Using qualitative comparative analysis to study causal order：comment on Caren and Panofsky. Sociological methods & research，2008 (4).

条件对结果是否必要，但对于必要性是在什么水平仍无法衡量。学者认为，QCA 未来可以和 NCA（necessary condition analysis）相结合，对必要性因果关系的分析将更加细致和稳健①。NCA 方法通过分析条件变量的必要性效应量（effect size）及其显著性来识别必要条件，并结合瓶颈水平（bottle neck）来评估前因条件的必要水平值。

第二，反事实分析。反事实分析的论证逻辑是“假如现实情况没有发生，相应的真实事件的结果会是怎样”。QCA 根据理论假设条件 X 对结果 Y 的发生有贡献，就是将 X 作为一种反事实。根据必要条件反事实的逻辑，X 是 Y 的必要条件，那么～X 就是 Y 的充分条件。基于这样的逻辑，研究者可以不再拘泥于观察到的现实，对于不易重复、难以观察到的如政局剧变、突发公共卫生事件等，可以基于反事实分析进行讨论②。

第三，复杂因果关系的拓展。现有的 QCA 表达式的逻辑主要是“且”和“或”的关系，分别用“*”和“+”表示。但在复杂的社会条件中，一些社会现实往往不能仅用单一的“且”和“或”来表示。因此，类似于定量研究的交互项，INUSIN（积和的积）和 USINUS（积和的和）可作为更精细的因果关系表达。

$Y=A*(B*C+D*E)$，就是 INUSIN 的一种符号表达式。括号中单个条件（比如 B）就是 $B*C+D*E$ 的 INUS 条件，$B*C+D*E$ 是 Y 的必要不充分（IN）条件，A 是 Y 的 INUSIN 条件。

$Y=A*(B+C)+D$ 就是 USINUS 的因果表达式。括号中的单个条件（比如 B）是 A*(B+C) 的 USIN 条件，$A*(B+C)$ 是 Y 的充分不必要（US）条件，所以 A 是 Y 的 USINUS 条件。

第四，发展动态 QCA（线性 QCA）。由于方法的限制，传统的回归方法的轨迹多聚焦某一单个轨迹的方向变化（符号）、速度（系数）对结果的影响。但对于多重轨迹并发过程对结果的影响，未来则可以通过动态 QCA 方法予以解决。时差型 QCA 已经关注了事件始末的变化方向（增长为“1”，下降为“0”），但并未考虑条件在初始和结束时点之间的变化速度③。

相关权威学者提出动态线性增长 QCA 方法。这种方法通过计算每个案例在某条件上随时间变化的斜率，测量案例在该时段内某条件上的变化轨迹。其中，斜率符号表示轨迹在某时段内平均变化的方向（正负），斜率绝对值代表了轨迹的变化速度。计算斜率后，每个案例都会产生一组关于各条件轨迹的新数据，然后将案例汇总，对新数据集进行 QCA 分析，可以得出产生结果的前因轨迹的组态。

本章小结

1. QCA 是一种运用多种不同层面的案例，从组态和整体性视角，通过布尔逻辑运

① 杜运周，刘秋辰，程建青．什么样的营商环境生态产生城市高创业活跃度：基于制度组态的分析．管理世界，2020（9）.

② MAHONEY J，BARRENECHEA R. The logic of counterfactual analysis in case-study explanation. The British journal of sociology，2019（1）.

③ LITRICO J B，DAVID R J. The evolution of issue interpretation within organizational fields：actor positions，framing trajectories，and field settlement. Academy of management journal，2017（3）.

算，探究复杂问题间的因果关系，从而找到具有等效性结果的不同路径的一种研究方法。

2. QCA 具有适度的普适性、可复制性和透明性，兼具理论与案例、因果关系特征的特点。

3. QCA 案例的选取要兼具同质性和异质性，条件变量的数量要最大限度地控制在最小范围内。

4. 根据变量类型的不同，QCA 分为 csQCA（清晰集定性比较分析）、mvQCA（多值集定性比较分析）和 fsQCA（模糊集定性比较分析）三种：csQCA 专门用来处理二分变量，mvQCA 适合处理多类别的变量，fsQCA 可采用模糊集方法统一校准定距或定比变量，具有定性和定量分析的双重属性。

5. 基于管理问题的复杂性和动态性特点，QCA 在公共管理研究中，未来的发展方向可能是以下两个方面：(1) 因果关系分析的细化、深化和拓展。QCA 和 NCA 相结合的因果分析，反事实分析，引入 INUSIN 及 USINUS 条件表达式。(2) 多重轨迹分析的动态演化。线性增长 QCA，多时段多线性增长 QCA。

关键术语

定性比较分析　案例　条件变量　结果变量　布尔代数　真值表　校准　维恩图　清晰集定性比较分析　多值集定性比较分析　模糊集定性比较分析　时序定性比较分析　时间序列定性比较分析　多时段定性比较分析

复习思考题

1. 分析 QCA 方法与传统定量分析方法和案例研究的关系。
2. 分析 QCA 如何与传统定性和定量分析方法结合使用。
3. 分析不同 QCA 技术的特点及适用的问题。
4. 分析 QCA 方法的局限性及解决的方向。

第12章

写　作

科学研究的过程，一般要经历选择研究课题、进行研究设计、收集整理与分析资料、得出结果等基本步骤。写作是在完成资料收集、整理和分析等一系列研究工作后，将研究所取得的成果进行书面表达。通过写作，可以形成研究报告或者学术论文，方便与他人交流我们的知识成果。这些报告或者论文将是他人学习、科研探索或者指导实践的重要参考资料。因此，在写作时，要将研究问题、研究方法、研究发现等以科学、清晰、完整的形式进行呈现。本章介绍论文的一般结构，同时对写作的一些注意事项进行概括。

重点问题

- 论文的一般结构及写作要点
- 论文写作的“沙漏”形式
- 不同类型的写作与读者的关系
- 非线性写作
- 学术道德规范

12.1　论文的一般结构

对于科学工作者来说，学术论文是呈现科研成果的主要形式。不同的研究方法、不同的期刊、不同的作者所呈现的论文的具体结构有一定差异，但无论是定量研究还是定性研究，总体来说都有比较通用的结构框架。本节将介绍一种常见的论文结构，即引言、研究方法、研究发现、结论与讨论。需要注意的是，本节介绍的仅仅是一种常规的写作结构框架，并不是对写作思维进行束缚的条框（八股文）。读者大可以根据自己研究内容的特性，辅以自己的写作经验进行写作。最理想的状态是做到随心所欲，清晰呈现研究成果。

12.1.1 引言

作为论文基本结构的第一部分，引言的目的是引导读者进入论文主题，引起读者的阅读兴趣，起着给读者“第一印象”的作用。读者通常会从引言的内容来判断该研究论文是否有阅读价值，是否值得花费时间进一步深度阅读。引言通常包括几部分：首先介绍研究的背景并提出研究问题，其次对前人的研究进行回顾（有时文献综述单独作为一部分），最后揭示研究的目的和意义。

1. 研究背景和研究问题

引言首先需要为读者提供研究背景、研究问题以及研究动机。好的研究背景和问题的提出总能引起读者的兴趣和积极的思考。通常，研究背景的长度和细节取决于研究主题的类型和读者可能对该研究主题的预先了解程度。该部分的叙述可以平铺直叙，也可以通过观点或者事件矛盾冲突进行陈述。背景的介绍不要冗长，要快速精准切入主题，主要是回答“研究什么（what）”和“为什么要研究（why）”这两个问题。

在撰写引言的时候应该注意，和自然科学不同，公共管理的研究无论其背后的理论多么深奥，学科问题始终是围绕“公共”展开的，也就是说问题一定是有现实社会意义的，是研究大家所关心的事情、最直接的事情。因此，需要把观察到的现实问题放到一个较大的背景中去，以便读者能够理解为什么这个问题是十分重要的，值得研究的。这就是研究问题和研究背景的关系。

例如，关于贵州大数据建设“弯道超车”的论文在问题的提出部分里写道：

> 近年来，国家整体发展的成就激励了全国各地、各个层级的政府开始寻求跨越式发展的路径，不少地方政府提出了“弯道超车”的发展战略。一时之间，全国各地掀起了“弯道超车”的热潮，似乎各行各业都可以轻松实现“弯道超车”，似乎不存在限制“弯道超车”的任何规律性障碍。在欣喜各地赶超热情的同时，我们不免有些担忧，毕竟我们曾经多次堕入“大干快上”“大跃进”的陷阱，仅仅以主观的政策创新热情来代替政策本身运行的规律，以致吃了多次大亏，受到了客观规律的惩罚。
>
> 目前，溢美性论调逐渐占据了话语的主流，这些称赞基本上都强调“贵阳市经济增速连续六年居全国省会城市之首，成为大数据‘网红城市’”。但事实是否如此乐观，或者说理想与现实之间是否如此完美契合——瞄准了“弯道超车”，就一定能按照自身所设计的理想机制实现该目标？①

讲好故事既能让同行研究人员迅速抓住研究的核心问题，又能让其他人沉浸到这种“公共”场景中。正如看到上面举出的例子，我们是不是自然就想到了从各种新闻媒体渠道获得的关于贵州大数据建设取得成效的消息？那么是否言过其实？“弯道超车”这种模式可以推广吗？读这篇文章，一系列的问题就自然浮现在脑海里，引导读者追问下去。

---

① 尚虎平，刘俊腾．欠发达地区的政策创新真的促进了“弯道超车”吗：一个面向贵阳市大数据发展政策的合成控制检验．公共管理学报，2021（4）．

2. **文献综述**

在提出研究问题后，需要陈述已有相关研究的重点和相关发现，阐述目前研究仍存在的不足。应部分期刊要求或者根据自身习惯作者会将这部分文字作为文献综述单独呈现。

文献综述写作的目的是在认识未知之前，明晰知识的边界，通过呈现研究问题的既有研究，发现前人研究的不足和局限，并以此为立足点，为研究目的和意义的引出、为自己研究的理论框架搭建、理论假设的设定做准备。因此，这部分文字撰写需要反映研究者自身的学术倾向和见解，不能只述不评。

与文献综述性论文对某个研究方向的整体分析不同，一篇学术论文当中的文献综述只能通过有限的篇幅（有时只有几百个字）将与研究问题最相关的研究进行客观的科学的评述。因此，需要以研究问题为核心，将紧密相关的文献以逻辑推演的方式组织起来，对文献进行恰当的概括，做到精准客观的评述。在文字表达的时候要注意准确运用关联词，体现并列、递进、转折等逻辑关系。需要注意是否概括了有代表性的相关文献，不要漏掉重要文献。所谓相关，需要根据特定主题、特定视角进行准确的筛选。当研究角度发生变化时，相关文献也会随之发生变化。另外，要将文献缩小在特定的线索范围，将读者的注意力集中在研究特定问题的关键文献上。要注意综述内容和文章研究主题是否脱节，特别注意不能是简单的复制原文和文献罗列。

撰写方式通常可以采取"平行-交叉-动态"的形式。首先，要体现各种观点层次，介绍前人从哪几个方面进行了深入研究，为读者提供关于研究问题的整体视野。常见表述形式有："从……观点看来""有学者关注……的影响"。其次，要阐明各种观点哪些地方有冲突，哪些地方又取得了一致，这就是所谓的交叉。例如，"然而一些研究针对……提出了质疑""一些研究提供了支持……的证据"。这样的表述和分析能够引领读者深入了解各种研究观点背后的关联性、一致性以及矛盾性。另外，还要体现研究的动态演变，迅速将读者带领到科学问题的"边界"，例如："目前，研究重点主要聚焦在……"

文献综述的整理建议从研究一开始就要着手准备。边读文献，边做标记，解构文献制成笔记卡片。将所形成的笔记卡片根据逻辑顺序，分门别类摆放，尝试用一小句话概括每篇文章。不断组织各类文章，形成逻辑结构图。在动手写的时候自上而下，整个文献的逻辑关联就会自然清晰地显现。当然整个过程也是反复修改不断打磨的过程，有时候需要根据研究内容对研究综述阐述的观点进行新的取舍。

3. **研究目的和意义**

最后，结合前人的研究发现和当前研究存在的不足，简要陈述研究的主要目的和意义，明确指出"这篇文章做了什么"。一般来说，研究目的和意义必须是开门见山的表达，以便读者能更明确地了解文章的研究价值。

研究目的和意义的撰写可以从以下几个方面着手：说明这个选题理论上的创新性，在综述的基础上，指出自己的选题和各主流观点的不同点，从而突出自己的选题在理论上的创新性。同时，需要表明研究问题的实际用途，说明研究这个问题的现实意义。一般来说，很多课题研究的重要现实意义是为政策制定者提供政策参考。

延伸阅读

范例：问题提出与文献综述

医养结合的产生根植于中国快速的老龄化进程、老年群体日益增长的整合性健康养老服务需求以及医疗卫生服务和养老服务体系相对独立运行的现实。在新公共管理“减少成本、增进质量、顾客导向、服务至上”理念的影响下，医养结合在世界各国均被视为一种经济型养老服务模式。党的十九大报告也将推进医养结合确定为建设健康中国、积极应对并实现健康老龄化的重要任务和举措，是我国未来健康支持体系的重要组成部分。在老龄化社会中，“养”是关键，“医”是支撑，养老离不开医疗服务，医养结合推出的目的主要是以专业化的医疗机构完善养老服务体系。可以说，医养结合也是促使医疗服务突破“医不叩门”固有观念，将医疗服务嵌入养老服务体系的过程，同时也是医养结合作为新生事物冲破既有社会利益藩篱的过程。

在各级政府积极推动下，截至2019年底，我国已基本实现机构养老医养结合全覆盖，全国养老院以不同形式提供医疗服务比例达90%以上。然而，从医养结合运行状况上看，需求侧和供给侧却显现出截然不同的效果。在需求方面，医养结合提升了综合养老服务效能，满足了老年人对方便快捷、品质优良、经济实惠医疗服务的需要，增强了老年人对养老服务的幸福感、获得感和满意度。也有研究显示，与非医养结合养老机构相比，医养结合显著提升了养老机构入住率（8.66%）。基于供给角度研究的多位学者均认为，医养结合养老模式的发展还处于困境之中，实现的仅是机构而非功能上的结合，其原因主要在于社会基础条件和政策环境的阻碍，具体包括筹资渠道不畅、护理人员短缺、医疗和养老条块分割、政策衔接缺失、服务供给缺乏连续性等。然而，作为医养结合服务提供过程中最核心的两个利益主体，医疗机构和养老机构的互动过程势必影响医养结合运行。与此同时，社会体系作为一个各要素通过相互作用而形成的较稳定的、有组织且相互联系的复杂整体，对医养结合是阻碍、无视、接纳还是认可，也将对医养结合运行产生直接影响。但学术界对此关注还不多，且主要集中于理论层面。王浦劬、陆方等学者基于博弈模型研究发现，医疗机构和养老机构的利益再分配是导致医养结合陷入困境的深层原因。此外，赵锡锋进一步得出，除了医养结合的预期收益影响医疗服务参与医养结合的动力外，政府激励水平、合作成本和老年人的支付能力也是影响医疗机构参与动力的主要因素。

社会的发展是一个动态过程，在此过程中医疗服务嵌入养老服务体系和医养结合服务嵌入社会体系，各主体间发生了怎样的互动？对医养结合运行产生了哪些影响，又是如何影响的？这些都是现有研究无法回答，却又是医养结合养老模式进一步完善迫切需要解决的科学问题。本研究将基于医疗服务嵌入养老服务体系，医养结合嵌入社会体系的双层嵌入视角，通过五则典型案例对我国主要医养结合服务模式进行深入观察和分析，提炼医疗和养老嵌入过程的运行逻辑，分析二者在合作过程中与政府乃至社会发生的多层面互动的机制，进而探究医养结合运行效果优化的多维解决路径和策略。

资料来源：丁丽曼，傅利平，谢宇．医养结合运行的影响因素及其机制：基于多案例的比较分析．中国行政管理，2022（2）：83-93.

12.1.2 研究方法

在论文中关于研究方法的介绍，是在文献综述的基础上，针对引言部分提出的研究问题，全面深入地描述该项研究的整个过程。从论文自身的角度来说，之前的环节介绍了别人做了什么工作，到了研究方法的环节，需要介绍本人要怎么做。因此，从作者的角度来说，研究方法主要回答“如何研究”（how）这个问题，详细阐述研究是如何展开的。从读者的角度来说，则是文章提出的观点我凭什么相信，有什么理由？能摆出什么证据？

为了让读者信服，回答他们提出的质疑或疑问，在研究方法撰写时，需要体现研究方法的完整度、清晰度和可信度，即 3C（completeness，clarity，credibility）原则①。完整度指的是无论使用什么样的资料，都应该披露使用研究方法的目的和原因，以便读者能够充分评估方法的优缺点；清晰度则强调解释清楚研究所做的事情，尽量不要用模糊的语言去陈述研究方法；可信度则指采用的研究方法是科学的、可信的，如定量研究中证明模型规范和数据分析方法的合理性是至关重要的。

研究方法环节需要回答：研究问题需要什么样的证据和材料？这些材料的获得需要什么方法？这些方法是如何操作的？其质量监控措施有哪些？总之，研究方法环节就是要把作者的后台展示给读者，好比饭馆的开放厨房，可以清晰地看到大厨的每一步操作，自然就放心多了②。

在撰写论文的时候，部分定性研究将研究方法的介绍融入引言或分析部分。例如，一些案例研究会在案例分析的前面进行描述，也有将研究方法和田野观察流程进行结合，形成一个章节的。从总体上来看，定性方法的描述相对灵活，主要对田野研究的地点、观察访谈对象的特征等进行描述，特别是案例研究会对案例基本情况和其所处的环境等进行描述。例如，在一篇关于技术治理的社区案例研究中是这样介绍其研究方法的：

> 南京市作为全国城市治理创新名城，在智慧社区建设、社区养老、社区网格化及流动人口管理等领域起到了引领与示范作用，大量街道和社区已被纳入国家部委与职能部门确定的“示范”或“试点”单位。与此同时，南京又是全国拥有“大院型”“单位型”等传统老旧社区最多的城市之一，在城镇化转型与社区治理过程中的矛盾与碰撞也最为激烈，呈现了许多精彩的治理“故事”，为我们的研究提供了丰富的“养料”。为此，我们在充分调研的基础上，选择了南京市四个不同类型的社区作为分析单位，运用案例分析方法，挖掘不同类型社区的治理实践与过程，深入分析其在治理过程中运用的治理“技术”或“手段”，剖析了治理技术的生成结构与运行逻辑。在对社区治理技术类型划分与特征分析的基础上，深入探讨了基层社会治理

---

① ZHANG Y，SHAW J D. From the editors publishing in AMJ—Part 5：crafting the methods and results. Academy of management journal，2012 (1).

② 刘军强．写作是门手艺．桂林：广西师范大学出版社，2020.

技术与应用场景的适配性问题，以期达到回应理论及丰富实践经验的目的。①

定量研究尤其强调 3C 原则，规范是其科学性的保证。不同的定量研究论文在方法环节要报告的内容差异也比较大。但无论是什么样的定量方法，一定要做到流程透明，要和餐馆透明厨房似的，这样"食客"才能放心"用餐"，才能在你的研究基础上进行进一步探索。一般而言，介绍定量研究方法可以考虑包含以下内容：有关研究方式和研究设计的介绍、有关研究对象的介绍、有关资料收集方法的介绍、有关资料分析方法的介绍、有关研究的质量和局限性的说明等。

在研究过程中，我们采用的研究方法可能是文献法、观察法、访谈法、问卷法、案例法、实验法、比较研究法、回归分析以及结构方程等。本书前面章节已经详细介绍了定性和定量研究方法的具体内容，需要注意的是，研究方法本身没有优先性，只有适合和不适合，只有采用适合的研究方法，才能解决有价值的问题、得到有意义的研究结果。一个科学问题的研究往往需要多种方法的使用。

12.1.3　研究发现

在研究发现环节需要汇报本项研究的具体发现、工作成果。这个环节是学术贡献的集中体现，是读者最为关注的部分，也是后续进一步研究的基石。因此，在撰写时同样需要保证研究发现的完整度、清晰度和可信度。

研究发现的呈现在不同学科、不同研究范式中有一定的差异。就公共管理学科而言，定性研究会展示访谈资料的编码分析结果或者档案材料的分析，揭示公共管理背后的治理或运作机制。

定量研究则侧重用数字、图形、表格来呈现描述性统计和统计模型的结果，展示变量之间的关系，如统计系数是否显著，回归结果是否与提出的假设一致，相关结果是否稳健。每个结果的内容都应该有相应的方法且研究发现是可重复的。在撰写这一部分时除需要对这些数字、图形、表格进行详细的文字描述和分析外，结果的文字描述还应与图表一致，但不应简单地重复图表的内容，应重点强调通过对这些数据的分析、回归结果，说明这些特征和趋势发生的原因以及背后有什么可能的隐含意义。

根据研究的问题、刊物样式的既定惯例，呈现形式或报告的内容可能会有所不同，撰写论文时需要广泛阅读相关领域研究结果的呈现形式。需要注意的是，要注意避免统计分析方法的误用，注意模型应用的假设条件，避免盲目套用，要结合问题的理论和实际意义进行模型结果的解读。

12.1.4　结论与讨论

开篇的引言及结尾的结论与讨论，一般来说需要有所对应，形成前后呼应关系。读

① 吴旭红，章昌平，何瑞．技术治理的技术：实践、类型及其适配逻辑：基于南京市社区治理的多案例研究．公共管理学报，2022 (1).

者可以从引言中初步了解文章的研究领域和涉及的范围，了解该领域的一个或多个问题以及该篇文章的研究内容，而在结论与讨论中，需要说明本研究对引言提出问题的回答和评价，让其他学者充分理解我们的研究本身及其意义。部分研究者不重视结论与讨论的撰写，简单认为结论与讨论部分仅仅是摘要、引言或研究发现内容的重复，同样的意思和同样的语言重复叙述一次，这样做往往让整个研究虎头蛇尾，成为文章的一个明显短板。为了避免出现这样的现象，有必要认真对待结论与讨论的撰写。

（1）结论。

结论部分是研究者根据研究发现中获得的客观事实，结合对理论和实践的理解，对研究问题提出自己的理解、建议和想法。在结论部分，不能重复描述所有的研究成果，而是要有选择地对一些关键研究发现进行深入分析和讨论，以获得有意义的观点。

结论部分的写作通常需要分段和分层。在撰写研究发现部分时，所写内容通常根据与方法的对应关系进行分割，而在撰写结论部分时，通常根据从研究发现中获得的论点进行分割。

结论的撰写通常涉及几个方面。第一个是与预期目标的比较。根据具体研究目标，将实际结果与预期结果进行比较。如果有任何不一致的地方，都应该尽力给出解释，根据结果指出研究的局限性。第二个是与相关文献的比较。通过比较指出研究的创新点、优势或特点，以此体现出该研究与已有研究尤其是比较有影响的研究观点之间的呼应，从而体现与学术界的对话，反映该研究的理论意义与现实价值。在撰写结论时应该注意：结论不是简单的前文重述，而是深化研究主题，发现研究规律；结论要有学术理论贡献，而不是简单地对研究发现进行陈述；所得的结论要基于该研究的发现，做到客观和真实。

（2）讨论。

讨论是从研究结论中得出的推论。撰写讨论部分一般要从对具体的研究结果的讨论，拓展到更加宽广的讨论，即由小到大，由窄到宽，讨论部分要比结论部分更加宽广。

通常来说，好的讨论必须达成两点：一是突出研究创新点，可以是从研究发现中得出的新的结论，也可以是研究方法的创新。如果研究方法实际上构成了研究的重要创新点，那么讨论的撰写也应当强调和复述研究方法的创新性。二是应当指明方向，充分披露研究的局限性和未解决的问题，对今后的研究方向提出设想和建议。在撰写讨论时应当注意：要实事求是，不能夸大也不能缩小研究发现和创新点；讨论可以提及相似研究，但要以研究主题为核心；讨论也要避免重复研究发现或者前文的研究结论的内容。

下面以一篇关于城市基层治理重心下移如何提升治理效能的案例研究为例，在结论与讨论部分，该篇文章总结了其主要贡献，进一步揭示了本文存在的不足与未来研究的可能方向，其结论与讨论部分的写作方式值得借鉴和参考。

延伸阅读

论文收尾的表述

通过上述讨论，最终梳理出治理重心下移提升治理效能的路径机理模型，“重心下移”、“结构调适”与“效能提升”之间的逻辑关系可以简要概括为：治理重心下移即将体制内资源以及体制外的市场资源、公益资源、群众资源等吸纳到基层以提升基层治理体系的资源含量。作为资源载体的组织进入基层治理场域后，在规则的保障和约束下与场域及场域内其他组织互动，治理结构随着主体间位置变化而变化，同时资源在结构调适过程中被吸纳整合达到效用最大化。最后，治理结构适应治理场域异质性而呈现共建共治共享的和谐状态，具体表现为实现民主决策公共事务、有效供给公共服务、及时化解社会矛盾以及充分激发社会活力四个主要治理目标。治理重心下移的动因是治理结构调适的初始阶段，治理重心下移的过程是治理结构调适的吸纳阶段，基层承接下移资源的行动是治理结构调适的互动阶段，治理效能提升的结果是治理结构调适的变迁阶段。由此可知，在治理重心下移和治理效能提升的因果链条中，治理结构作为重要的调节变量存在。

本文围绕三个典型案例展开，以“结构-过程”范式为基础建构资源约束下的组织场域互动分析框架，着重解析了国家“推动治理重心下移”政策背景下治理效能提升的作用机制，以期倡导学界加强对于政策具体落实路径的关注和探索。本文的不足在于我国基层治理场域类型复杂多样，本研究选取的重心下移背景下治理效能提升的成功案例，分别属于中东部地区的直辖市、省会和特区，企业组织以及社会组织的数量和质量较好，体制内外资源相对丰富，因此研究结论的理论效度在经济发展水平较高的大城市中表现较为明显，在中小城市则会削弱。未来研究应选取多样化的城市基层社区，采用大样本调研数据检验研究结论，进而充分挖掘影响治理效能提升的关键因素并进一步提炼优化策略，以顺应发展趋势，减少城镇化改革中的阻力。

资料来源：刘凤，傅利平，孙兆辉．重心下移如何提升治理效能：基于城市基层治理结构调适的多案例研究．公共管理学报，2019（4）：24－35.

12.1.5 前置、参考文献等

一篇完整的论文，除了正文各部分的撰写外，其他一些环节也需要认真对待。这些环节包括题目、作者信息、中英文摘要、关键词、参考文献、其他事项等①。

（1）题目。

论文题目如何是给编辑、评审专家以及潜在读者的第一印象，一个好的题目能起到画龙点睛和锦上添花的效果。好的题目要让读者大致了解该研究可能涉及的研究领域以及聚焦的科学问题，因此题目的表述需要凝练，句子不能太长，更不能有冗余词，或者出现晦涩用语。此外，在遵从事实的基础上，题目的设定如果充满趣味性将更加受到欢迎。“关于……影响因素的研究”，这样的表述如果作为题目的话，四平八稳但缺少亮点。事实上，论文写出来后，作者在不断修改的过程中，会对题目的表述进行不断琢磨，力图准确、精炼地反映论文的思想、主旨以及价值。好题目是作者在阅读积累所形成的知识深度与广度的基础上，辅以一定灵感而创造的结果。

---

① 须遵照中华人民共和国国家标准《学术论文编写规则（GB/T 7713.2—2022）》.

例如，有一篇研究各级政府对经济增长目标的“干预”对中国经济效率影响的论文，该论文作者研究发现：中国经济增长目标存在各级政府“层层加码”硬约束的现象，这种现象明显抑制了经济效率，但如果一个城市经济增长目标采用“留有余地”，即软性约束来设定经济目标方式，经济增长目标实际完成情况则会更好，经济效率也会更高。这篇文章最后以“过犹不及事缓则圆：地方经济增长目标约束与全要素生产率”① 作为题目。

“过犹不及”出自孔子《论语·先进》，是说事情做得过多和做得不够一样，皆为不妥；“事缓则圆”语出《荡寇志》，是指碰上紧急事件，要考虑好全局，不能慌乱，这样事情才能够圆满解决，因此我们需要“中庸之道”。古典和成语的引用与论文的研究结论和建议高度契合，作者同时也在副标题鲜明指出了本文聚焦的问题，即地方经济增长目标约束与全要素生产率的关系。读者通过阅读该论文题目，对研究的科学问题、得出的结论以及提出的对策建议已经有了大致的了解。

（2）作者信息。

期刊论文作者信息一般位于标题之下，主要包含作者姓名、出生年月、性别、学位、职称、研究方向、单位所在地、邮编及通信作者联系方式等基本信息，具体期刊要求各异。一篇论文通常需要安排一位通信作者，其作用主要是当读者想要核实原始数据、质疑或讨论文章内容时，与读者联系。论文署名顺序也需要符合学术道德规范，有多名作者时要根据研究成果实质性贡献，安排第一作者以及其他作者的排序，有部分期刊甚至建议有多个作者的学术论文需要标注每个作者对文章的实质性贡献，这种声明也正成为国际学术期刊出版的一个大趋势。此外，如果投稿英文期刊，要注意部分英文期刊对作者姓氏全称、首写字母、姓和名的前后顺序的要求，一般来说，英文期刊是名在前，姓在后。

（3）中英文摘要。

当我们基本完成一篇论文的写作时，对摘要往往会改了又改，修改摘要是投稿前最为重视的一个环节，为什么摘要如此重要呢?

如果说题目如何是见面的第一印象，那么摘要便是见面后开口说的第一句话。从审稿人角度来说，当被邀请审稿时，审稿人首先可能只收到附在邀请信中的稿件摘要，他们会依据摘要来了解稿件是否与自己的研究领域有关，以便决定是否答应审稿；从读者的角度来说，由于他们往往从一些电子数据库中搜索论文，摘要是唯一能直接搜到的内容，而全文需要另外下载，部分期刊下载有时需要额外付费。所以，如果摘要没体现出文章的核心内容，即使和读者兴趣相符，读者也有可能不会花时间和金钱下载。此外，如果读者发现你的论文有助于他本人的研究，决定引用你的论文时，会从你的摘要中挑选重要结论加以介绍和引用。可见，写好摘要对一篇论文有多重要。而摘要的篇幅有限，通常在200～300个字符之间，因此每一个词、每一个句子都要十分地明确和恰当。不能浮于表面，更不能说空话套话。

具体来说，摘要通常包含四个部分或要素：问题陈述、研究方法、研究发现、主要结论或贡献。这几个要素就是对全文的提炼，需要作者进行精准的概括。一篇好的摘要，

① 余泳泽，刘大勇，龚宇．过犹不及事缓则圆：地方经济增长目标约束与全要素生产率．管理世界，2019（7）．

可以根据每一个句号，或者分号，判断出这句话是在回应哪个要素。

以前文提到的《过犹不及事缓则圆：地方经济增长目标约束与全要素生产率》的摘要为例，其每一个层次分别回应了摘要的基本要素。

> **摘要：** 以中国为代表的转型经济体对经济增长目标的“干预”会显著影响地方政府经济行为（**问题陈述**）。本文通过理论模型分析了地方经济增长目标约束对经济效率影响的作用机制，并在此基础上，以 2002—2014 年中国 230 个地级市政府工作报告中的经济增长目标数据为样本，检验了地方经济增长目标的制定对全要素生产率的影响（**研究方法**）。研究结果显示：（1）当经济增长目标制定采用“留有余地”的设定方式时，地级市全要素生产率水平相对较高，而在采用“之上”“确保”“力争”等硬约束表述时，地级市的全要素生产率水平相对较低。经济目标硬约束对全要素生产率的抑制作用更多地体现在技术效率（TE）上。（2）经济增长目标“层层加码”明显抑制了全要素生产率的提升，这种抑制作用在 2006 年以后更加严重并表现在全要素生产率的各个组成部分。（3）如果一个城市经济增长目标采用“留有余地”的设定方式，经济增长目标实际完成情况则会更好，全要素生产率也会得到一定的提升。（4）中间机制检验表明，经济增长目标“层层加码”通过竞相投资的潮涌效应，扭曲投资结构，抑制产业结构升级，技术创新挤占以及导致企业间资源要素错配等机制降低了全要素生产率水平。以上实证结论在考虑内生性问题后仍较为稳健（**研究发现**）。本文可以为理解中国经济运行的一系列独特现象，如 GDP 水分、重复建设等问题提供重要线索（**主要结论或贡献**）。

（4）关键词。

从读者的角度，关键词是进行信息检索的重要依据之一。所以论文关键词的正确选取，决定了一篇论文能否被同行研究者检索到。关键词通常包含 3～6 个词组，置于内容摘要的下方和正文的上方。每一个关键词之间用逗号、分号或空格隔开，最后一个关键词后通常不用标点符号。关键词的选取应该考虑研究对象、学科归属、特殊方法等方面，选取关键词要注意其代表性、专指性、可检索性与规范性。关键词概括内容不能重复，要避免交叉，同时也要注意不要遗漏，要围绕研究主题进行提炼，要求尽可能多地涵盖所研究的关键内容。

那么关键词该如何提取呢？通常来说，关键词可以从题目和标题中提取，因为题目和标题包含了文章的核心思想，最大限度地包含了研究对象、研究方法和研究视角。同时，也可以从摘要中提取。摘要一般是对正文的高度凝练，涵盖了论文要论证的对象模板以及研究的基本思路。值得注意的是，一般不要将现状、问题、对策等放入关键词中。下面就针对从正文小标题中提取关键词举两个典型的例子。

定量研究的例子

> **题目：** 过犹不及事缓则圆：地方**经济增长目标**约束与全要素生产率
>
> 一、引言
>
> 二、理论模型
>
> 三、模型与变量

（一）模型设定

（二）变量设定及事实描述

1. 全要素生产率

2. 经济增长**目标约束**性特征设定

3. 经济增长目标**“层层加码”**现象及度量

4. **经济增长目标**完成情况设定

四、实证结果与分析

五、结论与启示

关键词：经济增长目标　全要素生产率　层层加码　目标约束

定性研究的例子

题目：重心下移如何提升**治理效能**：基于城市基层治理**结构调适**的多案例研究

1　引言

2　理论基础与分析框架

3　研究设计

4　重心下移：案例的背景与过程

4.1　**治理重心**为何下移：场域压力，结构失衡

5　**结构调适**：发展的特征与趋势

6　效能提升：目标的达成与讨论

6.1　**治理效能**的提升

关键词：治理重心　治理效能　结构调适

（5）参考文献。

人文社科研究都不是无源之水、无本之木，知识的发现都建立在前人的研究基础之上。透过参考文献能清晰地感知研究是在什么框架、什么范畴内进行讨论与展开的。参考文献正确清晰的呈现在写作过程中十分重要。当论文中引用别人的观点时，需要对文献来源进行注释。一般有三种形式。

一是夹注，在正文当中引用资料的后面，用括号给出来源，一般是“（著者，出版年）”的形式。例如：

> 由此引发的经济后果具体包括：财政支出结构的扭曲（傅勇、张晏，2007）、减少环境规制的“逐底竞争”（race to bottom）（朱平芳等，2011）、区域市场分割与重复建设（周黎安，2004）、过度的基础设施投资（王贤彬、徐现祥，2009）等问题。

采用夹注方式的时候，在正文结束之后再给出所有参考文献的详细信息，通常按作者姓名的字母顺序进行排列。同一个作者的多篇文献，则按出版时间进行排列。

二是尾注。在正文当中引用别人观点时，以上标的形式给出参考文献的序号（例如[1]［2］……或①②……），在正文结束之后，再按出现的顺序统一排列所有参考文献，给出参考文献的所有详细信息。各篇文献按正文部分标注的序号依次列出，如下所示：

> [1] 吉登斯．社会的构成：结构化理论大纲［M］．李康，李猛，译．北京：生

活·读书·新知三联书店，1998：77.

[2] 吴晓林．台湾城市社区的治理结构及其“去代理化”逻辑：一个来自台北市的调查 [J]. 公共管理学报，2015 (1)：46－57.

[3] OLIVER C. Determinants of interorganizational relationship [J]. Integration and future directions in academy of management review，1990，15 (2)：241－265.

三是脚注。这种形式的注释是在引用文献的当页下方，以脚注的形式给出被引文献的详细信息。较长篇幅的论文、学位论文以及书籍常常采用当页注释的方式，因为当篇幅较长的时候，翻到正文结束的地方查找不太方便。

值得注意的是，不同学术期刊的要求不一样，因此投稿时必须按其期刊规定的格式和引用方式进行调整。

国内论文一般来说采用顺序编码制，根据国家标准《文后参考文献著录规则》(GB/T7714—2015) 的要求在论文中进行标注。一般常用文献类型及其标识如下：

A，档案；C，会议录；D，学位论文；DB，数据库（加 OL 标注为 DB/OL)；EB，电子公告（网上论坛 BBS 等，加 OL 标注为 EB/OL)；J，期刊文章；M，普通图书；N，报纸；OL，联机网络；P，专利；R，报告；S，标准；Z，其他未说明的文献类型。

此外，参考文献引用还应注意以下几点：参考文献必须以作者亲自阅读过的近几年的参考文献为主；同一处可以引用多篇文献，各文献以方括号内加序号的形式全部列出；如遇连续序号，起讫序号间用短横线连接；多次引用同一著者的同一文献时，在正文中标注首次引用的文献序号，并在序号的“[]”外写上引文页码。

(6) 其他事项。

如果论文成果受到某项基金的资助，那么论文发表的时候需要注明基金信息。有两种方法，一种是在第一页以脚注的形式予以注明，另一种是在正文结束之后再出现。很多国际期刊采用的是后一种。

除了注明基金资助情况，还有一个致谢的环节，内容可以包括但不限于：协助完成研究工作和提供便利条件的组织或个人，在研究工作中提出建议和提供帮助的人，给予转载和引用权的资料、图片、文献、研究思想和设想的所有者，其他应该感谢的组织或个人。有时候，致谢会特别提到在论文写作过程中给予作者帮助的人，比如评阅人、评审人，以及在某次大会上就论文观点与作者讨论而使作者受到启发的人等。学术论文的致谢语要诚恳、简洁恰当，一般只有较短的几行字（学位论文的致谢则通常在一页以上)。

除了注明基金资助以及其他感谢事项外，完整的论文还可以包含其他环节，比如对论文合作者贡献的分别介绍等。

有的期刊编辑部要求投稿者在提交论文的同时，提交没有放入正文中的附录资料（如果有的话)，这些附录资料能帮助论文评审人在评审的过程中进行判断。附录资料包括：比正文更详细的理论基础、研究方法等有助于理解正文内容的附加信息；因篇幅过长而不适合书写的材料，如调研访谈记录等；一些重要的原始数据，公式的推导，程序源代码，软件输出的结果和表格等。这些特别资料对正文起到补充说明的作用。在研究报告、学位论文中，附录一般是必需的。而期刊的篇幅有限，所以一般略去附录部分。

作者可以在首页以脚注的形式说明如果读者对某些推理过程、输出表格等感兴趣，可以联系本人、通信作者或者编辑部。

12.2　写作的注意事项

12.2.1　“沙漏”形式

撰写研究报告或研究论文时，可以按照“沙漏”的形式来撰写①。这种沙漏式的撰写形式，并不是指篇幅上的多和少，而是指所涵盖内容范围的宽和窄。具体来说可以用“宽-窄-宽”的形式来概括。

首先，是由“宽”变“窄”的过程，这部分应当从开阔丰富的引言开始，逐渐集中到细分专业的研究领域，直到提出自己的研究领域和研究的问题。这一部分集中体现作者视野的开阔性以及对研究问题本质的理解。其次，是沙漏的最狭窄部分，该部分介绍自己的研究方法以及研究所得出的主要结果。最后，到结论和讨论时，研究论文又开始逐渐由具体的结论向更一般的领域拓展，即由“窄”变“宽”。

在这样的写作形式下，一篇论文各个部分的内容呈现，其对话的视野和节奏感是不同的。对于读者来说，开阔丰富的引言可以向读者展示研究问题所形成的现实背景及意义，令读者深信，这是一个值得研究的好问题，并相信能够提出这样问题的研究者，应该具备相应的研究能力。狭窄的研究方法和研究发现的部分，则可以帮助读者集中注意力于研究成果及其完备性，细致地思考这篇文章所做出的具体成果。到了讨论部分又开始拓宽，则可向读者展示该研究结果所具有的丰富内涵，尽量发掘特定结果所具有的一般意义，提高研究的意义和价值。这时，文字内容仿佛走向宽阔的河流，与其他研究成果汇聚到了一起。

“沙漏”形式有益于科研问题发现和思考。在具体研究过程中，追求“想大问题，做小事情”，把复杂烦琐的大问题抽丝剥茧，具体到可以观察、可以驾驭的小事情上来。让大问题指引研究的方向，在小事情上不断推进，把小事情做严谨、做扎实。小事情的深入研究也足以演绎和提炼大问题的事实、现象和问题，这也是“沙漏”形式由“窄”变“宽”的过程（见图 12－1）。

图 12－1　“沙漏”形式的撰写方式

---

① 风笑天．社会研究方法．5 版．北京：中国人民大学出版社，2018：277.

12.2.2 非线性写作

学术论文一般是按照上一节介绍的一般结构，从引言到研究方法、研究发现以及结论与讨论这几个部分进行呈现。在撰写过程中，部分研究者要等到所有资料收集完毕、实证研究结果整理完毕后，所有思路厘清，做到胸有成竹时，按照论文的一般结构从引言开始“线性写作”。但其实写作往往可以不从引言开始，引言作为结构的第一部分，反倒可能会放到最后来写。论文虽然有比较固定的结构，但文字形成的过程则没有必要拘泥于前后顺序。

我们的实际写作过程，真实情况可能是素材不断完善、思路和逻辑慢慢厘清的一个过程。例如，定性研究在确定研究框架后，资料收集过程并不是一次性的，而是根据我们研究的需要进行调整。对于使用访谈、参与观察、案例与扎根研究的定性研究，我们通常会经历资料收集与撰写的重复过程。通常并不一定预先提出研究假设，其假设可以在研究过程中逐步形成和完善，在分析的基础上抽象出理论的过程，其本身是一种理论发现和建构的过程。在定量研究中，可以在实证结果做出来之后，马上先将这部分内容写出来，再围绕研究结果去组织和补充文献综述等内容。

所以在写作时，提倡“非线性写作”，即不按照论文的呈现顺序依次展开写作，而是研究者按照灵感、写作难易程度甚至是个人爱好等因素决定论文的写作顺序。更具体来讲，根本不用在乎从哪里开始和什么时候动笔，可以先构建碎片化的、卡片式的段落和句子，然后通过判断再增加或删减，进一步进行文章的组合调整。上面一节提到的论文的一般结构，在实际写作的过程中，完全可以化整为零，将文章的各个部分进行切分，先写有灵感的部分，整理出一个稿子后，再填充、慢慢修改甚至重组。

建议一定要尽早起笔，把所有思考的都先写下来，不管那些思考是否成熟，想到哪里就可以写到哪里。尽早动手，可以帮助克服写作障碍，越早告别 0，距离 1 就更进一步①。平时和老师同学交流对研究的思考，有了瞬息的灵感都可以方便地用手机记录下来（一种简易的即时的写作），之后再整理添加到论文有关的位置。

写作的时间安排建议有一定的规律。“非线性写作”提倡的是马上动笔，把想到的先写下来，但并不意味着没有灵感、没有思路就停笔，建议养成规律性写作的习惯。写作是一个融合阅读、观察和深度思考的过程，有规律地将自己在一定程度上与外界隔离起来，有一个相对封闭的环境进行思考写作，可以提高写作效率。

12.2.3 写作与读者的关系

在写作时，应当充分考虑潜在读者的类型以及他们的兴趣和需求。一般来说，公共管理研究成果面向的潜在读者可以划分为三类，即同行、政府决策者、大众，对同行进一步细分，又可分为“小同行”和“大同行”。在写作时，我们要合理地判断读者的背

① 刘军强．写作是门手艺．桂林：广西师范大学出版社，2020.

景、兴趣点，要依据读者的口味进行撰写。因此，提交给不同读者的关于某事物的研究成果报告，其重点、措辞用语以及内容翔实程度可能都不一样。对于公共管理领域的研究者来说，他们最常接触的是期刊论文、学位论文以及研究报告，这三类文章面向的读者和写作风格也有一定差异。

期刊论文通常是通过理性的分析，用概念、判断、推理等逻辑方法来证明和解释研究的问题，以学术交流为目的。这类文章面向的读者一般是所在学科特定研究方向的“小同行”，“小同行”往往是在该研究方向深耕积累许久，对研究小方向的发展脉络和前沿动态有着清晰把握。因此在期刊论文的撰写时，最好不要大篇幅叙述社会背景和介绍相关概念，而应该翔实叙述研究过程和方法以及研究发现，着重强调对该领域和方向的理论有什么贡献。当然，期刊论文的潜在读者也有很多“大同行”，他们阅读文章时可能更关注摘要和引言以了解整个学科或者领域的研究动态。因而在写作期刊论文时，引言和摘要的措辞与用语建议符合“大同行”的口味，要厘清研究所属分支脉络，以及研究在该分支领域的一些贡献。

学位论文是为获得学位而撰写的论文，是体现学术能力和潜力的重要证明，学位论文的质量在一定程度上决定了是否能取得学位。未取得学位时，学位论文面对的读者是学位论文的评审专家，需要证明作者对该领域大方向有足够的认识和对小领域有清晰的把握，已经具备了在学科内开展系统深入研究的能力。因此，丰富的文献阅读和学术积累需要在学位论文中以文献综述的形式进行翔实清晰的呈现。此外，整个研究过程和所使用的研究方法、理论等，相比期刊论文需要更加翔实。研究方法的清晰呈现和学术用语的精准使用、理论基础的清晰阐述和严谨推理等，会让评审专家更加认可作者所受到的规范学术训练。取得学位后，学位论文通常会被电子数据库收录，符合学术规范的学位论文也被认为是今后学术发展的一张“名片”。

公共管理学科涉及的研究报告有调查报告和咨政报告。以咨政报告为例，咨政报告是基于一定的事实观察或事件，通过一定的调查梳理，运用一定的理论分析和研究方法，为政府决策提供决策智力支持的一种研究报告形式。通常，这类报告面向的读者是政府相关部门决策者，他们日常工作十分繁忙，往往并不了解也并不关注研究具体的方法和理论，而更关注如何解决现实问题。因而，在写作该类报告时，要尽可能地避免一些同行才知道的专业名词、公式和深奥难懂的理论。对策和建议的提出应该是该类文章写作的重中之重。同时，这类报告要求作者从政策制定者视角出发，报告要精要、简练，分析问题要直击核心，要把复杂的事情简单化，将重大问题讲深、讲透、讲明白，提出的对策建议要有针对性、可操作性和前瞻性。例如，国家知识产权战略实施研究基地的一篇关于国际老龄服务机器人产业专利布局与政策支持的咨政报告，从日本和欧美的发展经验中总结，针对我国国情提出了发展老龄服务机器人需要政府、研究机构和生产企业等多方面的协同配合，并提出了采用加强人才培养、搭建协同平台和优化专利质量等方式力争实现我国老龄服务机器人产业的发展和超越，该咨政报告政策建议的提出具有针对性、可操作性和一定的前瞻性。

12.2.4 学术道德规范

学术道德规范一般是指学术共同体内形成的关于学术活动的道德和基本准则，是学术共同体科学、健康、高效发展的基本前提和有效保障。我们在科学研究的过程中应当严格遵守这些准则。近年来，我国学术界剽窃、抄袭、代写代发等学术不端的现象层出不穷，国家也先后出台《中华人民共和国著作权法》、《关于加强学术道德建设的若干意见》、《高等学校哲学社会科学研究学术规范（试行）》以及《科技工作者科学道德规范（试行）》等国家法律、法规以及规范准则来保障学术道德规范建设，各高校也相继根据各自特点制定了相应的学术规范指南。

教育部社会科学委员会学风建设委员会2009年出版的《高校人文社会科学学术规范指南》是我国高等院校人文社会科学教学与研究人员学术规范的权威文本。该指南就学术规范的基本概念、学术伦理、选题与资料规范、引用与注释规范、成果呈现规范、学术批评规范、学术评价规范、学术资源获得与权益自我保护等做了详细的规范说明①。

学术道德规范的约束也有一些具体形式，例如，期刊论文版权转让协议。为了保护期刊论文作者和编辑委员会的利益，期刊一般会参考《著作权法》制定版权转让书。其主要内容涉及确保论文的原创性以及是否涉及泄密；约束文章“一稿多投”；授予论文的汇编权利（部分或全部文章），网络传播权，复制印刷版和电子版权等。数字时代的学术期刊遇到了更复杂的版权问题，版权转让协议也出现了新形式和新变化。目前版权转让协议主要有纸质版、电子版、网络版及声明版四种常见形式②。

学位论文以独创性声明的形式约束学术道德。学位论文的抄袭和伪造事件的发生，给所有研究生敲响了警钟，必须认真对待学位论文，保证独创性和真实性。在整个论文的撰写过程中，研究人员必须在导师制下和个人努力的基础上完成研究构想和创新、研究数据收集等工作。独创性申明也以研究者和导师共同签名的形式出现，事关重大。

虚构、伪造、剽窃等属于学术不端的行为，需要通过学术诚信自律进行规避。在实际写作中，我们需要注意引用的规范性，避免抄袭的嫌疑。例如，在写作中要区别直接引用和间接引用。直接引用一般是指一字一句地将其他论文的原句引用到自己文章中，在引用时一般需要加上引号，以避免被认定为抄袭，同时应该竭力减少直接引用的数量。如果有必要进行大段引用时，要将引用部分和正文进行字体和字号上的区分。间接引用一般是指在参考别人的论文观点时，加以整理进行重述和评价，最常见的间接引用就是在文献综述部分对他人文献进行评述。无论是直接引用还是间接引用，都要对文献来源进行清晰的说明。总之，科学研究是建立在前人研究的基础上的，有一定重复率是十分合理的，但要正确规范地进行引用，以免引起学术道德的失范。

12.2.5 论文编写规范

论文的规范编排是学术规范性的一个重要体现。规范的编排能更好地将文字和图片信息呈现给读者。在论文完稿后，投稿前通常要按照一定的格式对论文的标题以及图、表、公式进行编排和标注。目前学术期刊与学位论文的编排格式一般都遵循《期刊出版

---

① 教育部社会科学委员会学风建设委员会．高校人文社会科学学术规范指南．北京：高等教育出版社，2009.

② 薛梅，刘粤湘．数字时代学术期刊版权转让协议的形式及内容规范．编辑学报，2020（4）.

形式规范》(新出报刊〔2007〕376 号)、《科学技术报告、学位论文和学术论文的编写格式》(GB7713—87)、《期刊编排格式》(GB/T 3179—2009)、《学位论文编写规则》(GB/T 7713.1—2006)和《文后参考文献著录规则》(GB/T7714—2015)等标准和规定的规则进行编排。下面将就一般常用的论文编排规范及注意事项进行简要介绍。

(1)标题。

标题是一篇文章各部分内容的高度概括和凝练。论文写作不同于文学艺术创作，层次和逻辑清晰才能便于知识的传播，标题的设定要让读者快速抓住纲领，领会作者的思路意图。具体到写作来说，二级分标题必须在所在一级标题的范畴内，要明确的是所有的一级标题都是为主题服务的，二级标题则是为一级标题服务的，以此类推。而各平级标题之间应该是递进关系，前后逻辑顺序不能颠倒。

社科类的论文编号一般采用汉字数字和阿拉伯数字两种格式。汉字数字标题由于其层级有限，一般适用于层级较少的编号，而阿拉伯数字格式则可以依次无限衍生下去。值得注意的是，两种标题格式必须分开使用，不能混合使用。下面是两种格式的一个对比：

汉字数字格式	**阿拉伯数字格式**
一、标题(占行)	1. 一级标题(占行)
(一)标题(占行)	1.1 二级标题(占行)
1. 标题(占行)	1.1.1 三级标题(占行)
(1)每段开始，用于观点。	1.1.1.1 四级标题(占行)
①行文中用	(1)每段开始，用于观点。
	①行文中用

(2)图、表、公式及其标注。

图和表以及公式独立于正文文字。图片一般由图序、图题、图身、图注组成，表一般由表序、表题、表头、表身和表注组成，公式一般包括式体、式号和式注。

图、表等与其前后的正文之间要有一行的间距，文中的图、表、公式一律采用阿拉伯数字编号。若图或表中有附注，图或表的附注应位于图或表的下方，采用英文小写字母顺序编号。子图采用英文字母编号。引用图或表时，应在图题或表题右上角标出文献来源。

图序及图题居中置于图的下方，表序及表题居中置于表的上方。以“图”或“表”开始，章节号和编号之间用“-”连接。如某个表需要转页接排，在随后的各页上应重复表序，后跟表题(可省略)和“(续)”，置于表格上方，续表均应重排表头。而图片一般不跨页。

此外，公式编号只能用于行间公式。公式编号右对齐，且应加英文小括号，不加引导符。其余样式与正文相同。变量和参数，不能采用正文格式，必须正确使用数学格式或行内公式格式，包含行内公式的段落可以采用单倍行距。

(3)字体与行距。

在排版时，应当遵循“由大到小，由重到轻；变化有序，区别有秩”的原则，切忌大小失序。具体体现在将标题、正文、图注在字体和字号上加以区别，同时也应该将行距进行调整，以突出主要和次要位置，做到大小中见层次，变化中显区别。

本章小结

1. 论文具体结构有一定差异，但无论是定量研究还是定性研究，总体来说都有比较通用的结构框架，即引言、研究方法、研究发现、结论与讨论。

2. 引言要介绍研究的背景并提出研究问题，然后对前人的研究进行回顾，最后揭示研究的目的和意义；研究方法主要回答“如何研究”（how）这个问题，详细阐述研究是如何展开的；研究发现是学术贡献的集中体现，是读者最为关注的部分，需要保证研究发现的完整度、清晰度和可信度；在结论与讨论中，需要说明研究对引言提出问题的回答和评价，充分体现研究的意义。

3. 撰写研究报告或研究论文时，按照“宽-窄-宽”的“沙漏”形式撰写，这种沙漏式的撰写形式，并不是指篇幅上的多和少，而是指所涵盖内容范围的宽和窄。

4. 写作往往并不一定从引言开始，引言作为结构的第一部分，可能会放到最后来写。提倡“非线性写作”，即不按照论文的呈现顺序依次展开写作，而是研究者按照灵感、写作难易程度甚至是个人爱好等因素决定论文的写作顺序。

5. 要合理地判断读者的背景、兴趣点，需要依据读者的口味进行撰写，同样的研究成果报告的重点、措辞用语以及内容翔实程度可能都不一样。

6. 学术道德规范一般是指学术共同体内形成的关于学术活动的道德和基本准则，是学术共同体科学、健康、高效发展的基本前提和有效保障。

关键术语

文献综述　论文结构　研究发现　“沙漏”形式　非线性写作　学术道德规范

复习思考题

1. 在写作中，如何提出问题？

2. 如何撰写文献回顾？

3. 研究方法与研究结论如何清晰呈现？

4. 如何正确规范地引用参考文献？

5. 从《公共管理学报》上面选择一篇感兴趣的研究论文，解构其写作的框架，学习摘要、引言、研究方法、研究结果以及结论与讨论的具体表达方式，尝试性写一篇规范的研究论文。

主要参考文献

杜萨．QCA 方法从入门到精通：基于 R 语言．北京：机械工业出版社，2021.

巴比．社会研究方法：第 13 版．北京：清华大学出版社，2020.

里豪克斯，拉金．QCA 设计原理与应用：超越定性与定量研究的新方法．北京：机械工业出版社，2017.

蔡振荣，商靓．质性研究：基于 R. 北京：中国人民大学出版社，2021.

拉金．重新设计社会科学研究．北京：机械工业出版社，2019.

EARL B. The practice of social research（14th/13th/12th）. Boston：Cengage Learning Press，2016.

陈强．高级计量经济学及 Stata 应用．2 版．北京：高等教育出版社，2014.

陈晓萍，徐淑英，樊景立．组织与管理研究的实证方法．2 版．北京：北京大学出版社，2012.

陈向明．质的研究方法与社会科学研究．北京：教育科学出版社，2000.

陈向明．定性研究方法评介．教育研究与实验，1996（3）.

风笑天．社会研究方法．5 版．北京：中国人民大学出版社，2018.

范柏乃，蓝志勇．公共管理研究方法．3 版．北京：科学出版社，2018.

金，基欧汉，维巴．社会科学中的研究设计．上海：格致出版社，2014.

伍德里奇．计量经济学导论：现代观点．北京：清华大学出版社，2014.

库珀．元分析研究方法：第 5 版．北京：中国人民大学出版社，2020.

胡荣．定量研究方法．北京：北京大学出版社，2021.

马奇，麦克伊沃．怎样做文献综述：六步走向成功．上海：上海教育出版社，2020.

李连江．戏说统计：文科生的量化方法．北京：中国政法大学出版社，2017.

李亮，刘洋，冯永春．管理案例研究：方法与应用．北京：北京大学出版社，2020.

林文夫．计量经济学．北京：中国人民大学出版社，2021.

刘军强．写作是门手艺．桂林：广西师范大学出版社，2020.

陆易龙．定性研究方法．北京：中国人民大学出版社，2022.

殷．案例研究方法的应用．3 版．重庆：重庆大学出版社，2014.

殷．案例研究：设计与方法：原书第 5 版．重庆：重庆大学出版社，2017.

欣德勒．管理研究方法：第 13 版．北京：中国人民大学出版社，2021.

叶阿忠，吴相波．计量经济学．北京：中国人民大学出版社，2021.

奥沙利文，拉苏尔，伯纳．公共管理研究方法：第 5 版．北京：中国人民大学出版社，2014.

TROCHIM W M K，DONNELLY J P，ARORA K. Research methods：the essential knowledge base. Boston：Nelson Education，Cengage Learning，2015.

袁方．社会研究方法教程．北京：北京大学出版社，1997.

张晓冬，周晓光，李英姿．数据、模型与决策．北京：清华大学出版社，2019.

张彦，吴淑凤．社会调查研究方法．上海：上海财经大学出版社，2006.

人大版公共管理类教材

公共管理类专业教材——学科基础课教材

书名	作者
现代管理学原理（第三版）（“十一五”国家级规划教材）	娄成武　魏淑艳
一般管理学原理（第四版）	张康之　周　军
管理学基础（第三版）	方振邦
管理学教程	方振邦
政治学原理（第三版）	景跃进　张小劲
现代政治学原理（第四版）	石永义　刘玉萼　张　璋
公共管理学（第二版）	陈振明
公共管理学——一种不同于传统行政学的研究途径（第二版）	陈振明
公共管理学（第三版）（数字教材版）（“十二五”国家级规划教材）	蔡立辉　王乐夫
公共管理学（精编版）	王乐夫　蔡立辉
公共管理学（第二版）	张康之　郑家昊
公共管理概论（第二版）	朱立言　谢　明
公共政策导论（第五版）（数字教材版）	谢　明
公共政策概论（第二版）	谢　明
公共政策学——政策分析的理论、方法和技术（“十一五”国家级规划教材）	陈振明
公共政策学	杨宏山
政策科学——公共政策分析导论（第二版）	陈振明
公共经济学（第三版）（“十二五”国家级规划教材）	高培勇
公共经济学教程	秦立建
政府经济学（第四版）（“十一五”国家级规划教材）	郭小聪
政府经济学（第四版）	潘明星　韩丽华

公共管理类专业教材——方法课教材

书名	作者
公共管理研究方法	何兰萍　张俊艳
行政学研究方法与应用案例	萧鸣政　等
管理定量分析：方法与技术（第二版）	刘兰剑　李　玲
公共管理的方法与技术（第二版）	魏　娜

公共管理类专业教材——行政管理、公共事业管理专业教材

书名	作者
行政法学导论	姜晓萍
行政法学	朱新立　唐明良　李春燕
公共部门人力资源管理（第四版）	孙柏瑛　祁凡骅
公共部门人力资源开发与管理（第五版）（“十二五”国家级规划教材）	孙柏瑛　祁凡骅
公共部门人力资源开发与管理（第三版）	孙柏瑛
公共部门人力资源管理（第三版）	滕玉成　于　萍
公共部门人力资源管理	方振邦
公共部门人力资源管理概论	方振邦
公共部门人力资源管理案例	周均旭
行政管理学（第五版）（数字教材版）	郭小聪

书名	作者
公共行政学（第五版）	彭和平
公共行政学（第二版）	张康之　张乾友
行政学导论（第三版）	齐明山
行政管理学导引与案例	陈季修
管理心理学（第二版）	范逢春
公共组织行为学（第三版）（“十一五”国家级规划教材）	孙　萍　张　平
公共组织学（第三版）	李传军
行政组织学（第二版）	张　昕　李　泉
公共组织理论	陆明远　冯　楠
公共事业管理概论（第三版）	朱仁显
公共事业管理概论（“十一五”国家级规划教材）	娄成武　李　坚
公共组织财务管理（第三版）（“十一五”国家级规划教材）	王为民
国家公务员制度（第四版）（数字教材版）（“十二五”国家级规划教材）	舒　放　王克良
国家公务员制度概论（第二版）	刘碧强　郗永勤
公务员制度概论	李如海
公务员制度导论	孙德超
当代国家公务员制度：理论与实践	胡春艳
行政领导学（第三版）	朱立言　李国梁
领导学（第五版）	邱霈恩
领导学	王自亮
领导学：理念、行为与艺术	祁凡骅
领导学	孙　健
现代市政学（第五版）（数字教材版）	王佃利
市政管理学（第五版）（“十一五”国家级规划教材）	杨宏山
市政学导引与案例（第二版）	李燕凌
社区管理（第四版）	汪大海　魏　娜　郇建立
社区管理原理与案例	魏　娜
电子政务教程（第三版）（“十一五”国家级规划教材）	赵国俊
电子政府与电子政务（第二版）（“十一五”国家级规划教材）	张锐昕
电子政府概论（第二版）	张锐昕
行政伦理学教程（第三版）（“十二五”国家级规划教材）	张康之　李传军
公共危机管理导论（“十一五”国家级规划教材）	肖鹏军
公共危机管理概论（第二版）	王宏伟
公共危机管理	唐　钧
公共危机与应急管理：原理与案例	王宏伟
非营利组织管理	吴东民　等
非营利组织管理导引与案例	崔向华　张　婷
当代中国政府与政治	景跃进　陈明明　肖　滨
当代中国政府与行政（第三版）	魏　娜　吴爱明
当代中国政府（第二版）（“十一五”国家级规划教材）	吴爱明
地方政府学概论（第二版）	方　雷
地方政府管理（第二版）	陈瑞莲　张紧跟

书名	作者
管理秘书实务（第三版）	赵锁龙
行政秘书学	唐　钧
公文写作与处理	赵国俊
机关管理的原理与方法（第三版）	赵国俊　陈幽泓
公共部门绩效管理	方振邦
政府绩效管理	方振邦　葛蕾蕾
政府绩效评估	蔡立辉
公共关系概论（第二版）	邹正方
政府公共关系（第二版）（“十一五”国家级规划教材）	廖为建　张　宁
社会管理	汪大海
西方行政学理论概要（第二版）（“十一五”国家级规划教材）	丁　煌
公共行政学史（第二版）	何艳玲
西方公共管理名著导读	汪大海
管理思想史教程	方振邦　葛蕾蕾
文化管理学（第三版）（“十二五”国家级规划教材）	孙　萍
文化创意产业导论	魏鹏举
卫生事业管理（第二版）（“十一五”国家级规划教材）	李　鲁
教育经济与管理（第二版）（“十一五”国家级规划教材）	娄成武　史万兵
现代公用事业管理	崔运武

公共管理类专业教材——劳动与社会保障专业教材

书名	作者
社会保障概论（第六版）（数字教材版）	孙光德　董克用
劳动经济学（“十一五”国家级规划教材）	董克用　刘　昕
劳动法与社会保障法	黎建飞　李　静
人力资源管理	彭剑锋
社会保险学（第三版）	孙树菡　朱丽敏
社会保障基金管理	李春根
社会保险精算原理与实务	王晓军
社会保障国际比较	仇雨临
员工福利概论（第二版）（“十一五”国家级规划教材）	仇雨临

公共管理类专业教材——土地资源管理专业教材

书名	作者
土地经济学（第八版）（“十一五”国家级规划教材）	毕宝德
土地法学（中国人民大学“十三五”规划教材）	严金明
土地法学	王守智　吴春岐
土地资源学	张正峰　赵文武
土地科学导论	叶剑平
土地资源管理学（第二版）	张正峰
国土空间规划学	张占录　张正峰
土地利用规划学	张占录　张正峰
不动产估价（第二版）（“十一五”国家级规划教材）	叶剑平　曲卫东
土地信息系统	曲卫东　韩　琼
地籍管理（第五版）（“十一五”国家级规划教材）	谭　峻　林增杰

公共管理类专业教材——城市管理专业教材

书名	作者
城市管理学（第三版）	杨宏山
城市管理学：公共视角	陆　军 等
城市管理法	王丛虎
城市总体规划原理	郐艳丽　田　莉

公共管理硕士（MPA）教材——核心课教材

书名	作者
全国公共管理硕士（MPA）核心课程教学指导纲要	全国公共管理专业学位研究生教育指导委员会
社会主义建设理论与实践（第三版）	李景治　蒲国良
公共管理英语（修订版）	顾建光
学术规范和论文写作	胡宏伟
公共管理学（第三版）	张成福　党秀云
公共管理学原理（修订版）	陈振明
公共管理导论	竺乾威　朱春奎　李瑞昌
公共政策分析	陈振明
公共政策分析导论	陈振明
公共政策分析概论（修订版）	谢　明
政治学：基本理论与中国视角	任剑涛
公共部门经济学（第三版）	高培勇　崔　军
公共经济学	唐任伍
行政法学（修订版）	皮纯协　张成福
行政法学概论（第三版）	胡锦光
非营利组织管理概论（修订版）	王　名
非营利组织管理	王　名　王　超
公共管理伦理学（修订版）	张康之
社会研究方法	陈振明
定量分析方法（第三版）	谭跃进
电子政务理论与方法（第五版）	金江军
电子政务	吴爱明　何　滨
公文写作概论	高永贵

公共管理硕士（MPA）教材——专业方向必修课、选修课教材

书名	作者
公务员制度教程（第六版）	舒　放　王克良
比较政府与政治（修订版）	卓　越
当代中国政府与政治（第三版）	吴爱明　朱国斌　林　震
公共部门人力资源管理及案例教程（第三版）	陈天祥
领导学教程	常　健
领导理论与实践	邱霈恩
社会管理概论	唐　钧
公共部门绩效评估（修订版）	卓　越
公共危机管理（修订版）	王宏伟
公共部门危机管理（第三版）	张小明
公共部门战略管理（修订版）	陈振明
城市管理理论与实务	杨宏山
MPA 学位论文写作指南	汪大海

图书在版编目（CIP）数据

公共管理研究方法/何兰萍，张俊艳主编．-- 北京：中国人民大学出版社，2023.6
新编21世纪公共管理系列教材
ISBN 978-7-300-31640-6

Ⅰ．①公… Ⅱ．①何… ②张… Ⅲ．①公共管理-研究方法-教材 Ⅳ．①D035-3

中国国家版本馆CIP数据核字（2023）第064466号

新编21世纪公共管理系列教材
公共管理研究方法
何兰萍　张俊艳　主编
Gonggong Guanli Yanjiu Fangfa

出版发行	中国人民大学出版社		
社　　址	北京中关村大街31号	**邮政编码**	100080
电　　话	010－62511242（总编室）		010－62511770（质管部）
	010－82501766（邮购部）		010－62514148（门市部）
	010－62515195（发行公司）		010－62515275（盗版举报）
网　　址	http://www.crup.com.cn		
经　　销	新华书店		
印　　刷	天津鑫丰华印务有限公司		
开　　本	787 mm×1092 mm　1/16	**版　　次**	2023年6月第1版
印　　张	16.5插页1	**印　　次**	2023年6月第1次印刷
字　　数	375 000	**定　　价**	49.00元

中国人民大学出版社　管理分社

教师教学服务说明

中国人民大学出版社管理分社以出版工商管理和公共管理类精品图书为宗旨。为更好地服务一线教师，我们着力建设了一批数字化、立体化的网络教学资源。教师可以通过以下方式获得免费下载教学资源的权限：

- 在中国人民大学出版社网站 www.crup.com.cn 进行注册，注册后进入“会员中心”，在左侧点击“我的教师认证”，填写相关信息，提交后等待审核。我们将在一个工作日内为您开通相关资源的下载权限。

- 如您急需教学资源或需要其他帮助，请加入教师 QQ 群或在工作时间与我们联络。

中国人民大学出版社　管理分社

教师 QQ 群：648333426(工商管理)　114970332(财会)　648117133(公共管理)
教师群仅限教师加入，入群请备注（学校+姓名）

联系电话：010-62515735，62515987，62515782，82501048，62514760

电子邮箱：glcbfs@crup.com.cn

通讯地址：北京市海淀区中关村大街甲 59 号文化大厦 1501 室（100872）

管理书社　　人大社财会　　公共管理与政治学悦读坊